UNIVERSALITY &
PARTICULARITY

普遍性与特殊性

法、伦理及政治的哲学观察

武建敏 / 著

PUBIANXING YU TESHUXING
FA LUNLI JI ZHENGZHI DE
ZHEXUE GUANCHA

人民出版社

目 录 | CONTENTS

导　论 | 1

第一章　关系场域 | 53

一、普遍性谋制 | 54

二、特殊性根据 | 64

三、冲突与融通 | 81

四、关系的实践 | 98

第二章　问题面向 | 125

一、根本性问题 | 126

二、本体与中道 | 136

三、实践与方法 | 145

四、境遇辩证法 | 162

第三章 实践智慧 | 181

一、价值的牵引 | 182

二、本体的力量 | 190

三、实践与真理 | 200

四、本体性经验 | 223

第四章 理论观察 | 237

一、理论的本性 | 238

二、法律哲学观 | 260

三、人性与自由 | 271

四、法哲学观察 | 281

第五章 恰当生活 | 297

一、幸福的追求 | 298

二、恰当的尺度 | 305

三、审美与简约 | 315

四、恰当性种种 | 337

后　记 | 352

导论

我们必须首先承认理智思维的权利和优点，大概讲来，无论在理论的或实践的范围内，没有理智，便不会有坚定性和规定性。

——黑格尔

对于法的研究有着多种多样的视域，但人们更习惯于从规则本身的角度加以把握，这或许与人们对法的规范性理解密切相关①。无论是理论法学的研究，还是部门法学的研究，多数呈现出规范化研究的学术进路。这固然有着重要的意义，但当我们将勘察视域从法律规则本身转向法律实践的时候，会看到更为丰富的法律世界②。法本身就是面向实践的，法律实践所呈现的是法的整体风貌，而对这一整体风貌的透视将会改变我们的法律思维方式。普遍性与特殊性的关系问题是法律实践的基本问题，也是法的基本问题，自然也就构成了法哲学的基本问题。这是基于法的实践论立场的理解。在法律的生活实践基点上我们将围绕普遍性和特殊性的关

---

① 到底如何理解法的问题？这自然有诸多立场，好像也不能说谁对谁错。关于法的理解要在一个文化传统语境中加以把握，这就有了合理性问题。在中国传统文化话语系统当中，法不仅包含了法律，而且还包含了伦理规范、礼仪规范，乃至政治体制等诸多方面。或许正是在这个意义上法哲学具有了某种统摄伦理学和政治哲学的功能。当然，时下人们并不做这样的理解和把握。

② 在法律运行过程中，我们看到了法律之外诸多元素"登场亮相"，它们都参与了法律结论的创制。法哲学要以"法律实践"为对象，"法律实践"自然不可能是单纯的"法律"操作，多种价值文化元素的登场构成了"法律实践"的组成部分。很难说这些元素是外在的，也不好说一定是内在的，但总而言之是不可缺席的。

系问题建构一种法哲学话语体系，这种理论表达也会具有某种方法论的功能。尽管静态的法律规则呈现的是规范内部权利与义务的关系问题，但创制规范的立法实践背后所隐含的恰恰是普遍性与特殊性的关系问题，而至于在司法实践中则更是体现了普遍性与特殊性的基本问题。这是一种实践哲学的把握方式，它是切入法律实践内部对法本身进行的法哲学把握，而法哲学在根本上讲属于实践哲学的范畴。

如果在现代社会中不将伦理和法加以区别，会遭到很多人的反对。然而反对并不是主要的，更为重要的是我们要遵从人们的习惯。既然在人们的语言系统中已经将伦理从法当中剥离，那便没有必要说法包含了伦理，当然两者之间的密切关系是一种实存。我们自然不好说伦理学的基本问题就是普遍性与特殊性的关系问题，因为数十年前伦理学基本问题的争论都与此无关。然而，伦理学的问题或许并不是像过去人们争论的那样。伦理学是面向实践的，其所关涉的主导问题是道德实践、伦理实践，而道德实践和伦理实践中最为根本的问题，并不是去对道德规范或伦理规范到底来自于哪里作出某种解释，而是如何解决人们在生活世界中所遭遇的各种问题。这些问题本身并不是单纯的道德问题或伦理问题，而往往同时也是法律问题，甚或还具有政治属性。这些实践问题中所牵涉的基本关系是"普遍性与特殊性"的关系问题。一种普遍的伦理法则能否解决人们生活中的实际问题，而道德法则的设定是否要给人们留下足够的自由空间，这看上去好像是单纯普遍性问题，但实际上却是普遍性与特殊性的关系问题。一旦道德伦理的普遍性过度张扬，失控的普遍性便会侵犯人们生活的特殊性，因此特殊性必须限制普遍性的力量，从而寻求伦理的普遍性与特殊性之间"度"的边界。

每个人都与政治生活保持着密切关系，企图远离政治的想法是不可能实现的。看上去政治生活更多关涉的是权力问题，这当然是没有问题的。政治生活的核心问题仍然是要处理"普遍性与特殊性"的关系问题，即令是权力问题也以普遍性与特殊性的关系问题为其处理的中心主导议题。政治权力的根基并不是存在于普遍性当中，而是存在于特殊性当中。特殊性孕育了普遍性，而不是普遍性哺育了特殊性。普遍性与特殊性的关系问题自然是辩证法的核心话域，然而我们看到不同的辩证法话语体系对普遍性与特殊性的安放却是存在差异性的。比如，马克思的辩证法在其根本上是以特殊性为出发点的，他将国家的普遍性深深地建基在了市民社会的特殊性之上，普遍性是从市民社会释放出去的普遍性，国家的普遍性必须返向市民社会的特殊性，否则就失去了自身的存在根基。"人民幸福"是从市民社会的特殊性中生发的政治普遍性，它反过来引导着市民社会的生活。我们必须为政治权力做"建基"工作，而"建基"工作所牵涉的基本问题便是"普遍性与特殊性"的关系问题，"建基"的合理性正在于对"普遍性与特殊性"关系的恰当处理。

由此我们说，在法、伦理及政治生活中贯穿了"普遍性与特殊性"的关系问题，建构关于"普遍性与特殊性"的话语体系，是我们追寻恰当的法律生活、伦理生活和政治生活的根本之所在。"普遍性与特殊性"的话语体系是一种实践哲学话语体系，关涉人类实践的根本问题，只有正确处理好两者的关系，我们才能拥有一种恰当而良好的生活。何为良好生活？这已经成为人类生活实践中的根本问题。这并不是一个单纯的生活哲学或本体论哲学或人生哲学的问题，而更为重要的是一个实践哲学的问题。人本身不可能逃离法、伦理及政治生活，人的生活是包含了法、伦理和政治在内的生活。如果在法、伦理及政治领域中不能很好地处理普遍性与特殊性的关系问题，那便不可能拥有良好的生活。我们并不想对普遍性与特殊性进行"外部反思"式的论证，而是要在生活世界中洞悉普遍性与特殊性的运行机理。我们不愿意将任何话语架构绝对化、形式化和教条化。当然，我们不可能离开"形式"，也不可能没有"框架"，但我们不能将"形式"教条化，也不能将"框架"绝对化。我们要谋求一种良好的生活，便要真正地切入生活之中。我们要反对"外部推演"，而要在生活之中谋求生活的合理性，在普遍性与特殊性的视域下追求一种良好生活。

一、关系场域及实践立场

每个人都要过一种法律生活，即便我们并不从事任何专业化的法律工作，也不经常打官司，但自从我们被抛入社会当中，便开启了自己的法律生活。在人们的日常生活中，出生的时候要开具出生证落户口，同时也与自己的父母之间建立天然的法律关系，自然也就进入法律生活的状态。是否要进入法律生活，并不是我们自己的选择，而是不得不过一种法律生活。但当我们进入成年状态，就开始了自我选择，其后的法律生活自然也就充满了自主性。那么，法律生活与法律实践是一种怎样的关系呢？一般而言，法律实践是一种专门化的实践活动，其间涉及立法、执法、司法等多种法律活动，那么守法算不算一种法律实践呢？守法固然涉及各式各样的法律形式，但守法更多地可以被理解为法律生活，而且是恰当的法律生活的重要组成部分。专门化的法律实践属于法律生活的范畴吗？法律实践对于各种实践主体而言即是其重要的生活组成部分，因此理应属于法律生活的范畴。这样看来，法律生活的外延要比法律实践的外延更为宽广，但无论是法律生活还是法律实践，都有某些共通的元素，尽管它们之间也存在着重要差异。

在法律生活当中，人们所遭遇的基本关系便是普遍性与特殊性的关系问题①。每个人都是生活在具体世界当中，在自身的存在中牵涉各种各样的特殊性，因此首先可以被理解为一种特殊性存在。作为特殊性的我们有着自身的各种欲望、利益、嗜好和理想，还有着自我的特殊性关系结构及职业追求，特殊性中凝结了个体自我的痕迹，在这个意义上我们都是充满了个性化的存在。尽管特殊性是属于我们自身的存在属性，但特殊性并非与普遍性毫无关系，特殊性本身就包含了普遍性要素。我们同时也生活在普遍性当中，普遍性对我们自身的特殊性结构具有某种构造和生成性作用，特殊性的存在主体不可能逃离普遍性的掌控。因此，从我们自身的生活意义上讲，我们是生活在特殊性与普遍性的关系当中，单纯的特殊性存在会让我们偏离社会的结构而日益浅薄，单纯的普遍性存在会

---

① 尽管我们将普遍性与特殊性在实践论的意义上看作法的基本关系，但这并不否认过去学界对权利和义务关系的基本判断，这两者只不过是立场转化所出现的认知差异。从法哲学意义上讲，或许我们更应该关注法律实践中呈现的各种难题，而对法律实践的理论研究正是学界所匮乏的。但已有学者表达了对法律实践概念的高度重视，并对其进行了深入的分析。例如姚建宗：《中国语境中的法律实践概念》，《中国社会科学》2014 年第 6 期；郑永流：《什么是法律实践？》，《浙江社会科学》2020 年第 5 期。

让我们疏离自身的根基，从而陷入普遍化的抽象结构当中，甚至可能会沦为教条主义者。

在专门化的法律实践当中，普遍性与特殊性的关系问题同样是核心问题。对于立法活动而言，它是要创制为社会全面遵守的普遍性规范，用普遍性规范掌控我们所面对的世界。它所要掌控的是一个特殊性世界，这本身已经涉及普遍性与特殊性的关系问题。而如果从来源上讲，则普遍性的存在根基在于特殊性，立法者必须深刻洞悉具体生活世界中的特殊性，才能创制良好的普遍性法则，没有对特殊性的深入勘察，普遍性就会丧失自身的存在根基。在人类漫长的历史实践当中，凡是被人们誉为好的法律的普遍法则，都是对生活世界的特殊性有着深切把握的普遍法则。中国古代社会的《唐律疏议》堪称普遍性的经典之作，它的合理性在归根到底的意义上在于与特殊世界的契合性，它深刻地把握了中国社会生活的特殊性结构，从中概括升华了良好的普遍性法则，这种普遍性由于保持了与特殊性的内在关联而使其在历史实践中获得了强大的生命力。良好的普遍法则的生成是以特殊世界为前提的，只有深入研究我们的生活世界而不是专注于文本本身，才可能创造真正属于我们自身的优良法典。

在司法实践中同样存在着普遍性与特殊性的关系问题，甚至可以说在司法实践中普遍性与特殊性的关系问题更为重要。它具有普遍性与特殊性的典范性意义，构成了我们思考和把握法的整体属性的根本切入点。法律普遍性并不是为自身而存在的，而是为了解决特殊性问题而创设的，这就决定了普遍性本身所具有的实践面向是其固有的属性，这也可以被理解为普遍性本身所内在具有的特殊性面向，特殊性面向即是实践面向，是问题面向。人类在创制法律普遍性法则的时候，总是期待能够运用普遍性解决特殊性的所有问题，当然事实上这一点是难以做到的。在司法实践中，每个案件都是一种特殊性，但又在不同程度上包含了与普遍性的融合，这是案件问题本身能够被普遍性所解决的内在缘由。当然，实际的情况并非总是如此，也有许多疑难案件是普遍性法则无法掌控的特殊性，这需要作出更深刻的勘察与考量，理论的登场显得十分重要。但无论如何，我们都可以看到司法实践中普遍性与特殊性是其基本关系，这个关系会表现出错综复杂的风貌。

在对于法的基本关系或基本问题的把握中，过去我们往往是从权利和义务的关系入手加以分析，在权利和义务的辩证关系当中把握法的基本问题。这自然是没有问题的，它是一种规范主义的立场，是从静态的文本化角度对法的基本问题的分析。在对权利与义务关系的把握中，有学者作出了权利本位的法哲学判断①，从而表现了理论与时代发展的恰当呼应，深刻体现了中国学者对时代命运的关切和人自身价值的关怀。这是在规范主义的立场上又增加了价值论的维度，是规范论和价值论相结合的理论风格。然而当我们转换一种理论视角而从实践论的立场把握法的基本问题或基本关系的时候，则会发现普遍性与特殊性的关系问题是法律实践必须经常面对的问题，任何层面的法律实践都包含了普遍性与特殊性的关系问题。法哲学到底要研究什么？我们完全可以采取多样化的研究进路。规范论的研究范式固然珍贵，价值论的研究也不可或缺，而实

---

① 参见张文显：《"权利本位"之语义和意义分析——兼论社会主义法是新型权利本位法》，《中国法学》1990 年第 4 期。

践论的研究或许更为重要。在实践论的视域下，我们将法本身看作是一个动态的过程，这个动态过程全面展现了法律实践的整体风貌。

　　在法律实践中，我们既要面对普遍性，又要面对特殊性①，只有正确处理好两者之间的关系才可能有良好的法律实践。如果我们深陷特殊性的自我窠臼当中而无法观照到普遍性的卓越价值，便会限制我们自身的思想视野。如果单纯地固守着普遍性维度，我们便难以深入生活世界的微观层面，自然也就无法看到丰富多彩的特殊性世界。特殊性乃是普遍性之根基，普遍性自身的合理性架构必须从对特殊性的把握当中获得。如果让我们在普遍性与特殊性之间寻找和确立一个本体的话，那么特殊性便是普遍性的本体。普遍性不可能成为本体，能够作为本体存在的只有特殊性。普遍性具有构造的属性，一种本身被构造的事物不能作为本体而存在，把普遍性作本体对待却的确构成了西方哲学的重要传统。柏拉图的偏颇要由亚里士多德纠正，然而纠错之后人们却又回到了柏拉图。作为本体的存在只能是个别，是现实生活世界中无限丰富的个别事物。将普遍性视为本体的结果将是十分可怕的，因为那将陷入理念论当中而难以脱身，历史上的唯实论便是将普遍理念作为实在本体而生成的唯心主义哲学。当然这并不意味着可以忽视普遍性价值，普遍性乃是人类理性的自然欲求，是特殊性的理论升华，是对特殊性的超越。

---

① 在任何情境下我们都不能无视法律世界中普遍性与特殊性的紧张关系，即令是高科技的迅猛发展也不例外。人工智能法学所面临的难题也包含了普遍性与特殊性的关系难题，面对技术的高度发展我们必须坚守法治的普遍性原则。参见 Robert F. Weber, *Will the "Legal Singularity" Hollow out Law's Normative Core*? 27 Mich. Tech. L. Rev. 97（2020）。

只不过我们不能将具有超越性的普遍性视为本体的存在，那样会忽略特殊性作为根基的存在意义。从实践论的角度看，我们既不是生活在单纯的特殊性当中，也不是单纯地生活在普遍性当中，而是生活在一个普遍性与特殊性交互作用、彼此构造的现实世界中。在这样的生活中我们既具有世俗的感性，又拥有神圣的理性。我们的生活本身就充满了普遍性与特殊性交互融合，普遍性与特殊性共生在世。因此我们的思考必须以此为起点，而对于法哲学的展开也需要将其作为理论的基点，由此才可能实现法哲学研究范式的深刻变迁。

在实践论的视域下，人们的法律生活就是要解决普遍性和特殊性的关系问题。在立法实践中，人们要解决的是如何从特殊性生成普遍性的问题，这需要对在漫长的历史实践中生成的普遍世界有着深切的把握，同时又要求对特殊世界的运行机理有着深刻的洞悉。好的立法者既要熟练掌握普遍性原理，又要能够洞察生活的特殊性，同时还需把握两者之间会通的逻辑。从特殊性生成普遍性的问题不是个单纯的知识论问题，更重要的是个实践论问题。本国的法律普遍性创制永远也不能依靠外国的立法者，那些对自身社会有着深刻体验和洞悉的人才应该是创制普遍性法则的掌控者。如果他们缺乏对于特殊性的勘察与洞悉，单纯地把异域普遍性转化为本国的知识也是一项危险的工作。中国是一个与世界上任何国家都不同的国度，具有自身独特的传统和社会结构，这样的特殊性中所蕴含的普遍性必然与异域国度的普遍性存在巨大差异。尽管普遍性本身具有共同点，我们也不能借着普遍性的优势摧毁特殊性。与立法实践相对应的是司法实践活动，看上去司法实践与立法实践在普遍性与特殊性的关系问题上采取了相反的路径，司法实践是从普遍性到特殊性的实践活动，这是如何从普遍性进入特殊性从而解决具体问题的行动路线。从普遍性到特殊性的实践过程同样充满了复杂性，它不仅需要操作者对普遍性法则的全面深入理解，还需要真正理解案件本身所具有的特殊性，从而才能在错综复杂的关系中实现视域融合，创造一个合理性的司法判决结论，而这个结论既承载了普遍性，也凝结了特殊性。

普遍性与特殊性的关系问题是全面体现在法律世界中的基本问题[1]，因此我们可以说它构成了切实理解和把握法及其生活的基本问题。它既是立法的基本问题，又是司法的基本问题，也是执法的基本问题，还是守法的基本问题，同时是法律生活的基本问题，由此可以说它是法哲学的基本问题。当我们从法哲学的基本问题加以理解的时候，则普遍性与特殊性的关系问题所具有的学术意义，就如同在哲学上我们将思维和存在的关系问题看作是哲学的基本问题那样，对于我们深入阐发法哲学理论，在根本上实现法哲学研究范式的转换具有重要的思想意义。普遍性和特殊性的关系问题可以构建一种法哲学话语架构，成为我们分析把握众多法律问题的理论范式。当然，普遍性与特殊性的关系问题未见得就是法哲学的专属问题，其实在伦理学和政治哲学当中也包含了这样的基本关系。如果不能恰当地处理普遍性与特殊性的关系问题，便不会有良好的法

---

[1] 人们习惯于从普遍性本身理解法，这固然是合理的。然而如果理性仅仅局限于普遍性和必然性，则就思想而言特殊性与个性仍然是模糊的，甚至会遭到特殊性与个性的抗拒。参见 Richard Dien Winfield, *the Types of Universals and the Forms of Judgement*, 3 Cardozo Pub. L. Pol'y & Ethics J. 125（2004）。

律生活，也不会有恰当的伦理生活，当然也不会生成恰当的政治生活。而在对于法哲学中所展现的普遍性与特殊性的关系把握中，同样不可能离开伦理学和政治哲学所牵涉的普遍性与特殊性的关系问题。法哲学、伦理学、政治哲学具有共通的实践哲学属性，实践论意义上的普遍性与特殊性的关系问题可以涵盖法、伦理及政治领域中的相应关系。在这里我们所坚持的是实践论的立场，同时也是生活的立场。

从法的实践论立场系统地诠释和论证法哲学问题，意味着法哲学的实践转向。然而这只不过是一种理论判断，其实法在运行过程中从来都是"实践的"，这说明我们既往的知识生产方式有问题。当人类的心灵世界主导一切的时候，现实的生活实践就会被漠视。那么我们能否说伦理学也有一个"实践转向"问题呢？相对于伦理学中的规范论及教条论而言，伦理学研究自然需要一个"实践转向"，这是毫无疑问的，而架构伦理学"实践转向"的基本问题便是"普遍性与特殊性"的关系问题。在伦理生活中，我们所遭遇的难题也是"普遍性与特殊性"的关系问题，能否处理好两者的关系影响着我们是否能够拥有一种良好的生活。伦理学在根本上是面向实践的，缺乏实践面向的伦理学是毫无意义的，停留在知识世界中炮制普遍法则的知识系统对于现实的生活本身来说是一种"外部立场"。只有实践的立场，才可能终结伦理学当中普遍价值的对立。贺来探讨了"价值独断主义"问题，进而指出了其所具有的危害性以及终结"价值独断主义"的实践论进路。所谓"价值独断主义"指的是："在对待价值观念时，脱离人现实的实践活动及其历史条件，把某种价值原则和理念视为无条件的绝对力量，认为它对于人们的观念、行动和生活具有终极的决定性地位及权威的理论倾向和思想观念。"① 这种"主义"便是将"普遍性"绝对化，从而使自身陷入困境，因为在生活实践中一切绝对主义都只能给生活本身造成危害，并不能引导人们过一种恰当的伦理生活。那么，如何克服"价值独断主义"的问题呢？"从实践观点出发，把价值理论体系所表达的价值观念和原则视为脱离生活实践的终极价值，并以之作为规范现实生活的价值引导，这是理论与实践关系的根本性颠倒和误置。"② 而从实践立场加以考量，才可能消除价值绝对主义中思维方式的局限性和片面性，从而"中介"人类思维的对立性，彻底地抛弃在价值对待上的两极思维。加达默尔很好地阐释了"中介"概念，"'中介'，即截然对立的思想之间的辩证和解，降低了人类存在中的绝对决定的严格性，降低了唯一适合于它的有限性和暂时性的那个选择的无条件性和不可改变性"③。"中介"在某种意义上便是"终结"，不是"终结"事物本身，而是"终结"人们对待事物的对立化思维方式。这意味着人们思想世界的革命，而革命的根基则是实践论的哲学立场，或者说是我们的生活实践本身。

　　传统中国伦理学主要表现为儒家伦理学，而儒家伦理学本身便是实践面向的。它不去悬设某种普遍化的法则作为至高无上的原则，也没有用普遍性法则去宰割人们的生活世界，这是先秦儒家伦理学的生活旨趣和实践精神。儒家伦理中有众多的普遍法则，但这

---

① 贺来：《实践观点与价值独断主义的终结》，《天津社会科学》2019 年第 6 期。
② 贺来：《实践观点与价值独断主义的终结》，《天津社会科学》2019 年第 6 期。
③ [德]加达默尔：《哲学解释学》，夏镇平、宋建平译，上海译文出版社 2004 年版，第 137—138 页。

些普遍法则并不是绝对的，而是考虑到了具体的情境，从情境主义出发产生了"经权变通"的伦理实践精神。从普遍性角度出发，父亲自然是可以责罚儿子的，无论在伦理上还是在法律上父亲都拥有一种惩罚的权利，但是惩罚并不是绝对的。儒家有"大杖则走，小杖则受"的教诲，这自然是贯彻了普遍性与特殊性辩证关系的要义。做儿子的在接受父亲管教的时候，如果父亲使用的教训手段是小工具，自然要乖乖地接受责罚，但若是父亲拿出了足以致人重伤的"器具"，则做儿子的便一定要逃跑。这是辩证法智慧，是普遍性与特殊性恰到好处的运用。儒家伦理学具有一种情境化立场，这是实践论的，而不是规范论的。它是现实性的，而非抽象的。现实性本身包含了对于两个极端之间困境的克服，现实性自身同样包含了合理性。儒家伦理学的根基与马克思主义有着重要的契合性。马克思在普遍性与特殊性之间，将两者的关系建基在了特殊性之上。而儒家伦理法则作为普遍性同样将自身建基在了现实的生活世界基础之上，生活世界孕育了普遍性，而普遍性又在具体运用中与生活世界实现了融合，从而生成了具有现实性的普遍性与特殊性的恰当关系。儒家伦理学天然地贯穿了一种实践论的立场，其实践面向展示了儒家伦理学的内在规定性。在伦理问题的解决过程中，问题解决的合理性不是依赖于抽象的理性判断，而是来自于实践本身特定场域中的智慧把握。伦理实践的基本问题自然是普遍性与特殊性的关系问题，伦理学的基本问题当然也可以由此建基，这或许是摆脱抽象的善恶论及弘大的历史决定论的最佳途径，这是一种实践论的策略。这样的伦理学自然也可以称之为"实践伦理学"。

政治问题与法律问题是纠缠在一起的，在很多方面两者是重合的。尽管并不是所有的政治问题都能够由法律加以解决，但法律往往是解决政治问题的重要策略。政治领域有着贯穿始终的问题，比如权力配置问题，它同时是一个法律问题。用法律方式解决权力配置问题，政治问题自然就转化为法律问题。法哲学的基本问题同样在政治哲学当中产生了效力，法哲学要处理好普遍性与特殊性的问题，政治哲学同样要解决普遍性与特殊性问题。马克思说："立法权是组织普遍东西的权力。"① 立法权当然属于政治问题，也是政治实践，因为它涉及国家制度。但它同时又是法律问题，是法哲学和宪法哲学要解决的问题。立法实践当然地具有了法哲学与政治哲学的双重属性，而立法实践的基本问题是普遍性与特殊性的关系问题。从现象上看，立法权是把握普遍性的力量，然而在普遍性出现的地方必然隐含着特殊性的表达。立法权所设定的普遍性的存在根基在于特殊性当中，而不是存在于某种抽象的普遍理念当中。当我们说人民主权的时候，这自然是一个普遍性表达，但这种普遍性的存在根基却是特殊性。如果政治立法的实践不能展现自身的特殊性根基，它就不会有任何普遍性价值。这里就牵涉了政治认同问题，政治认同的根基在特殊性，没有特殊性依赖就不会有政治认同的合理性。然而，特殊性如果只是特殊性，也就失去了自身的合理性，特殊性必须迈向普遍性，才能克服特殊性自身的狭隘性和局限性。传统中国有个政治哲学命题："保民而王。"这是一个怎样的政治命题呢？这固然是统治经验的知识升华，当然也是统治合法性问题，这自然意味着它是个政治哲学命题。"保民而王"本身所呈现

---

① 《马克思恩格斯全集》第 3 卷，人民出版社 2002 年版，第 70 页。

的乃是普遍性与特殊性的关系问题。从"保民而王"的单纯命题出发，则它体现了一种普遍性表达，但是从其内在根据而言却是充分表达了普遍性对特殊性的依赖。"民"存在于特殊世界当中，却又是对特殊世界的概念提升，"民"的概念绝对是政治哲学的重大命题，无论中外政治历史的发展都不能例外。那么，"王"的概念呢？看上去"王"本身是个单一概念，但却是同样包含了普遍性和特殊性的双重维度。"王"要统领天下，没有普遍性的法则便不能号令天下，"王"本身意味着对普遍法则的遵从。然而，"王"同时又是特殊性的，它是从"民"中生发的"王"，没有特殊性的依赖就不可能有普遍性的掌控。传统社会中的"礼"、"德"、"刑"、"法"等都关涉政治，它们共同参与政治实践的风格塑造。我们做一个或许看上去绝对的判断：在所有政治领域中都存在普遍性与特殊性的关系问题。政治本身要以普遍性的姿态呈现自身的规定性，但却又必须深深地植根于特殊性当中，只有在两者的关系融合中才能更好地理解政治实践，进而架构政治哲学的话语体系。

现代政治多讲民主政治，无论是中国，还是异域国家，在民主问题上存在共识。尽管人们对民主的理解本身可能存在差异，但无论如何"人民性"都应该是民主政治的核心要义，"人民性"本身同样是呈现了普遍性与特殊性的基本关系。我们以黑格尔和马克思为例作个分析。在黑格尔思想中"君主制"是"民主制"的真理，而不是"民主制"是"君主制"的真理。并且在黑格尔看来，"君主立宪制"与封建社会的君主制是不同的，"君主立宪制"是现代社会发展的成就，而不属于传统社会。关于"君主立宪制"属于"现代成就"的思想判定，马克思并不否认。黑格尔认为，"王权"本身包含了内在相通的三个环节："国家制度和法律的普遍性"、"作为特殊对普遍的关系的咨议"、"作为自我规定的最后决断的环节"。而这三个环节则充分体现了"普遍性"、"特殊性"与"单一性"的有机统一。这同样是黑格尔思辨哲学的逻辑方法在法哲学王权理论的演绎表达。黑格尔并不是一个契约论者，实际上他反对社会契约论，也反对三权分立，他要用王权统一各种国家权力，从而消除国家权力运行中所存在的孤立现象。尽管这些思想中包含了合理要素，但由于他将王权放置到了至高无上的地位，并在基本立场上反对人民主权，因此必然受到马克思的深刻批判和无情揭露。马克思则强调了"民主制"的真理性。马克思深刻地指出："民主制是君主制的真理，君主制却不是民主制的真理。君主制必然是本身不彻底的民主制，而君主环节却不是民主制中的不彻底性。君主制不能从自身中得到理解，而民主制则可以从自身中得到理解。在民主制中，任何一个环节都不具有与它本身的意义不同的意义。每一个环节实际上都只是整体人民的环节。在君主制中，则是部分决定整体的性质。在这里，国家的整个制度构成必须适应一个固定不动的点。民主制是国家制度的类。君主制则只是国家制度的种，并且是坏的种。民主制是内容和形式，君主制似乎只是形式，然而它伪造内容。"[1] 民主制是内容和形式的统一，而君主制则仅仅是一种形式，它不能承载来自于特殊性的无限丰富的内容，而仅仅是在伪造内容。在君主制当中，人民被抽离出了国家的规定性当中，作为"现实的人民"并没有获得现实的规定性。"在君主制中是国家制度

---

① 《马克思恩格斯全集》第 3 卷，人民出版社 2002 年版，第 39 页。

的人民；在民主制中则是人民的国家制度。"① 民主制是一切形式的国家制度已经解开的谜。其实，不管是黑格尔，还是马克思，他们都关涉了普遍性和特殊性的关系问题。只不过黑格尔是站在了普遍性的角度，并由此导出了理念论。而马克思则是站在了特殊性的角度，并由此全面确立了"人民性"的民主价值。现代民主实践作为重要的政治实践内容，自然也贯穿了普遍性与特殊性的关系问题，正确处理好民主实践中的普遍性与特殊性关系是谋求良好的政治生活的前提条件。

二、存在论的诠释视角

普遍性与特殊性的关系问题具有存在论的哲学意义，这样的存在论并不是一种实体性的或理念论的存在论，而是一种关系存在论。按照这样的哲学存在论进行理解，法本身就存在于普遍性与特殊性之间，它并不存在于单纯的普遍性规范当中，也不存在于单纯的特殊性的杂多当中，而是存在于普遍性和特殊性的关系场域中。但这种关系场域并不是静态化的固定关系，而是流动的关系实践状态。这种实践状态既具有确定性，又充满了变动性，法就是存在于普遍性与特殊性的关系实践当中不断地展开自身，不断地生成自身，而这个不断展开和生成的过程便是法的存在方式。而作为法的存在方式，其在本质上也是人的存在方式。人同样是存在于普遍性

---

① 《马克思恩格斯全集》第 3 卷，人民出版社 2002 年版，第 39 页。

与特殊性之间，从而构造了自身的关系性存在方式。人的存在既受
到自身特殊性的制约，又要接受普遍性的导引。特殊性的存在方式
使得人的双脚始终站立在生活世界的大地之上，而人的普遍性存在
方式又使得自身拥有某种超越性价值。普遍性与特殊性的共在正是
人的两种存在维度的共在，是人在存在论意义上所表现的现实性和
超越性相统一的存在方式。

　　法的存在论与人的存在论是内在契合的，法的存在论的根基在
人的存在论，理解人的存在论是理解法的存在论的前提。这样的理
解方式同样也为法的存在论确立了一种良好的人学视角，而这样的
人学视角是从人的存在论当中引发生成的。人学视角内在地包含了
价值论元素，人的存在本身就具有价值的属性，存在与价值是难以
分开的。西方人习惯于将事实与价值分开理解问题，这是一种二元
论的思想倾向。而站在存在论的角度，则人的存在本身就内在地包
含了价值立场，这也意味着在法的存在中不可能离开价值立场。二
元论的思维限制了我们对于问题本身的把握，这会让我们疏离于真
理。传统中国思想本身就是融合性和统一性的，这是我们在构造现
代思想的时候所需汲取的思想资源。比如说"仁"，"仁"本身具有
存在论意义 ①，"抵足而眠"正是"仁"的存在论呈现，而"仁"同
时意味着"仁者爱人"，这便是价值问题了。因此在中国文化关于

_____

① "尽管关于甲骨文中有无'仁'字尚无定论，但是甲骨文已经有了'仁'字的原
　　形。从'夷俗仁'、'相人耦'的风俗习惯入手，可以发现仌、夾、乘、化、尼、
　　弔六个字形，分别是东夷民族二人相亲、抱哺其子、抵足而眠、靠背而卧、男女
　　之爱、追孝父母诸风俗的写照，它们共同成为酿造'仁'的文化土壤。"武树臣：
　　《寻找最初的"仁"——对先秦"仁"观念形成过程的文化考察》，《中外法学》
　　2014年第1期。"仁"的不同文字形态展示了亲人之间生活的生存状态，而在这
　　种生存状态中自然地蕴含了价值关怀。

"仁"的话语中既包含了存在论，又包含了价值论，而"仁"的存在与"仁"的价值是内在统一的，两者之间不是一种二分的关系，而是"一而二"、"二而一"的内在融通关系。这种思维方式是内在于中国文化的，尤其内在于儒家传统当中，这对我们思考普遍性与特殊性的关系问题具有重要的启发意义。由此种思维方式出发，则作为法及人的存在方式的普遍性与特殊性，将会呈现出视域融合、辩证交融的存在属性。同时，在特殊性世界中也内在地孕育着普遍性的价值超越，价值不是外部虚构，而是内生于我们的生活世界。特殊性与普遍性的统一同样也必然是存在与价值的统一，而在实践哲学的学术意义上则意味着存在论与价值论的有机统一。

存在论中内在地包含了一种实践论视角。我们所说的存在不是任何具体事物或抽象事物的存在，尽管我们强调了个别事物所具有的本体论意义，但这并不意味着在存在论的意义上要坚守某种具体事物的存在论，不过这表明了某种强调特殊性的立场，因此具有重要的思维方式的变革意义。倘若让人误解了我们对于个别及具体事物的特别强调，也不必过分激动，因为个别事物同样是在一个关系系统中的存在，并且也具有某种变动的属性，关系性存在本就是存在论的重要属性。但我们毕竟不是在倡导某种具体的或抽象的实体论的存在论，而是在强调人的存在的实践论属性，在任何情境下都不能放弃这个基本立场。人当然是个体性存在，在这个意义上我们看到的都是个别的人，但我们并不是要凸显人作为个别实体的存在论，而是要明确人作为实践存在的本体意义。人作为实践的存在，他所面对的是主观与客观、心灵与世界、普遍与特殊、自我与他者、必然与偶然、主动与被动的对立与融合，人正是在两者之间的存在，实践正是在两者之间的矛盾运动过程，同时也会在矛盾运动中迈向融通。人在生活世界中同时面对两个维度，一个是具体世界，一个是普遍世界。因此人本身既是一种特殊性的存在，又是一种普遍性的存在。这便是实践存在的结构，特殊性与普遍性的关系的流变过程，正是实践存在的结构性存在方式。法本身作为人的生活方式，正是在特殊性与普遍性的双重结构中展开自身的存在，法本身所具有的普遍性与特殊性的二元互动的存在方式正是体现了法的实践本性，法律实践本身也正是在普遍性与特殊性的矛盾对立、交互融合中加以展开的。人的存在与法的存在是统一的，而两者都是一种实践的存在，并且其存在结构具有良好的契合性。

从实践论的视角理解法的存在论，其本身就包含了一种重要的思维方式的变革意义。实践论的思维乃是对于两极对立的思维方式的反对，它是一种中介化思维，中介化思维体现了真正的辩证法精神。马克思在对实践概念的把握中赋予了其重要的思想变革价值，中介了旧有的唯物主义和唯心主义的对立，终结了两极对立的思维方式，使得实践概念具有了辩证法的哲学属性①。而现代学者同样对马克思的实践概念给予了高度评价，"实践的发现、实践观点的创立，它决不是仅仅为哲学增添或补充了一个新的范畴、新的观点和新的原理的问题，而是为我们理解人、理解世界以及理解全部哲学问题提供了一个完全新的立足基点、观察视角和思维模式"②。实践概念本身即具有内在融合的功能，它是理解人的存在、

---

① 参见《马克思恩格斯选集》第 1 卷，人民出版社 2012 年版，第 133 页。
② 高清海：《哲学思维方式的历史性转变：论马克思哲学变革的实质》，《开放时代》1995 年第 6 期。

法的存在的理论前提。在实践观点的视域下作为法的基本问题的普遍性与特殊性的关系构成了实践活动中对立统一、辩证融通的两个方面，其本身就是法的存在方式，是法展开自身的存在场域。法本身就是实践的存在，法律实践乃是普遍性与特殊性不断融合并在融合中超越自身有限性的法的存在方式。这是一种法哲学的新思维，也是一种崭新的法哲学话语架构，而新思维的确立同时生成了具有变革意义的法哲学分析框架。普遍性与特殊性的基本关系作为一种法哲学分析框架，可以帮助我们更好地理解法律生活，使我们在一种真实关系中恰当地理解和把握法的存在方式，同时它也是我们理解人本身的存在方式的重要诠释架构。

而实践作为法的存在本体同样具有价值论属性，实践本身并不是一个单纯的活动，而是包含了人自身的目的性关怀的活动过程。实践是向着人自身的活动，它内在地包含了价值论维度。当马克思在强调实践概念所具有的革命的、批判的属性的时候，其所表达的正是实践概念的价值立场，而从亚里士多德到康德的实践哲学同样赋予了实践概念以道德实践的属性。基于实践概念的法哲学"将以一种面向人本身的思想风格审视我们所面临的法律世界，它将以一种批判性的眼光看待各种各样的法律活动，它将以一种内在反省的智慧把握法律世界的规律性，它将以一种价值论的立场超越法律技术的有限性，它将以一种卓越的精神让我们的法律世界变得更加美好"。① 法的存在内在地蕴含了目的性追求，这与人自身的存在与理想是密切结合在一起的。我们直接地生活在具体世界中，这个

---

① 武建敏：《认真对待法学研究的实践导向》，《中国社会科学评价》2020 年第 4 期。

世界充满了各种各样的特殊性，而这种特殊性中同样包含了对于价值目的论的欲求。这些价值元素可以引导人们的具体生活，让人们的具体生活变得更加美好，这就需要将这些价值元素转化为一种普遍性的存在方式，于是人们创设了一个关于法的普遍世界。普遍性本身就包含了价值属性，人类所构造的普遍性法则原本就是价值论的，而非技术化的和方法性的。技术化的普遍性法则与价值论的普遍法则迥然相异，技术化普遍法则具有可重复性，而价值论的普遍法则不可能被重复演绎。普遍性法则一旦创制成功，就开始与具体生活中的特殊性处在一种矛盾统一的存在状态当中，两者之间的关系流动构成了法律实践和法律生活的重要内容。在实践过程中，特殊性和普遍性各自克服了自身的有限性，从而携手并进、相互吸收、彼此融合，构造了一幅法律存在和发展的基本图景。作为主体的人，我们首先是这幅图景的有机构成部分，其次也是这幅图景的描绘者。我们需要将这幅图景描绘得更加美丽，使得同时作为欣赏者的我们能够享受审美的快乐。

在关于法的存在论诠释中内在地蕴含了一种生存论立场，这并不是指法本身的生存问题，而是在法的发展变化当中所展现的人的生存论问题。人在现实世界中存在，在世界中展开自身的生活过程，人的生存论印记自然地反映到这样的现实世界的生活过程当中。人并不是消极地适应世界的主体，而是充满着自由自觉的创造性本质。能动性本质决定了人不可能过一种如同动物那样的生活，人必然要在生存活动中不断体现自身的本质力量。这是人的生存活动的基本属性，是人作为人的重要规定性。因此，人不可能单纯地生存于特殊性世界当中，在特殊性世界中习惯性地生活，而是要超越狭隘的特殊性，迈向普遍性世界，在普遍性的导引下使得自身的特殊性世界变得更具特色，真正在自身的生存活动中实现存在的特殊性与普遍性的视域融合。法的存在正是人的生存属性的创造性展现，法的产生与发展的背后隐藏着一个生存论问题，尽管这并不是一种对于法的起源的历史学说，但它最起码可以对法的产生变化作出具有某种合理性的诠释。尽管对法本身作出生存论理解的背后是人的生存论问题，但法本身也可以被拟人化为一种生存论的主体，法的历史变迁呈现了一幅生存论的发展变化图景，法所承载的人的生存论问题也会在法的变迁中获得合理的诠释。

法本身处在不断生存发展变化当中，法在其生存过程中不断超越自身，完成自身的生存论革命。传统法的生存状态体现了某种依附性的属性①，这种生存状态是对人的传统生存状态的反映，作为个人在与家长皇权的关系性存在中体现了依附性的人格存在特征。而随着现代法的勃兴，法的生存状态发生了重要的变化，处在依附性状态下的个体转化为独立性的个体，在法的关系中呈现出了一种平等化的生存状态，这自然是近现代以来人在现实世界中的生存状态在法律世界中的反映。人类历史实践处在不断变迁的过程当中，人的生存状态会自然地反映到法的普遍性构造当中，而普遍性一旦构造完成，就会引导着人们过一种与时代精神相契合的生活方式。然而这种发展变化的根基仍然是在特殊性世界当中，是特殊性

---

① 传统中的法文化确乎具有某种依附性的生存论属性，但这个问题不能作绝对化的批评，更不能由此对传统文化作出否定性判定。比如儒家的"仁"正是体现了一种生存论的主体自觉精神。而"为仁对于每个个体来说是自觉的选择、不可替代的伦理责任"。赵立庆：《〈论语〉的生存论思想》，《东岳论丛》2020 年第9 期。

世界的发展为普遍性构造建基，这是一个前提问题。忽略了这个前提性的建基工作，我们就不能真正理解普遍性与特殊性的存在论关系。但我们同样也要认识到，人的生存并非是先在地生存于特殊世界，而后再进入普遍性当中，特殊性与普遍性在同一个生存场域中是同时存在的，逻辑上的先后，并不意味着时间上的先后。

当我们将法的存在论建基与实践论及生存论放置到一起加以理解的时候，其实我们是表达了一种对本质主义法律世界观的反对。在法的存在当中，并没有一个悬设的本质决定着人们的法律生活，也不存在一个抽象的理念可以掌控我们所面对的法律世界。在法的存在发展过程中，此在与彼在、主观性与客观性、现实性与理想性、能动性与被动性都同时并在，它们处在一个共生的关系场域中，而在每个场域中的选择和决定都是人们谋制的结果，并非某种预设本质所能事先设定。这是法的生存境况，也是人的生存场域。在这样的实践关系中，人不断地实现和创造自身的规定性，法也在发展着自身的各种创造性和规定性。当然，无论是人的生存发展，还是法的存在变迁，其背后都由生存论的确定性牵引，这使得法的发展变化不游离于自身的确定性的需要。在法的存在发展过程中，确定性和创造性是内在统一的，这既体现了法的内在规定性，也表现了人的存在属性。或许，我们可以从这样的关系场域中，感受到一种辩证精神，辩证法本身就是与人的生存活动息息相关的，并不存在一个离开人的生活实践的辩证法图景。

法的实践过程既是普遍性与特殊性的展开过程，也是普遍性与特殊性的融合过程。那么，道德实践或伦理实践呢？道德实践或伦理实践同样是普遍性与特殊性的展开与融合，而在道德实践或伦理实践的展开与融合过程中无疑内在地包含了人的存在问题，人的生存和生活问题作为存在论的展开内容构成了道德实践和伦理实践的重要场域。离开人的世界，就无所谓道德问题，自然也无所谓伦理问题。说到底，道德及伦理问题的根基是人的存在论问题。"此在"的生存论展开，便是要不断地与他者及事物打交道，这样就会生成各种各样的关系。其中有很多关系涉及道德和伦理问题。人一出生就要与父母亲人打交道，在这个打交道过程中形成了自身与父母亲人之间的道德关系，这便需要有道德法则，而道德法则自然是普遍性，但普遍性的道德法则又必须有着特殊性的根据，否则便不会获得人们的遵守。做儿女的要孝顺父母，这是普遍性道德法则，当然也是伦理法则。孝顺既体现了普遍性要求，也表达了情感的特殊需求，其展开过程本身便呈现了普遍性与特殊性的融合。"父慈子孝"既是个普遍法则，又是特殊需求，情感在其中扮演了某种"中介"的功能。"孝顺"的道德实践是人的存在状态的展现，是人的生存论立场的表达，更是人们对事物美好价值的期待和追求。家庭作为伦理共同体是存在论的，是生存论的，是生活论的。家庭的道德或伦理法则不能是抽象的理念论演绎，而只能是生存论的现实展开，而在其展开过程中贯彻了普遍性与特殊性辩证统一的内在论立场。人的存在固然可以向往孤独，但这并不是每个人的常态化生活，因此就人的生存本性而言是必然要与朋友打交道的，这便形成了"信"的道德关系和道德实践。如何理解"信"的道德实践呢？首先，"信"本身自然是贯彻了普遍性需求，其自身就是一个普遍性法则，但它的存在根基在特殊性，是人的现实的生存状况决定了对"信"的欲求，"信"本身呈现了普遍性与特殊性的展开与融合。

然而，"信"同样是存在论的，是生存论的。"讲信誉"并不仅仅是一种道德实践，而且是一种生存论的展现，是人自身的一种存在方式，同时也展现了人作为人的存在论价值。

　　尽管我们未必要将伦理学的基本问题设定为普遍性与特殊性的关系问题，但毫无疑问伦理学必须面对普遍性与特殊性的关系问题，也许它是比基本问题更为根本的问题。它具有重要的理论价值，对于现实的道德实践活动具有重要的解释力，同时它也是一种良好的理论分析框架。而在这种理论分析框架中，其本身也有一个立场问题。到底应该站在怎样的立场理解和把握道德实践的普遍性与特殊性关系问题？人的存在论立场。离开了人的现实性的生存实践活动，就不可能真正理解和把握道德实践，也不可能真正洞悉到普遍性与特殊性的关系奥妙。特殊性是生存之根，人的存在深深地扎根在特殊性当中，不理解特殊性就不可能理解普遍性。某种道德法则或伦理法则的产生，在根本上来源于生活，不理解人的生活存在状态，就不可能真正把握普遍性法则的根本属性。"礼"是一种普遍性法则，那么它来自于哪里呢？它不是人们头脑中的杜撰，而是来自于人们的生存活动。"礼"与祭祀有关，而祭祀是一种生存活动。看似是对神灵的顶礼膜拜，但其根本却存在于人的生存活动当中。宗教活动无非是人的生存论呈现而已，马克思在宗教批判中表达了生存论的基本立场。"反宗教的批判的根据是：人创造了宗教，而不是宗教创造人；就是说，宗教是还没有获得自身或已经再度丧失自身的人的自我意识和自我感觉。但是，人不是抽象的蛰居于世界之外的存在物。人就是人的世界，就是国家，社会。这个国家、这个社会产生了宗教，一种颠倒的世界意识，因为它们就是颠倒的世界。

宗教是这个世界的总理论，是它的包罗万象的纲要，它的具有通俗形式的逻辑，它的唯灵论的荣誉问题［Point-d'honneur］，它的狂热，它的道德约束，它的庄严补充，它借以求得慰藉和辩护的总根据。宗教是人的本质在幻想中的实现，因为人的本质不具有真正的现实性。因此，反宗教的斗争间接地就是反对以宗教为精神抚慰的那个世界的斗争。"① 对宗教活动的理解，对于宗教活动中的道德理解，都不能从宗教本身加以把握，而必须深入我们生存于其中的社会以及我们自身的现实性存在当中，否则就不可能呈现出我们所面对的宗教世界中道德伦理实践所具有的普遍性与特殊性的关系实践风貌。人的生存活动本身是在特殊性中孕育着普遍性，它允许普遍性对生活自身的掌控，但却不许诺普遍性对现实生活的掠夺和殖民。

政治实践自然是包含了普遍性与特殊性的关系场域，而此种场域同样有一个存在论立场。当然，这里的存在并不是外在物的存在，而是人本身的存在，是人的生存活动和生活过程的展开与拓新。民主实践包含了普遍性与特殊性的关系场域，它建基在人的存在论基础之上。民主是人们的一种存在方式，是人们的一种生活方式。当我们作出如此判断的时候，我们便是对民主实践进行了一种存在论诠释。亚里士多德深刻地论证了人的政治属性，他认为人天生就是政治动物，注定了要过一种城邦的生活。这样的判断，自然不可能与人的存在论相分离，人的生存活动是人的政治属性产生的基本前提，然而政治是具有生存论属性的，当然也具有生活的属性。人的政治属性与人的实践活动是统一在一起的，人在实践活动

---

① 《马克思恩格斯全集》第 3 卷，人民出版社 2002 年版，第 199—200 页。

中养就自身的政治智慧。人的实践活动是具有理性引导的，而人的理性并非单纯的知识理性，还有实践理性，作为人的生活的引导性理性便是实践理性。但实践理性的生成同样是在普遍性与特殊性的存在论展开过程中不断生成的。人的政治实践智慧的形成是一个逐步养就的过程，这需要一个生存论的积累过程，而生存论的积累便是经验的累积过程，人作为生存论的存在主体与人作为经验的主体是一回事，这是一种内在论的理解立场。只有我们抛弃了外在论的抽象立场，才可能真正地切入事物本身当中，生活立场的形成需要经验的不断磨练和养就。人类的政治实践是人类的一种生活方式，将其与人自身的存在放置到一起，才能更好地理解和把握政治生活中的普遍性和特殊性。

在政治实践领域中，普遍性与特殊性的分析框架并不仅仅局限在政治作为一种生活方式的理解当中。政治的合法性问题在某种意义上更好地建基在普遍性与特殊性的关系问题当中，而这样的理解同样需要有一个存在论立场，于是政治合法性问题也就变成了一个生存论的哲学问题。立法权体现人民主权的思想表达，不仅呈现了重要的法律的"合规律性"思想内涵，而且同样表现了法律所具有的"合目的性"追求。人民主权本身就具有价值论的属性，人民性正是人民主权的本质，这是马克思主义所坚持的根本原则。既然人民主权具有人民性，这便意味着由人民主权所构造的立法权必须真正地体现人民的意志，表现社会的呼声。人民性的目的性本身体现了人作为人的价值，人本身就是人类一切实践活动的根本尺度，是人类有原则高度的实践的重要基点。而为了真正贯彻人民主权的合规律性和合目的性，则人民必须要参与到国家事务当中，否则人民主权就不可能获得良好的实现。这当然也是一个政治合法性问题。但对这种合法性的理解还需要一个生存论立场。马克思主义强调了社会历史条件、物质生活的根基性作用，这是人的存在基础问题，这样的生活立场预示着对政治问题理解的根本切入点。

三、实践智慧与视域融合

好的法律实践和坏的法律实践有着重要的差异性。在好的法律实践中，普遍性与特殊性关系问题得到了正确的处理，既没有使得特殊性过分恣意，也没有使得普遍性陷入教条化境地，两者相得益彰、和谐共处，共同引导着人们的法律实践。而在坏的法律实践中，普遍性和特殊性各自为政，特殊性自我膨胀，普遍性任意扩张，普遍性与特殊性之间处于一种外部关联性当中，而没有真正地实现各自与他者的融合，从而不能为法的存在与发展奠定良好的基础。普遍性与特殊性之间问题的解决需要实践智慧的登场，实践智慧是一种能够在普遍性与特殊性之间寻找良好平衡点的人类智慧形态，其本身的存在意味着对问题的恰当解决，预示着普遍性和特殊性克服了各自的片面性而迈向了融合。这是一个实践的过程，是法不断展现自身的过程，法的持续稳定恰当的发展所表达的正是一种实践智慧的基本精神，这当然也是法的生存过程，它建基于人的生存发展的基础之上。对于实践智慧的理解，要有一个生存论的立场，否则就容易将实践智慧与人们的普遍认识能力相混淆，实践智慧在根本上不是个认识论范畴，而属于实践哲学的范畴，它内在包含了存在论的基本意蕴。我们需要切入生存论的实践论立场，从而把握存在论的本体论意义，这样便是在为实践智慧做一种建基工作。在归根结底的意义上，我们不能从知识论立场理解实践智慧，本体论的理解维度才是我们应当切入的基本立场。

从特殊性向着普遍性的生成是需要实践智慧的，这看上去好像是个认识的过程，事实上这个过程中也不可能没有认识活动的参与，但在根本上它是一个实践的过程。认识活动要被纳入实践活动从而构成实践的一个环节，才能彻底地理解知识的命运，也才能真正把握行动的意义。立法者要深入特殊性当中，体悟和洞悉特殊性的存在机理，把控特殊性中涌动着的普遍性需要，这是勘察、勘探与洞悉的工作，不能简单地归结为认识论工作。关于人们是否能够把握到普遍性需求并在此基点上创制普遍性的问题，这首先牵涉了认知的问题，立法者要能够在知识论上明确梳理特殊性中蕴含的普遍性内容，因此我们可以说在特殊性迈向普遍性的道路上需要理智德性的登场，但在归根结底的意义上普遍性的生成所依赖的是实践智慧，认识活动需要在整体性实践智慧视域下加以理解。实践智慧意味着存在论考量。我们可以做个类比，两个人同时写一篇关于农村生活的散文，一个人从小就经历了农村生活，另一个人只是从书本上掌握了大量的农村生活知识，那么谁会写出一篇优美的散文呢？应该是那个经历了农村生活的人能够写出更好的农村生活题材的散文。为什么？这便是存在论问题，实践论问题，也是经验论问题。存在不能被还原为知识，一个有着生活实践经历的人和一个只从书本上学到相关知识的人，其所能达到的对问题理解和驾驭的程度是不同的。对于从特殊性生成普遍性的立法者而言，从知识出发与从实践经验出发是完全不同的。在特殊性的实践过程中，立法者所生成的是实践智慧，而不是理论智慧。那种对生活世界中特殊性的洞悉和勘察，没有经历是不可能做到的。实践智慧需要有深思熟虑，然而有经历的深思熟虑和智识化的深思熟虑是完全不同的，只有在具体实践中与特殊性打交道而生成的深思熟虑的品格才真正具有实践智慧的意义。当然，这种经历的深思熟虑并不能脱离人类的智识能力，但在根本上它是实践的，是经验的。正因为如此，它才具有真正的本体论意义，即生存论的本体论意义。

在法律实践当中，最能体现实践智慧特质的并不是从特殊性向着普遍性的生成过程，而是普遍性向着特殊性的融合过程。在立法者构造普遍性的过程中，普遍性处在生成的实践当中，普遍性还未定型。立法者的工作是要从特殊性中抽取普遍性，往往会显示出普遍性与特殊性的紧张状态，因此在严格意义上讲，立法者的工作是"拔高"，是"抽象"，是要从特殊性中创造出普遍性，还很难说是特殊性与普遍性的视域融合。当然由于立法过程中普遍性与特殊性的内在融通性，我们也可以说两者之间存在视域融合，那是一种立法者自觉地让普遍性依托于特殊性的操持。但从普遍性向着特殊性的法律实践中，特殊性和普遍性都是既定的，两者要在一个特定的场域中发生关系，这个时候才会出现具有典型性的视域融合，司法实践是这种视域融合的典范。普遍性能否包含特殊性？如果特殊性能够被普遍性所涵盖，当然一切问题都会顺畅解决，这可以看作简单化的视域融合，特殊性被融入普遍性当中。但这并非经典的普遍性与特殊性的融合版本，两者之间的关系往往复杂多变。在诸多实践场域当中，特殊性并不能被涵盖在普遍性当中，普遍性显示了自身的存在有限性，于是在特殊性与普遍性之间出现了疑难问题，而这个疑难问题的解决过程乃是最为典型的视域融合形式，而对于这个关系场域中问题的解决所依赖的正是实践智慧的登场。事物的特殊性并不能总是被包含在普遍性当中，普遍性也不能在任何场域下都能够包含特殊性，这是人类实践的本性，自然也是法律实践的本性。尤其是对于司法案件而言，每个案件都是具体的、个别的存在，案件本身是极为丰富的。案件作为特殊性存在，并不能在所有场域中都被法律普遍性所涵盖。也可能只有部分涉及某种普遍性法则，还可能只与普遍性存在某种模糊的关系，这恰恰表明了在司法实践中特殊性与普遍性之间的复杂性关系，这也正是实践智慧的意义之所在。法是主体的实践，而主体永远都是在场的，即便是人工智能的发展也不可能终结实践智慧的存在论意义。倘若人工智能可以在任何一个普遍性与特殊性的关系场域中进行某种综合性判断而有效实现视域融合，那便意味着人工智能已经获得了实践智慧的存在论主体地位。这个问题只有在人工智能的发展实践中才能作出更好的判断。

个别事物总是充满个性化色彩，事物的个性不能被囊括到普遍性当中，普遍性只能包含特殊性当中固有的普遍性，却不能涵摄特殊性当中的个性化元素。正如古代逻辑学家公孙龙的命题"白马非马"所揭示的那样，"马"作为普遍性存在可能包含"白马"中作为"马"的普遍性，却不能包含"白马"中"白"的特殊性，这是普遍性和特殊性的复杂关系。但这还仅仅是理论上的复杂关系，而在司法实践中普遍性与特殊性的复杂关系则充满着艰难与晦涩，没有恰当的判断力和洞悉力，根本就不可能解决普遍性与特殊性之间复杂多变的关系。作为实践智慧的主体，法官需要对案件本身有着深刻的把握力，他要在与案件的各个环节的接触中勘察案件本身所具有的特殊性和丰富性，同时又要对普遍性有着正确而恰当的把握，在此基础上对普遍性与特殊性的关系进行对接融合形成良好的判断，从而最终生成恰当的裁判结论，这个结论中所凝结的正是特殊性与普遍性视域融合的智慧结晶。当我们这样表述的时候，问题好像很清晰明确，但其实并不如我们想象得那样简单。特殊性与普遍性在具体的关系场域中的遭遇，需要特定场景下把握问题和解决问题的能力。对问题的解决正如同卖油翁那样，是长期训练的结果。"关于行为的全部原理，只能是粗略的，而非精确不变的。正如在开头指出的，原理要和材料相一致。在行为以及各种权宜之计中，正如健康一样，这里没有什么经久不变的东西。如若普遍原理是这样，那么，那些个别行为原理就更加没有普遍性。在这里既说不上什么技术，也说不上什么专业，而只能是对症下药，顺水推舟，看情况怎么合适就怎么去做，正如医生和舵手那样。"[①] 实践智慧的生成并非异常复杂，但它的确是内生于实践的本性。法官的实践智慧意味着在自身的生存体验中面对疑难问题反复体悟考虑而能拿出一个恰当的解决方案，它是一种能够有效地实现特殊性与普遍性之间视域融合的智慧形态。

实践智慧必然内在地包含了经验的维度，日积月累的磨练方可生成实践智慧。经验是在实践过程中与各种事物打交道而生成

---

① 苗力田主编：《亚里士多德全集》第八卷，中国人民大学出版社 2016 年版，第 29 页。

的，因此经验本身也有一个本体论前提，即人的生存实践，这是经验生成的根本前提。当然，经验的生成需要与事物打交道，这是一个实践关系场域的展开过程，而打交道同样具有本体论意义。没有打交道的实践展开，也是很难生成有效的经验的。因此，我们所理解的对于实践智慧的生成具有重要意义的经验，不是一般认识论意义上的经验，而是存在论意义上的经验。一般认识论意义上的经验无法逃离经验的知识化理解，因此不可能上升到实践智慧的高度，而不能融入实践智慧的知识往往是外在的，单纯的认识论立场上的知识容易导致教条主义。而在存在论上加以把握，则经验本身正是在与事物打交道过程中生成的智慧，智慧是存在论意义上的元素，而非知识论意义上的形态。与事物打交道的过程便是一个做事的过程，在行动的过程中生成的经验才可能转化为技艺和智慧，否则就只可能是一种作为间接经验的知识，这是一种实践论的经验理解方式。在行动中磨练自身，才能生成实践智慧，勘察与洞悉是智慧的美德。美国实用主义哲学强调了这个层面的经验的意义，"在历史上，'经验'一开始便与人的实践活动联系在一起。有经验的人通常指那些具有某种做事能力的人，这种能力不是从书本和理论获得的，而是通过做事本身慢慢获得的，最初凭借粗糙的操作方式和次序，渐渐养成习惯，最后形成比较精巧的技艺"①。实用主义哲学家威廉·詹姆士就特别强调了实用主义者对"原子事实"的关切，当然他同时重视原则的意义，正如他讲的那

---

① 尚新建：《美国世俗化的宗教与威廉·詹姆斯的彻底经验主义》，上海人民出版社2002年版，第95页。

样任何人都不能离开事实和原则而"生活一小时"①。我们强调经验的本体论意义，同时不否认原则的导引，经验本身就包含了原则，在生活实践的立场上原则不可能是孤立的存在，而必然是内生于经验的普遍性，而经验则恰恰为实现特殊性和普遍性的视域融合奠定了良好的本体论基础。当然，这同时也是在为实践智慧做建基工作，实践智慧必须做本体论的理解，然后才可能具有方法论意义。本体论的立场具有在先性，这是我们在理解普遍性与特殊性关系场域中的实践智慧的根本前提。

人类面临各种各样的实践问题需要我们应对和解决，道德疑难和伦理问题也时常出现在我们的生活当中，对问题本身的把控与处理显示了人自身的生存智慧。在我们的伦理知识话语体系中，存在众多的普遍法则，其存在的目的当然不是为了知识本身，而是为了解决人们所面临的各种道德和伦理问题。然而大量伦理学的普遍法则却并不能令人满意地解决人们所面对的问题，特定的伦理场域中总是存在着特殊性和复杂性，复杂性本身便是存在于特殊性当中的，而这种特殊性并不能被毫无遗漏地装进普遍性法则当中，普遍性出现了难以驾驭的困惑和疑难。我们都知道，"孝顺父母"是普遍性的伦理法则，对该法则的践行在通常情况下都是没有问题的。按照"孝顺父母"的普遍法则，做儿女的自然要听从父母的想法和意愿，但如果父母的想法和意愿是错误的呢？也就是说，在父母犯错的情况下，做儿女的还要不要遵从呢？中国是个人情社会，有时父母会要求儿女做些违反规则的事情，那么这种情况下儿女们还

---

① 威廉·詹姆士：《实用主义》，陈羽纶、孙瑞禾译，商务印书馆 1979 年版，第 8 页。

要遵从父母的意见吗？这的确是难题，是道德难题，是伦理困惑。其间所蕴含的是普遍性与特殊性的关系问题，若是不能在辩证法的框架内深刻理解两者的运行机理，便不可能恰当地解决人们所面对的道德难题。然而，这并不能从单纯的知识论角度加以把握，特定场景中的判断力运用才是最为根本的，而判断力运用则是实践智慧的问题。判断力是一种驾驭普遍性与特殊性关系的智慧形态，除了先天的禀赋之外，后天的经验累积同样是培育判断力的重要方式。经验对于实践智慧而言具有本体论的构造功能，对于具有鲜明的经验色彩的儒家思想而言，实践智慧的登场也就变得易于理解。

　　儒家伦理学自然不是纯粹理性的演绎，而是实践理性的展开。按照亚里士多德的知识分类，儒家伦理学属于实践之知，而非科学之知，当然也不可能是技术之知，尽管其中包含了某种处理问题的策略，但策略本身也属于实践之知的范畴。儒家伦理学是充满智慧的，针对这种场景下的特定问题，儒学本身却是有答案的。曾子曰："若夫慈爱、恭敬、安亲、扬名，则闻命矣。敢问子从父之令，可谓孝乎？"子曰："是何言与，是何言与！昔者天子有争臣七人，虽无道，不失其天下；诸侯有争臣五人，虽无道，不失其国；大夫有争臣三人，虽无道，不失其家；士有争友，则身不离于令名；父有争子，则身不陷于不义。故当不义，则子不可以不争于父，臣不可以不争于君；故当不义，则争之。从父之令，又焉得为孝乎！"① 儒家伦理学是场域化思维，是情境主义的思维方式。尽管遵从父母之命属于普遍伦理法则，但如果父母犯错，则未必要服从父母的意志。在普遍

────────────────

① 《孝经·谏诤》。

性与特殊性之间，实践智慧得以呈现出自身的卓越风格，这是儒家思想的根本要旨。在儒家看来，对父母所为要认真分析，分析之后则不可以不进行选择，有选择地服从是特定情境下实践智慧的根本要义。万章问曰："诗云：'娶妻如之何？必告父母。'信斯言也，宜莫如舜。舜之不告而娶，何也？"孟子曰："告则不得娶。男女居室，人之大伦也。如告，则废人之大伦，以怼父母，是以不告也。"① 这里自然存在普遍性与特殊性的关系问题，诸多普遍性的伦理法则与特定场域之间是什么关系？从儒家立场，我们能够看到伦理学之实践智慧的重要意义。伦理学自然不能去制定普遍性法则，恰当的伦理学形态应该能够为人们提供解决问题的智慧，儒家伦理学便是如此。当代伦理学遗忘了实践智慧，而陷入知识王国不能自拔，自得其乐却缺乏了对时代命运的关切。伦理的智慧应当具有一种牵引的功能，在面对各种疑难问题的情境下要做出恰当的选择。到底是否要进行克隆人实验？到底如何对待人工智能的发展？伦理的实践智慧完全可以给出恰当的回答。然而陷入利益泥潭的现代社会却疏远了伦理学的实践智慧，宁愿让利益主导一切，却不留给伦理智慧做出选择的空间。这种愚蠢的做法已经远离了实践智慧的牵引，我们需要整体性反思，而整体性反思必须有实践智慧的登场。

在人类的政治实践中同样存在着普遍性与特殊性的关系问题，自然也有一个实践智慧的牵引问题。恰当地处理普遍性与特殊性的关系问题体现在政治实践的诸多领域。在创制政治性的普遍法则的过程中，要将其建基在生活世界的特殊性之上，才能确立政治性普

① 《孟子·万章上》。

遍法则的合理性。这当然需要有实践智慧，否则就不可能生成恰当而合理的普遍法则。同时，政治领域中普遍法则的运用也涉及普遍性与特殊性的关系问题，能否在特定场景中恰当地贯彻政治普遍法则的精神旨趣，这并不是一个知识问题，而是一个实践问题。与在法的实践和伦理实践中的情境相通，政治实践中普遍法则的运用同样会遭遇普遍性与特殊性的关系难题，特定情境中困惑的产生并不是由于单纯知识的缘故，而是实践本身的复杂性必然要遭遇的难题。在政治难题出现的地方，就需要实践智慧的登场。而在关键情境下一定要拥有恰当的判断力，恰当的判断力同时需要果敢的行动力，没有行动力量支撑的判断力是毫无意义的，而只能是柔弱的心理表达。中国革命到底要选择一条怎样的道路？政治哲学家未必能够回答这个命题，但身处特定场域中的革命者必须对这个问题作出恰当的判断，采取切实的行动。在中国语境下那些只知道照抄照搬马列经典的布尔什维克能够解决中国问题吗？当然不能！在特定的历史关头，只有深切了解中国自身境况的革命家，才可能很好地处理普遍性与特殊性的关系问题。理论对于那些伟大的实践者来说，是实现了的理论，理论与现实在他们的判断与行动中获得了完满的统一。

我们可以把自由、民主、正义看作政治哲学领域中的普遍性法则，正是由于它们所具有的普遍性价值，它们才能被看作是世界性命题。在中国的价值观体系当中同样肯定了自由、民主及正义的卓越价值，这足以说明这些价值本身所具有的普遍性意义。然而，它们在其运行中同样面临着一个特殊性问题，中国的自由、民主与正义必然会具有自身的个性，而不可能与异域社会处在对应一致的状态当中。很多中国人总认为自己缺乏自由，这是一种对自身存在状态缺乏恰当认识而做出的一种"抱怨"。中国人并不比异域文明中的个体缺乏自由，中国政治社会中的自由是充分的，展现了社会主义国家对个体自由的尊重和高扬。然而有些人并不真正地理解自由，他们所理解的自由中没有责任，以为自由就是不受责任的限制，从而对社会的各方面进行批判和抱怨。这些人并不真正把握自由的精神要旨，自由在运行中被"这些人"片面化了。"这些人"既不真正地理解中国，也不真正地理解自由，他们只懂得批判和抱怨。"这些人"是狭隘的，是自私自利的个体，缺乏责任的担当，永远都不可能真正理解自由的精神。"这些人"只懂得"外部反思"和"外部推演"，把所谓西方的东西奉若神明，在形式逻辑的推演当中满足自己自私自利的个人欲望。我们需要恰当的判断力，我们需要对事物进行合理性的洞悉，我们需要拥有一种担当的精神气魄。不同的人对特定场景的观察和判断是有差异性的，民主的运行不可能在世界范围构造唯一模式。只有洞察了特殊性的机理，恰当地在普遍性与特殊性之间作出良好的判断，我们才可能构造出适合我们自身的政治系统。政治哲学的目的不是要构造一个异域化的话语体系，而是要建构真正属于中国自身的话语系统。从更为崇高的目的而言，政治哲学的目的并不是为了理论话语本身，而是为了在现实当中实现自身，理论的实现意味着理论的消灭，理论只有消灭自身才能够实现自身。伟大的共产主义不是为了构造某种理论，而是为了实现理论，是为了消灭理论，理论融入我们的生活，理论成为了我们生活的一个组成部分，这是理论的彻底实现。

四、实践场域与恰当的生活

　　法的目的固然是要解决人们所面对的各种纠纷①，而法哲学对于法及其相关问题的哲学沉思，理应能够促进这些问题获得更好的解决。法哲学对法律论证理论的研究为司法决断提供了良好的合理性支撑，法作为一种论证的事业获得了鲜明的表达。法哲学对价值论的研究为包括立法和司法在内的法律实践提供了一种良好的普遍性引导力量，使得法律在价值合理性上向前迈进了一大步。法哲学对法律解释学的研究为我们澄清了法律解释的真谛，让我们看到了法律解释的发生机制，从而明确应该采取怎样的策略提升解释学的效果。类似这些问题的研究对于法哲学自身学术力量的提升具有重要意义，同时也使得法本身被灌注了一种理论的力量，更易于在自身的运行中展现思想的卓越价值。法本身存在多种多样的目的，可以展现出多维度、多层面的追求，然而一旦我们进入一种法的生存论立场，则法本身的生活目的就获得了自然的呈现。恰当的法律生活是法本身所要追求的生活样态，是法哲学的内在关怀。在这样的生存论视域下，法哲学的生活转向便具有了天然的合理性，而这种

---

① 这是法的直接目的，也是法的专业性目的，这种目的滋生了法的功利属性。法律知识的创制以及法学教育的谋划，大抵都是围绕这个目的而展开的，但它恰恰遗忘了法的存在论维度，而在法的存在论基础上将会生成一种内在于人的生活的法哲学话语架构。

生活转向恰恰体现了对人本身的无限关怀 ①。

恰当的法律生活是在普遍性与特殊性的关系场域中展开的。人并不是一个单纯的具体性的、个别性的存在，还是一个趋向于普遍性的存在，这是人区别于世界万物的基本点所在。当然，人首先是一种特殊性的具体存在，这是他存在的根基，但在具体生活世界中他又充满了对于普遍性的欲求，人正是处在这样一种矛盾关系当中。然而他自身又不能陷入矛盾纠缠当中，而是要在矛盾对立中走向融合，从而实现自身的超越性存在属性。在法律生活当中，普遍性并不是一种实体性的存在，而是一种真实性的存在。普遍性不可触摸，却无时无刻不在影响和构造着人们的生活。即便本着一种无为的生活态度，人们依然是存在于特殊性与普遍性之间，普遍性与特殊性的关系场域就是人的生活时空，我们无可逃离。当然，恰当的法律生活并不意味着在人们出现了纠纷的时候，必然地寻求法律的普遍性法则作为解决纠纷的依据，生活世界本身固有的惯习同样能够解决人们所面对的诸多问题，人们只是在无奈的情境下才求助于法律的普遍性法则。这样的态度是对待法律的良好态度，它有利于恰当的法律生活的形成。事实上，在法律普遍性之外还存在着众多的普遍性，那是生活世界内部所蕴含的普遍性，各种惯习及生活世界中的价值同样是普遍性的存在，它们对于促进和生成人们恰当的法律生活具有原生态的重要意义。

儒家学说所讲的"无讼"，便是一种恰当的法律生活。在这种

---

① 法哲学从其生存论本性上讲内在地要求一种生活转向。有学者提出："法哲学的智慧和旨趣在于对真实的人的法律生活的哲学观照。"姚建宗：《法律生活的哲学观照：法哲学的智慧》，《北方法学》2007 年第 2 期。

生活样态中，法律的普遍性是存在的，但人们却并不使用，不过法律的普遍性法则依然在发挥着作用，这与"无为而无不为"的思想相关，儒家应该与道家是相通的。"无讼"意味着不打官司，却能将纠纷化解，生活世界中固有的普遍性发挥了重要功能。而人们安宁修身的心灵同样是在场的，它是"无讼"的法律生活方式能够得以实现的内在基础。"无讼"并不意味着人们只是生活在具体世界中，人们依然是生活在特殊性与普遍性的关系场域中，那里存在各种类型的普遍性，它们是人们生活方式的有机组成部分。当然这并不意味着古人全部达到了"无讼"的法律生活状态，恰当的法律生活也只不过是部分人才能够实现的，毕竟人们的心灵世界存在着诸多差异性。现代人也有许多好讼者，他们动辄将官司闹上法庭，整天纠缠在利益的泥潭当中不能自拔。更有甚者，还有一些打官司的专业户，号称是打假，在生活中常与诉讼为伍。或许这种行为是有一定积极意义的，但它同样存在诸多问题，在最根本的意义上它损害了恰当的法律生活。恰当的法律生活可以成为我们分析诸多问题的基本视域，它是一个包含了众多理论增长点的概念。它内在地承载了普遍性与特殊性的关系场域，蕴含了内在于法本身的众多属性，是我们展开各种理论反思和法律评判的现实和逻辑起点。

对于恰当的法律生活的把握意味着，不能陷入对于法律的迷信当中，法律是一种有限性存在而非万能的存在。人们固然需要法律的普遍性维护自身的存在，但法律并不是越多越好，法律普遍性的创制需要坚守恰当性原则。在人们的生活世界中有很多问题，但并不意味着要对这些问题领域进行立法，立法的泛滥会导致对生活世界的侵犯，还会破坏生活世界固有的秩序法则。因此，法律普遍性的创设不能随意展开，它必须坚持法的内在规定性。并不是出现了问题就需要制定法律，那样只会让问题更多，更难以解决。这里并不需要所谓的问题意识，问题意识的泛滥已经波及法律世界，这是我们必须明确把握的问题。我们自然需要"简约法律的力量"，要充分挖掘生活世界中可资利用的一切资源，让它们对问题的解决发挥重要作用。在现代国家与社会治理当中，我们提出了自治的概念。这是一个具有重要战略意义的概念，它承载了一种崭新的治理理念，凝结了中国传统文化的思想精华。从法哲学的角度看，自治的概念与恰当的法律生活的追求是内在融通的，也可以说自治本身就是一种恰当的法律生活。在自治的生活世界中，法律固然是存在的，但却未必要加以运用。自治的生活运用了生活固有的多种资源，人们的合理性选择营造了一种恰当的生活，当然法律不可能不发挥作用，法律的存在依然会对人们的行为选择产生某种构造作用，尽管它不是直接地构造了人们的行为。自治同样意味着我们生活在特殊性与普遍性之间，在其中我们有着更多的选择，这增加了我们生活的自主性。

恰当的法律生活给我们提供了一种关于法本身的基本理念，充分地展现了普遍性与特殊性恰当关系的辩证智慧。遵循辩证法的实践原则，在恰当的法律生活中我们要坚持自由与责任相统一的行动原理。每个个体都拥有各自的欲求，自由的冲动体现其内在的特殊性要求，然而责任的承担则体现了普遍性法则的规训意义。自由和不自由是统一到一起的，只有在不自由中才能实现自由。我们不是生活在狭隘的自由当中，而是生活在自由与责任当中，自由本身就意味着责任①，责任的承担同时也意味着自由的意义，只有那些承担了责任的人，才能够洞悉自由的深刻意蕴。我们可以在特殊性与普遍性的二元分析框架中理解自由与责任的关系。特殊性本身固然意味着自由，然而自由本身同样孕育了普遍性，自由本身便包含了特殊性与普遍性的双重维度。责任固然意味着普遍性，但越是承担责任恰恰越是充满自由的体验，责任本身同样意味着良好的生活，自由与责任的恰当关系正是特殊性与普遍性恰当关系的呈现。同样的道理，自我不是孤立地生活在自己狭小的个人化世界中，而是与他者共在，自我的特殊性在不断地趋向于与他者共在的普遍性。自我与他者的统一，与特殊性和普遍性的统一是内在契合的。恰当的法律生活并不是生活在孤岛上而过与世无争的生活，也不是整天奔走于法庭而使生活陷入疲惫的状态，而是积极地投入生活行动当中进行恰当的选择，从而让生活日益合理化的美好状态。在我们所操作的各种法律设计当中，要深切地把握特殊性与普遍性的恰当关系，使其成为行动的原则方略。我们无法为恰当的法律生活设计出具体的指标，但只要明确了原则和方向，加之以切实的行动，就能够实现我们的理想追求。我们在摸索中前进，在行动中完善，恰当的法律生活在行动中实现。恰当的法律生活具有原发性和创造性的双重属性，主体在场的法律生活始终意味着心灵的重要意义，人的生存活

---

① 自由的实现不可能脱离普遍性的规范，只有沉入具体规范当中承担应当的责任，才有自由可言。在黑格尔的法哲学、伦理学及政治哲学中，真正的自由只有在伦理生活中才可能获得实现，在这个意义上"自由法本质上就是伦理法"。邓安庆：《自然法即自由法：理解黑格尔法哲学的前提和关键》，《哲学动态》2019 年第 1 期。伦理生活当然具有规范化的属性，这自然贯彻了普遍性的原理。按照黑格尔的理路，自由的实现无法离开普遍性的介入。而恰当的法律生活所体现的自由便是特殊性与普遍性之间的平衡与统一。

动需要心灵的牵引，心灵的力量内在地归属于生存活动。

恰当的法律生活是一种在普遍性和特殊性之间寻求良好平衡点的生活，由此必然意味着实践智慧的登场。我们的各类制度在普遍性创设和采取切实行动方面可以发挥表率的作用，为恰当的法律生活创造良好的环境。我们的国家把握了有所为有所不为的实践智慧，这就为恰当法律生活的实现作出了良好的铺垫。然而对于恰当的法律生活而言，毕竟还是要落实到每个个体身上，因此个体掌控特殊性与普遍性关系的技艺对自身生活的恰当性是十分重要的。当然我们不应该将恰当法律生活实现的责任完全推给个体，我们的国家与社会依然可以采取各种充满着智慧的措施，为人们的行动方略提供良好的环境依赖。除了国家行动策略的完善之外，社会的各层面也要明确自身的行动使命，为人们自洽生活的实现创造更好的条件。我们国家提出了治理能力现代化的战略，而其中社会治理是重要维度，社会治理体系的完善与发展会在国家行为之外为人们创造良好的生活环境。恰当法律生活的实现并非完全依赖法律本身的建构，更为重要的着力点恰恰在法律普遍性架构之外。我们已经在通向恰当的法律生活的道路之上，有的人已经过上了恰当的法律生活，然而我们依然需要不断的操持。法哲学的生活转向会改变人们的思维方式，会改造人们看待法律的方式，同时也必然引发实践的合理性构造，让恰当的法律生活成为我们每个人生活的常态。

道德伦理的生成更多地是基于自然而然的需求，其根基存在于生活世界当中。道德的生成本身便是为了一种恰当的生活，而不是为了某种功利化的目标的实现。任何功利化的目标性考量都与道德没有关系，把道德降低到功利化的境况是人类的堕落。我们之所以会作出一种道德选择，并不是由于某种利益的考量，而是发自于我们的内心世界的自然欲求。道德或许是与伦理有区别的，因为道德一定是基于内在世界的自由选择才能够达到的境界，道德生活是自由而完满的，是人自身本质力量的某种呈现。真正的道德生活往往要基于"道"才可能实现，缺乏了"道"的内在支撑，便可能使得我们的道德生活显得牵强。道德生活的实现基于人们的内在世界的普遍性欲求，基于内在世界的普遍性能够在任何场景中统揽特殊性，从而达到游刃有余的崇高境界。"为无为，事无事，味无味。大小多少，报怨以德。图难于其易，为大于其细；天下难事，必作于易；天下大事，必作于细。是以圣人终不为大，故能成其大。夫轻诺必寡信，多易必多难。是以圣人犹难之，故终无难矣。"①这是道德在人的内心世界中的基点，没有这个基点就不会使道德通达于特殊性。不是说存在一种普遍性道德可以囊括特殊情景中的道德问题，而是说只有人们内在世界中达到了一种"道"的普遍性境界，才可能对各种具体情境中道德问题的处理做到游刃有余、驾驭自如。但这并不是每个人都能够做到的，不过它依然是我们应该追求的恰当的道德生活，它是基于个人的卓越才可能达到的境界。一个总是"有待"的个体在遭遇任何特殊性的时候，都会向利益妥协，从而使其生活丧失普遍性价值的牵引。我们当然不能设计一种普遍的制度要求每个人践行这种道德理想，它只能是少数人的生活方式。这并不是所谓的清高，而是对生活的洞悉，只有真正达到生活

---

① 《道德经》第六十三章。

智慧的人，才可能拥有这种"美轮美奂"的道德生活。

　　道德和伦理固然是有差异的，甚至也是充满矛盾的。但我们却不能将两者对立起来，我们在谋求一种良好的道德生活的时候，并不能贬低伦理生活的重要意义。道德生活是用内在的普遍性统摄了具体情境中的特殊性，但这并不是说现实社会中所存在的普遍性道德规范可以完全掌控特殊性，而是说以内在的"道"的普遍性才可能化解现实生活中的特殊性问题。这样的道德自然是宽容的，它不可能构成与伦理的对立，而是以内在世界的卓越支持和认同人们对伦理生活的美好追求。伦理生活涉及个人与他者的关系问题，恰当的伦理生活意味着要实现个人与他者的共在。伦理生活当然是充满自由的，因为自由就是在与他者的共在中守护自己，它是伦理的普遍性与个人生活的特殊性的融合。在伦理世界中，人们原本就生活在普遍性与特殊性之间，伦理生活的原理就是要恰当地处理个人与他者的关系，既完成对于普遍性的高扬，又实现个人生活的特殊性欲求。然而，个人生活的特殊性又必须接受伦理法则的普遍性的节制，否则特殊性漫无边际的扩张将在终极意义上损害人们的生活本身，自然也不可能再拥有恰当的伦理生活。普遍性与特殊性的关系场域是理解和把握伦理生活的一个思想架构，但在伦理生活中两者恰当关系的生成依然需要在特定场景中主体的把握和操作，否则我们便不可能构建自身良好的伦理生活。良好生活的形成需要主体的努力操持，那种以为掌握了某种知识原理就可以拥有恰当而良好的生活的想法是极其幼稚的。我们不能否认，良好的伦理生活与人的生存状态有关，人们在生存活动中养就了各种惯习，经验与惯习的融合会帮助人们解决特定场景中的各种问题。人们在生活中养就的习性是根本性的，它会促进实践智慧的生成，但作为主体的人的努力依然是我们谋求良好生活的内在动力和智慧源泉，而"操持"则是人注定的命运。

政治实践自身包含了普遍性与特殊性的关系场域，人们就生活在这样的关系场域当中，政治实践本身就是一种生活方式。无论对于职业政治家，还是对于普通民众，他们都在不同程度上过着一种政治生活。他们畅游于普遍性与特殊性之间，寻求着普遍性与特殊性的恰当结合点。政治生活本身就是一种参与，参与政治便是感悟普遍性与特殊性的基本关系，并在两者之间寻求平衡。民主是一种政治生活，民主生活本身便是存在于普遍性与特殊性之间的生活形态。民主的根基在于特殊性，倘若不能真切地把握特殊性，便不可能构建出良好的普遍性。民主生活是一种在众多特殊性的参与下，谋划普遍性的过程，政治法则的生成正是建基于此。在民主制生活中，社会根基处的"人民"是"特殊性"，但却孕育着"普遍性"，民主制生活的要旨便是要从"特殊性"合理地迈向"普遍性"。马克思深刻地揭示了民主制生活的内在规定性。"在君主制中，整体，即人民，从属于他们的一种存在方式，即政治制度。在民主制中，国家制度本身只表现为一种规定，即人民的自我规定。在君主制中是国家制度的人民；在民主制中则是人民的国家制度。民主制是一切形式的国家制度的已经解开的谜。在这里，国家制度不仅自在地，不仅就其本质来说，而且就其存在、就其现实性来说，也在不断地被引回到自己的现实的基础、现实的人、现实的人民，并被设定为人民自己的作品。国家制度在这里表现出它的本来面目，即人的自由产物。"① 在这里，马克思区分了君主制和民主制的差异性，在君主制中是君主的"自我规定"，而在民主制中则是人民的"自我规定"，在君主制中人民属于国家制度，而在民主制中国家制度属于人民。只有在民主制当中，国家制度的设定才真正地回到了"现实的人"和"现实的人民"，国家制度成为了"人民自己的作品"。国家制度只有发展到民主制的阶段，才可能解开自身的"谜"，才可能真正地意识到自身的存在根基。而这个根基绝不在任何的理念以及理念逻辑的"单一性"载体当中，而是存在于社会中的"人民"当中。民主制生活的基础是"人民"，通过民主的方式"人民"创造了自己的国家普遍性。然而，"普遍性"的"国家"并不是为了"普遍性"本身，而恰恰是为了"特殊性"，因此"国家"必须返向"人民"，"普遍性"必须返向"特殊性"，这才是"民主制生活"的根本要义。"现实的基础"、"现实的人"、"现实的人民"，这种类型的特殊性中孕育了普遍性，而其所生成的普遍性必然回到"人本身"，回到"生活本身"。民主生活便是往返于普遍性与特殊性之间的生活方式，它追求恰当性与合理性。

政治普遍性的生成并不是为了干预和破坏人民既有的生活，而是为了让人民生活得更好，因此政治普遍性必须给特殊性留下充分自由的空间，这是政治普遍性的内在规定性，也是政治普遍性的卓越美德。"以正治国，以奇用兵，以无事取天下。吾何以知其然哉？以此：天下多忌讳，而民弥贫；人多利器，国家滋昏；人多伎巧，奇物滋起；法令滋彰，盗贼多有。故圣人云：'我无为，而

---

① 《马克思恩格斯全集》第 3 卷，人民出版社 2002 年版，第 39—40 页。

民自化；我好静，而民自正；我无事，而民自富；我无欲，而民自朴。'"① 道家的政治治道是留给人们充分的自主性空间，这便是对特殊性给出了根本性保留，而使得普遍性缩小到了尽可能弱的领域，于是最高的普遍性就是"为无为"、"事无事"及"味无味"，只有这样，特殊性才可能展现自身的自主性价值。道家如此，儒家又何尝不是如此？"古之欲明明德于天下者，先治其国。欲治其国者，先齐其家。欲齐其家者，先修其身。欲修其身者，先正其心。欲正其心者，先诚其意。欲诚其意者，先致其知。致知在格物。物格而后知至，知至而后意诚，意诚而后心正，心正而后身修，身修而后家齐，家齐而后国治，国治而后天下平。"② 家国天下皆为政事，均为生活，寻求普遍性与特殊性的平衡自然离不开个体的自觉与努力。那么法家呢？尽管法家充满了功利论的扩张，但在普遍性的扩张之下，也并非对人们的生活自治完全漠然视之。"万民皆知所避就，避祸就福，而皆以自治也。"③ 法律一旦明确，在法律的普遍性之外，便是人们自由行动的空间。现代政治同样不能忽略人们的自治生活。"自我管理是惟一的起点。因为精神在任何一个可以呼吸的地方都会引进相同的、为自身所固有的形式，并坚持忠实于自己——无论是在个人的道德自律中，还是在私人团体的自治和民族政治的自律中。"④ 这就为政治普遍性设定了边界，特殊性显示了

---

① 《道德经》第五十七章。

② 《礼记·大学》。

③ 《商君书·定分》。

④ ［俄］伊林：《法律意识的实质》，徐晓晴译，清华大学出版社2005年版，第170页。自治的原则既可以通过精神获得培育，也可以通过习惯得以养就。在现代社会中我们固然要挖掘生活世界中多样化的自治资源，同时也要培育自治的卓越精神，精神的完善和境界的提升是我们谋划良好生活的内在保障。

自身的存在力量。然而这绝不意味着普遍性的缺失，而是预示着普遍性本身的有限性。普遍性的根基在特殊性，普遍性之有限性的根基同样存在于特殊性当中，这是谋划恰当的政治生活和建构一切良好生活的思想前提。

　　"经验主义者"是喜爱各种各样原始事实的人，"理性主义者"是信仰抽象的和永久的原则的人。任何人既不能够离开事实也不能够离开原则而生活一小时，所以，其差别不过是着重在哪一方面罢了。

——威廉·詹姆斯

一、普遍性谋制

1

　　每个人都是有意见的，但意见是一种特殊性，它可能在某些领域中成为人们行动的法则，却并不应当被普遍化，不过这并不否定在意见中包含了普遍的可能性。可能性仅仅是一种可能性。意见的普遍化会成为一种灾难，不过并不是没有意见被普遍化的范例，在意见被普遍化的领域中往往充斥着主观性判断，任意性更是随处泛滥，教条主义也是司空见惯。具体的人往往只有意见，然而这正是他特殊性的表现，意见只具有个人的代表性，却并不能代表他者。当然有时也会有意见的合谋，但却未必能够生出普遍意志，也就是说合谋不会创造普遍性。合谋是为了利益，是为了满足自身的心理期待，而普遍意志则是真正的普遍性，它是人与他者"共在"中的普遍性。

　　世界上的争论多数来自于意见，每个人都可能从自己的意见出发，自然就会出现各种各样的争论。这也可以被理解为观点的争论，人们从自己所掌握的那点"信息"和"利益"出发进行论辩，就会生出诸多差异性。因此，意见和观点一定要走向融合，在相互博弈当中生成某种共识。当然，意见和观点中并非必然地存在共识，但论辩中却可能生成普遍性。融合固然是一种妥协，但却不是无原则的妥协，而是消除了各自意见的片面性的融通，它是通向真理的道路，到目前为止这是人们所能够接受的方法。尽管这并不是唯一的办法，甚至也不是最好的办法，但它具有可接受性。在可接受的领域中，普遍性与特殊性共存，多数人的意见同样是一种意见，依据多数人意见行事可能存在更大的危害性。

在纷繁复杂的世界中，有时把抉择权力交给一个人是极为稳妥的，也可能是极佳的，但这样的人并不多见。通往真理的道路充满复杂性，但它与人数多少并没有必然性关联。对于大多数人而言他们所拥有的只是意见，但个别人却天然地具有把握真理的能力，这样的人当然是天才，尽管我们并不习惯于圣人这样的称呼。真理可能被单个人掌握，这是一种可能性，往往要到事后才能被人们所认同。这样的人一旦出现往往就会改变历史，然而千古历史变迁中却难得一遇，被湮没的个体连同他的真理在历史中沉沦。但这样的人又是实实在在存在的，尽管他也会有意见，但他的意见却包含了最大的真理性，这样的真理甚至可以创造历史。人们把权力交给这样的个体，也是有风险的，但我们必须承受风险。在历史的长河中，那些总想获得利益却不愿意承担风险的人并不在少数，但他们与真理无缘。

包含了最大真理性的个人意见转化为了普遍意志，并进而塑造了普遍性，这是天才的洞悉力。古代的哲学家为这种现象进行了良好的论证，尽管其所使用的概念并不是现代的，但其呈现的内容则是与我们共通的。无论是法的生活，还是政治生活，抑或是伦理生活，都会存在具有洞悉力的卓越人物，他们窥得了生活要义，进行着游刃有余的选择和行动。其实这三种生活是统一的，它们都是"主体的实践"。既然是"主体的实践"，那就必然会具有主体的个性化特质，我们又怎么可能避免呢？力图改变某种事实的存在，往往显得十分可笑，也恰恰是主观化的表现。我们看到了什么呢？这才是思想的重心。遗忘了"看"，便不会有思想，思想的洞悉来自于"看"。站在摩天大楼向下俯视，表面上是在"看"，但却看不到任何实质性的元素。钻到人群中，匆忙地穿过，看到的只是人头和后背，还有脚跟。从人群中穿过，然后静静地躲在僻静的地方，平静地观察，把一切记在心中，绝不受任何教条的牵累。我们"在"生活中，"看"到的才是真理。

在多数情况下，意见便只是意见，意见中包含真理性的程度是有差异的。人们还是相信意见的融通会生出合理的共识，也许事实上生出的共识只不过是一种假象，然而人们还是更为相信意见的融通。无论意见有着怎样的缺憾，它都是通达真理的必由之路。我们在人们的意见中会看到丑陋的人性、卑微的灵魂和狭隘的自我。为什么要超越自我呢？我们对自己的丑陋不能容忍。并不是每个人都可以超越自我，这是人性的事实，凡能超越自我者都具有惊世天才的内在潜质。普遍性包含了特殊性，却又超越了特殊性，特殊性必须趋向普遍性。当然，这不是从认识论上作出的判断，也不是逻辑学上的判定，而是法哲学、伦理学和政治哲学上的判断，同时可以被理解为生存论上的把握。人们不可能抛弃意见，人们都是在自身意见的前提下对于共识的追求。这里当然需要一个能够为人们所认同的程序，于是民主制就成为了人们的选择。民主作为一种制度，它首先是一种程序理性。它未必会导致结果合理性，但人们还是愿意选择这种程序理性，它是看得见的正义。隐藏在内容中的正义往往是不能直接呈现的，程序理性是人们认识到自身理性有限性的一种合理化选择。

民主属于实践理性中的过程论范畴，它自然是要消除各种意见的特殊性，但却不能避免个别意见与普遍意志的错乱。实践中包含了过程，民主是把过程理性化的结果。民主过程化本身是普遍性的表达，把特殊性放置到一个公共空间中加以检讨，在检讨过程中谋求现实的普遍性。普遍性必须意味着现实性，否则就是虚妄的普遍性，打着普遍性的旗号，演绎着特殊性的欲求，普遍性被特殊性所置换。实践不仅包含了过程，还会有结果。不管过程如何精彩，都不能保证结果的正确性。司法过程具有民主性，它贯彻了民主的普遍性程序，但这并不能保证结果的合理性。过程的普遍性仍然可能导致结果的特殊性，然而经过了普遍性过程的构造之后，结果就穿上了普遍性的外衣，于是"遮蔽"就在所难免。只要我们置身于"事外"，便难以洞悉事物的真相。普遍性与特殊性的错乱是时常会出现的现象。尽管我们在知识论上作出了恰当的区分，但在普遍性与特殊性的实际运行中，"错乱"是不可避免的。很多情况下我们并不知道发生了错乱，可错乱就在我们身边，就在我们所设定的各种理性制度当中。我们自得其乐，却已经深陷囹圄。

2

当我们细心观察的时候，会看到普遍性被垄断的现实，这是任何一个社会都无法避免的存在现象，这样就可能产生普遍性与特殊性的割裂。尽管我们期望普遍性的掌控者能够体察特殊性要求，在特殊性的融合中生成普遍意志，但这或许仅仅是一种理想。普遍性会形成自身特殊的利益结构，或者只是为了某种抽象的观念而架构起一套普遍性法则，普遍性失去了与自身赖以存在的生活世界的依托。一旦普遍性割裂了自身与特殊性的联系，而用一种命令的姿态掌管了特殊性的命运，那便意味着特殊世界的萧条。特殊的声音被禁锢在各自的领域中，即便是发出绝望的呐喊也无济于事。特殊性陷入了无底的深渊，垂死挣扎却无人理睬。

普遍性真地就是普遍性吗？倘若普遍性仅仅是一种托词呢？而实际的普遍性或许仅仅是某种被普遍化的特殊意志，这样的普遍性并没有实现自身对特殊性的视域融合。没有了普遍意志，也许只能是某种特殊性上升为普遍性的高度，但却并不是真正的普遍性，因此这样的普遍性便没有合理性。普遍性沦落为特殊性，特殊的普遍性却要充当共同意志的普遍性角色。世界被特殊的普遍性掌控，这样的世界能够呈现出一种合理性价值吗？人们能够获得一种好的生活吗？好的生活是一种接受由特殊性的融合而构造的普遍性法则规训的生活。如何生成普遍性呢？理论的设计未必能够获得现实的效果，当某些人将特殊性转化为普遍性并掌控其运行的时候，生活本身时常会发生某种程度的扭曲。

并不是所有的领域都适合于普遍性的掌控，特殊性有特殊性的存在方式和处事方式。倘若特殊性在自身的世界中能够发挥自洽的功能，那就不需要普遍性的介入，然而特殊性中也会自发地生成普遍性，人终究不能逃离普遍性而单纯地生存于特殊性当中。普遍性与特殊性和谐共处，共同塑造着人们的美好生活。普遍性自然要明白"有所为有所不为"的基本道理，保持自身的边界意识，从而才能够确立自身的权威。到处指手画脚的普遍性会失去自身的尊严，其对特殊性的掌控会让世界变得更加糟糕。特殊性自有特殊性的价值，在特殊性领域中人们生成了自主性的运行机制，但这并不意味着特殊性疏离了普遍性，普遍性仍然在发挥着自身对特殊性的影响，只不过降低到了一个较低的限度。好像有两种类型的普遍性，不管是自发的普遍性，还是创制的普遍性，都有可能把特殊性变成"殖民地"。"殖民者"的旗号是冠冕堂皇的，他们以为自己的"对象"是"愚昧"，消灭愚昧是他们"天经地义"的"职责"。普遍性在其运行中具有扩张的趋势，我们会在其中沦陷自身。

普遍性必须具备节制的美德，否则普遍性就会超越自身的边界，对原本自洽的生活领域进行毫无原则的掌控。这里的主语固然是"普遍性"，但终究要落实到作为主体的人身上，普遍性的节制美德便是掌控着普遍性的主体的美德，或者是某个共同体的美德。最好的方式是在共同体内部形成一种良好的共识，或者生成一种充满着节制美德的惯习，在惯习中对普遍性的安置才可能产生持久的效力。然而，对于某些事物，我们只能理解，却无法控制。鲜活的元素被窒息了，平白无故地让生活变得单调乏味。生活需要"浪花"，"浪花"就是特殊性。生活在特殊性领域中的人们固然可以自洽地生活，但却不可能与普遍性脱节，他们必须在某些方面符合普遍性的设定，哪怕普遍性并不具备自身的合理性。于是，人们要按照普遍性设定安排自己的生活，抽调了特殊性世界的特殊性规律，牵强地使自身符合普遍性要求，特殊性丧失了自身的合理性立场，人们过着一种扭曲的生活。我们就生活在特殊性与普遍性的"此消彼长"当中，但我们需要平衡，作为智慧的平衡需要在实践中养就，逐步地就转化为了一种习性。

普遍性是有操控权的，人们被要求与之符合，否则就无法获得各种各样的利益，甚至会受到普遍性的惩罚和制裁。我们是否存在一个普遍性阶层呢？尽管这个阶层并不是固定的，但却毫无疑问地存在着，人们争破头皮也要进入这个阶层，享有那种掌控别人命运的滋味。特殊性世界中的人们挣扎着，奋力拼搏，为了进入普遍性状态而忘却了自身的特殊性存在。一旦他们进入普遍性领域，就像既有的普遍性掌控者一样垄断着特殊性的命运。普遍性的掌控领域是需要压缩的，大量的领域根本就不需要普遍性的掌控，否则就会加剧各种特殊性世界的挣扎。世界到处充满了难题，保持清醒的头脑并不意味着可以恰当地解决问题。在特殊性与普遍性之间，需要实践智慧的登场，实践智慧是主体维度，但它具有中介的功能。这是加达默尔所说的"中介"，克服了对立，而走向融合。实践智慧，可以实现特殊性与普遍性的视域融合。无论是法的世界，还是伦理的生活，抑或是政治领域，都需要实践智慧的在场，它可以解决生活在普遍性与特殊性之间的人们的各种问题。让实践智慧与习性统一在一起，成为我们的生活方式。我们自始至终存在于普遍性与特殊性之间，我们的幸福与快乐与此相关，我们的痛苦与寂寞与此相连，原本是存在论的话语不要被知识化，解决问题的策略同样不能是知识论的，而必然是存在论的。习性与智慧都只能从存在论上加以理解，在知识论上永远无法窥视其真谛。

—— 3 ——

普遍性当然会吞没特殊性，不给特殊性喘息的余地，特殊性在咆哮中宣泄着自身的存在。这并不意味着普遍性的胜利，却是不折不扣地体现了普遍性的专横。普遍性强势攻击，特殊性手足无措。然而，这并不能激起普遍性的同情，普遍性依然我行我素，它垄断了自身通向特殊性的道路。特殊性在盲从中屈服于普遍性,特殊性扮演了帮凶的角色,却在委屈中抽泣。特殊性未必是正确的,它不是真理的象征,就如同普遍性并不必然意味着真理是一样的道理。特殊性只不过是真理的素材,其本身绝非真理,但它凝结了真理的可能性。普遍性倒是有可能成为真理,但这需要条件的融会贯通,否则就不可能创造一条通向真理的阳光大道。特殊性之所以不能成为真理,在于特殊性自身是粗糙的,包含了众多的不确定性,偶然的杂多时常构成对创制普遍性的障碍。特殊性中的意见仍然只是个人化的,而并没有与他者有过任何的融通。个别化的特殊性需要摆脱自身的狭隘性,在与他者的共在中实现特殊性的融合,创造出良好的普遍性价值。好像是说自私自利便是特殊性的本性,真实的特殊性固然包含了单纯的自利性,但同时也孕育了对普遍性的美好追求。要从政治哲学、伦理学及法哲学的意义上加以理解,一切都会澄明。不要局限于概念的定义化理解,要在宽阔的存在论上把握特殊性与普遍性的关系场域。

普遍性必然会产生,不管是以自发的方式还是创制的方式,它都必须出现。缺乏了普遍性,便只能是无序,"自我"便不可能得到保全。普遍性并不是要消灭自私自利的特殊性,特殊性的自我规定性有追求自我利益的自由权利。但是特殊性利益的追逐必须符合普遍性法则的规制,否则便会出现混乱,这便是普遍性的意义。自私自利的特殊性在与他者的对话中走向了融合,生出了普遍意志,创制了普遍规定性,这便是每一种特殊性存在都要遵循的尺度。普遍性的生成必须是来自于特殊性的内在本性,否则任何构造的普遍性就失去了自身的存在合理性。从某个抽象的教条或理念出发炮制的普遍性，会吞噬特殊性的各种自我要求，从而制造或扩大了自身与特殊性世界的矛盾。特殊世界的挣扎反抗与普遍世界的顽固坚持，构成了一种现实的矛盾。在普遍性的创制问题上，我们必须警惕各种观念论立场。无论在法律世界，还是伦理世界，抑或是政治领域当中，都或多或少地存在观念论倾向，把某一种概念神圣化，而不是从现实的生活本身出发架构普遍性法则，便是观念论的表现。法、伦理及政治拒绝教条主义，而在深刻地洞悉了普遍性与特殊性关系场域的前提下，我们将告别观念论，为我们的生活谋划出合理性方略。合理性是什么呢？合理性是普遍性与特殊性的融合。我们要做合理性谋划，在所有的领域皆须如此。

一个人作为个体市民，他有自身的各种特殊性要求，他甚至是个自私自利的个体，他用尽一切办法追逐自我利益，但他一旦进入与他者共在的世界，即普遍性世界，他便能够恪守自身的行为底线而与他者保持恰当的关系。即便人们并未进入公共世界，而在日常生活中也必然会触及普遍性问题，即使单个人的存在也离不开普遍性的规训，每个人都必须明白自身的存在境遇乃是一种特殊性与普遍性的关系场域，任何情境下都是如此。在公共世界中自我与他者的关系可能是没有感情的，但却是有效的。不过也未必没有感情，情理法的判决不是发生在个人私密空间，而是在司法政治的存在空间中。只不过其情感不是私情，而是合理化了的情感。在坚持普遍性的前提下，一个人可以绝对地追求自我利益，这在理论上是没有问题的。当然事实上并不可能做到"绝对"，这只不过是一种夸张的修辞。这种情况下，一个人便完成了自身从"市民"到"公民"身份的转化，无论从法的规定性，还是从伦理规定性，抑或在政治哲学的意义上说，完成了向公民转化的"个体"都是值得称道的。"市民"身份并没有消失，而是在个体身份中揉和了"公民"的普遍性本质，"市民"和"公民"在个体身上获得了良好的统一。

普遍性并不是以普遍性本身为目的，而是以特殊性为目的的，然而特殊性目的的实现却又必须接受普遍性的引导。所有的普遍性设定都建基在生活世界的基础之上，只有生活世界才赋予了普遍性创制归根结底的合理性，任何普遍性都必须能够在总体性上获得生活世界的支撑。生活世界中的普遍性认同是任何制度创设和规则设计的前提保障。普遍性认同，这是法哲学、伦理学及政治哲学要认真对待的问题。普遍性认同在不同文化群体中是有差异的，在其中文化习性和心理期待发挥着重要的作用。若是普遍性以自身为目的，就会陷入教条主义，教条主义在哲学上就是理念论，当然会比理念论危害更大，因为教条主义会对各种实践进行宰制，从而削弱人们生活的自主性。普遍性或许会消灭自身，没有谁能够制定普遍性消亡的时间表，也许在人类历史长河中普遍性永远也不可能消灭自身，但它的使命却是要消灭自身，而力图实现与特殊性的融合。普遍性只有消灭自身，才能够实现自身，只有实现自身，才能够消灭自身。这与理论的实现与消灭是一样的道理。然而矛盾永远都会存在，普遍性天然地要求特殊性的自我节制，否则就不可能满足特殊性的任何需求。看上去是矛盾的现象，却永远都在历史实践中延续着自身。

U 作为普遍性是普遍意志的表达，然而生活世界中却有着大量的作为特殊性存在的 S，而 S 同样有着不同的表现形态 S1、S2、

S3、S4、S5，以至于无穷，这是我们自身存在的世界。特殊性中的特殊性要实现对自身的扬弃，而迈向普遍性，这意味着特殊性自身便包含了普遍性。普遍性要包含特殊性，否则普遍性就缺失了自身的存在基础，也就不能为自身建基。世界的复杂性远超乎我们的想象，然而世界依然在持续地运行着，各种惯习的作用也许超过了我们的普遍性建构，惯习又何尝不是一种普遍性呢？未必要通过理性构造普遍性，生活世界中原本就存在着普遍性，在那里特殊性与普遍性内在地统一在一起。然而人类总是要建构，但建构的普遍性不能伤害世界固有的普遍性，固有的普遍性与特殊性的融合更需要我们通过"看"而认真领会。惯习中的普遍性未必符合创制的普遍性要求，它可能面临着被抛弃或扬弃的命运，但不能轻易地否定它的合理性。我们否定了早婚早育的惯习，用一种被知识合理性所构造的普遍性法则掌控了人们的婚姻生活，到头来我们却发现了更为严重的问题。其实，民众自身也会有早婚早育的边界，他们并不会在未达成熟的年龄进入婚姻的状态。不能用个别现象支持一般性命题，任何普遍性的创制都要认真对待惯习。

二、特殊性根据

──── 4 ────

普遍性的确是特殊性的融合所生成的普遍意志，最起码在形式上是这样的，这也可以被理解为一种崇高的理想。让现实生活心甘情愿地接受普遍性的规训和导引，这意味普遍性自身合理性的完美实现。特殊性完成了向着普遍性的生成，而同时却又保有了自身。一种至高至善的政治理想，无非就是这样的情怀展现。一种受人尊敬的伦理生活，无非也就能达到这样的境界。一种众所向往的法治追求，无非就是凭借着这样的普遍意志。这当然是一种理想，而现实则往往并非如此。无数的特殊性总会被遮蔽，即便是发出振聋发聩的呐喊也往往无济于事。任何普遍制度的设计都不可能使特殊性尽皆展现，特殊性时常处在被压制的状态，当然特殊性也会在现实世界中用另一种方式表达自己，甚至会采取极端的方式，所以在某种情况下会出现普遍性危机。普遍性危机，这是一个需要阐发的概念。对于普遍性的认同只能是大体差不多的认同，而不可能是完全的认同。我们或许根本就没有办法从特殊性中获取一种纯粹完美的普遍性力量。这依然要归结于人的有限性，人的能力是有限的，人的认知是有限的，人的理性也是有限的。在有限性情况下，让每个人都满意的普遍性，是不可能出现的。因此社会生活中各种问题的存在必然是持久性的，没有人可以终结问题，恰当的解决策略会促进人类实践智慧的生成。

看看我们的生活，我们所得到的启示要远高于从某种一般性知识获得的收获。如果企图通过知识而制造普遍性，那一定会大错特错，最终只能使普遍性自取其辱。所有的特殊性有着它们共通的普遍意志，这自然是普遍性的问题，但任何特殊性当中其实还包含了"个性化"元素，而这种"个别性"却是特殊性所独有的，任何情况下这种"个别性"都不可能被普遍性设计为某种普遍意志。"个别性"往往都有不同的特质，不同的特殊性都隐含着相异的"个别性"。如何能够用普遍意志去统一这种"个别性"呢？这是任何情况下都无法做到的，这也是制度设计的局限性，而且是不可克服的缺憾，它出自事物的本性，是必然性现象，而非偶然性的生成。人类自身的认知能力和设计能力都是有限的，缺乏理性有限性的把握，就不可能明确我们生活于其中的世界的行动法则。我们还是缺乏对自身的实践活动的考虑，尤其缺乏好的考虑。人的智识性判断是存在道德维度的，一个拥有高尚道德的个体对人类实践自身的把握和判断与一个道德匮乏的个体存在着巨大的差异，两类人的生存世界本身也是完全不同的。那些品德高尚的人，其本身便是一种普遍性力量。为什么不能认真对待贤哲政治呢？其实在任何政治运行中都不能忽略那么德性纯美的个体，君子之风可容天下，其行动便会呈现出良好的普遍性价值。人类实践的运行机理是复杂的，它存在诸多人类根本就无法正确把握的偶然性。

然而，特殊性中的个性是不容忽视的，但我们不能将对个性的把握寄托在普遍性设定当中。个性是鲜活而有力的，看上去是一种偶然的力量，然而却可能发挥无与伦比的作用。既然个性不能依赖普遍性加以把握，那同样也需要个性的力量去把握个别的元素，无论是法的领域，还是道德的世界，抑或是政治生活场域，都是如此。缺乏了个性的操作，就不会有波澜壮阔的生活场景。尽管这种现象不可能是普遍的，但历史同样需要它的出现，历史不可能将所有的个性湮没。人类历史不可能缺失个性的元素，个性始终在历史发展中扮演着重要的角色，有时是决定性的。单纯的普遍性只不过是解决了我们生活世界中的常态问题，却难以展现生活的多样化风貌，生活本身不应该被普遍性全然垄断，也不可能被普遍性控制住每个具体环节。普遍性要拥有一种边界意识，不自量力的扩展只能造成普遍性危机，而不是普遍性认同。我们本就生活在普遍化与个性化的双重世界当中，那种企图让世界全面普遍化的设想是极其幼稚的，而那种期望通过普遍性制度设计把生活中的一切囊括其中的企图同样是不可能成功的。人类社会的运行有着自身独特的元素，而其中有很多元素是我们根本就无法把握的。生活的复杂性要比我们想象得更为复杂。

世界上没有完美的普遍性设计，而即便存在完美的普遍性设计，也未必就是好的现象。为个性的发展留下一片自主性空间是必需的，也是必然的，我们不得不如此，我们只能如此。理性的普遍性追求原本就是有限的。不是说单纯地给生活留下个性化的领域，而是说即便在普遍化领域中也必须保有个性，个性必须登场。然而，被挖掘的个性却并不能忽略普遍性，个性的创造力量必须把普遍性纳入自身，构成自身的环节，但又不能仅仅盯着普遍性，而是要把鲜活的世界作为自身的依赖和凭借。机械的枯燥的普遍性只能操控个性，却不能充分发挥个性的力量。机械的普遍性是"恶"的普遍性，它没有恰当把握普遍性的鲜活力量。鲜活的普遍性会给个性留下自由的空间，尽管个性还是以个性的方式发挥作用，但却已经获得了普遍性的默认。普遍性设计需要敞开一个口子吗？它需要一个敞开的视域，然而敞开的视域并不是所有人都能够加以把握的，只有那些特别的"个体"才能够更好地把握这个敞开的视域。法、道德和政治都是"主体的实践"，这是理解普遍性与特殊性关系的一个基本切入点，更是把握制度设计的根本前提。这是对二元化思维的摈弃。不懂得实践及其概念所包含的原理，便不能对制度的创设进行深刻的把握，而在思维方式上则易于陷入对立化的思维陷阱当中。法哲学必须洞悉法律实践的真相，伦理学必须洞悉道德实践的真相，政治哲学必须洞悉政治实践的真相。任何一种实践哲学都不能从某个抽象的理念或观念出发，用这个观念或理念牵引着人们的行动，人类的实践领域不能容忍"外部反思"的泛滥。

5

普遍性的合理性到底在哪里呢？在普遍性本身吗？也许人们会这样说，法的普遍性的根据在价值，然而价值不仍然是一个普遍性吗？普遍性价值本身是不证自明的吗？当我们对法律文本的普遍性法则找寻价值普遍性根据的时候，就是在为普遍性法律设定自身的合理性？如果是这样的逻辑，那么很显然价值就成为了终极根据，这就意味着普遍性是普遍性的根据和理由。在法、伦理及政治行动中，人们的确存在这样的认识，也时常会采取这样的方式为自身的知识与行动寻找理由。人道主义自然是一种普遍性，它成为了许多普遍法则的根据和理由。不管人道主义的正确性有多么突出，它终究是一种普遍性，一旦完全陷入人道主义的窠臼，那便是理念论，而理念论是普遍主义。我们必须追问，价值普遍性怎么能够成为普遍根据呢？价值普遍性本身还存在一个自身的合理性根据的问题。价值本身的确是行为尺度，也在某种程度上会成为人们的行为根据。但价值本身的根据问题仍然悬而未决，我们不可能将"追问"止于价值普遍性。人类好像拥有"普遍性偏好"，不相信自身的生活本身，而只信任某种普遍性的教令。在人们的生活中，存在着"普遍性异化"现象，人们成为了普遍性的奴隶，却以为自己找到了真理。也许，这就是人的存在本性，将充满问题的思想方式当作思想本身，把错误的习惯当作正当化的惯习。我们在错误的道路上行进，然而错误正是生活的实存，看穿了却也难以克服。

法律生活中存在思想的错乱。轻刑化成为时尚，废除死刑变成了趋势，这正在被普遍化。几乎所有人都以为这是正确的，以至于可以被冠以真理的美名。那么，背后的根据是什么呢？难道是某种人道主义的普遍价值理念？多数人的追求在此止步。或许，在事实上价值理念的确构成了这种法律普遍性法则的理由和根据，仿佛只要找到了恰当的价值普遍性，一切问题都能够迎刃而解。但这仍然不是对于问题的解决，我们且不说在这种废除死刑的人道主义观念肇始之时它是如何生成的，但废除死刑除了人道主义的缘由之外，也总要有别的回答方式。考虑一下，在人类历史上最早提出废除死刑的时候，到底是基于怎样的考虑呢？是某种人道主义的普遍性在发挥作用？还是生活本身的变化？也许只不过是生产对劳动力的需求？我们的确在轻刑化，也的确在废除死刑，但缘由和根据到底为何？其实我们不大可能给出一个确定无疑的回答。"明德慎罚"好像是中国轻刑化的源头，它是一种普遍性，它背后是一种人道主义的理念吗？也许它本身就是人道主义理念？也许人道主义只不过是一种统治策略？也许是遵从了尧舜禹的惯习？不管怎么样，好像我们都不能摆脱普遍性的掌控。在普遍性的产生问题上，我们仍然有许多现象无法解释，也不要企图能够把所有的问题说得清楚，没有任何人拥有解释一切的强大力量。

我们固然可以说在最初的时候是由于经济发展对劳动力的需求产生了废除死刑的冲动，但那只不过是一种具有某种"信念"的联想而已，而并不是一种必然性的解释。或许存在着一种必然性的答案，但我们却无法彻底洞悉。然而，事实的确是人们都在用人道主义的普遍性话语为废除死刑作普遍性辩护。那么，这就没有教条主义的危险吗？用一种普遍性法则去解释各种现象，去建构普遍性规范，其实是一项很危险的事情。它会让我们的头脑停止思考，从而使自身彻底地陷入"外部立场"的考察当中，"外部考察"永远不可能真正洞悉事物的真相。它是简单化的思维逻辑，从某个抽象的原则出发，去控御我们所面对的世界，普遍性吞没了特殊性，但我们却心安理得。对于普遍性思维的检讨，却并不能消灭普遍性思维，习惯了的思维难以改变，但我们要做到心中有数，这样才能提醒自身经常返回到生活世界斟酌思量。

我们有所遗忘，我们所遗忘的恰恰是本源性元素。本源和本质不是一个东西，人们会把本质看作普遍性，把普遍性看作本质，却不能将本源看作普遍性，但源始处却蕴含了普遍性及人类行动的合理性根据。任何普遍性的根据都不可能存在于普遍性当中，即便是科学的法则也不可能离开具体世界的滋养。也许逻辑是个例外，然而逻辑世界就真的不依赖于特殊世界吗？逻辑格式的生成难道不是在亿万次反复实践的基础上生成的？难道纯粹的先验结构在本源上即是如此？纯粹的普遍性难道是可能的吗？也许它仅仅是一种假定。不能将知识世界的逻辑当作生活的逻辑，生活世界中没有必然性逻辑。逻辑确定无疑的前提当然是一种假定，只有在纯粹的形式化世界中才有逻辑，因为逻辑就是必然性。但不要指望逻辑能够为我们解决生活世界的各种问题，生活世界不需要纯粹逻辑，不能以知识逻辑的方式解决生活世界中的问题。

特殊性世界当然是普遍性的终极根据，除非在普遍性之上设定一个最高的普遍性标准，这样根据的寻求就不需要到具体世界中进行探索了。有诸多的哲学形态就是这样操作的，宗教也如此操作，尽管其包含了丰富的思想原理，但终究不过是一种悬设。个人主义难道不也是一种抽象的普遍性？它其实也只不过一种理念论。或许在某些区域它并不是抽象的普遍性，但转化到了别样的地方就变成了抽象的普遍性，这种抽象的普遍性是彻头彻尾的教条主义。"当下性"是属于生活世界的，它是思考生活本身的基点，开端于"当下"，不必想象得太过久远，也不必考虑得太过长远。"当下性"既反对久远，也反对长远，但它既包含了久远，也孕育了长远，只不过不能从逻辑上论证。

6

既然普遍性的合理性根源在特殊世界当中，那我们就需要认真对待特殊世界。我们需要沉入特殊性世界中，充分感受特殊性的动态运行，而不是从特殊性之外去把握特殊性。我们本身就生活在"特殊性"的世界当中，生活世界有着它自身的运行机理，遗忘了特殊性便是忘却了生活本身。我们需要深刻地体会和领悟中国经验，中国经验相对于世界范围的所谓普遍性而言，是一种特殊性领域。要把握中国社会的特殊性机理，才能够在中国场域中进行普遍性谋划，否则就只能把世界的抽象普遍性移植到中国而导致某种错乱。习惯了普遍性话语，就会疏离特殊性，这意味着对生活本身的背离。伟大人物的卓越正在于能够深切把握特殊性，而后创造属于该特殊性的普遍性，这种普遍性的掌控是合理的，也是易于获得成功的，尽管未必一定成功，因为成功还有许多偶然性要素在发挥作用。

　　基于中国自身特殊性的普遍性的生成对于中国本身的意义是巨大的，但中国自身的普遍性不可能离开世界范围内的普遍性，尽管两种普遍性可能会有差异。这意味着我们不能以自身的特殊性去抵制普遍性，而是要融合普遍性。如果我们自身特殊性中所包含的普遍性不能与他者的普遍性构成共融的状态，则我们的生活世界便不具有任何共识性价值，而人类不可能没有共识。我们生活在一个世界化的时代，我们自身特殊性的普遍性建构要具有与世界范围内普遍性的融通的要点，否则就难免会夜郎自大，而不会有任何实际的效果。而不同的普遍性沟通的根基同样存在于特殊世界当中，特殊世界本身就是人的生活世界，人的生活便不可能只有差异，而没有共通性，人类生活的共通性正是不同范围的普遍性得以融通的特殊性基础。特殊性中既包含了特殊性，也孕育了普遍性，而把握这种双重属性正是实践智慧的本性。

　　于是我们必须沉入生活世界当中，用心灵感悟特殊性的存在，在特殊世界的流动中把握其内部所包含的任何关于普遍性的可能，从而生成一个普遍化的世界。这样的普遍性才会具有合理性，也才显得亲切自然，才能真正地融入人们的生活当中。对于普遍性的把握往往比特殊性更容易，普遍性具有知识化属性，而特殊性则切近于生活本身，对特殊性的把握相当于自我勘察，而自我认识却是最为困难的。人们习惯于构造普遍化知识，却疏远了生活本身。想象一下中国文化，在其流动着的传统中蕴含了普遍性与特殊性的统一。"理"固然具有普遍性价值，但它与生活中的"情"从来都不是分离的，不包含"情"的"理"是不存在的，没有脱离"情"而言"理"的道理。我们可以作出一个判断，情理化正是普遍性与特殊性的融合。然而，它需要操作的艺术，也就是需要实践智慧的在场，否则就不可能驾驭情理的运行，而只能使得情理演化为一种抽象的教条。

我们要善于勘察生活本身的合理性，合理性本身就是特殊性与普遍性的融合。合理性不是抽象理性，更不是从一个普遍律令为自身"建基"，合理性的"建基"要体察特殊性，但不能固执于特殊性，还要坚守普遍性，这是我们行动的根基。"建基"合理性具有实践的意义，但我们需要在实践场域中理解合理性，而不能陷入知识泥潭把握合理性。实践场域是普遍性和特殊性的关系场域，合理性只能是实践的合理性。合理性的"建基"不是要找一个固定的"开端"，开端原本只是在"当下"，而当下便只是"实践"。合理性的"建基"本就是实践哲学的核心要义，它对人类的行动世界具有阐释的功能，也具有建构的功能。人类并不是不能建构，但建构一定要慎重，不能洞悉合理性便不能从事建构工作。人类的实践领域远比理论本身更为高妙，理论是实践的环节，好的理论本身就是实践。

对于特殊性的感受是不能懈怠的，更不能在感受特殊性的过程中用普遍性裁剪特殊性。特殊性是一个鲜活的世界，我们要感悟特殊世界中的"事件"，各种各样的"事件"向我们呈现着特殊世界的机理，在"事件"中生活向我们敞开。"事件"便是"当下"，是生活实践中的"当下"，我们的理解从此开展。"展开"是"绽放"，是"破解"；不"展开"，就不能"破解"。我们与他者在"当下"共在。我们会与他者打交道，这是一个充分感受世界样态的良好契机。我们与世界打交道，这原本就是我们的存在。打交道的过程中还有各种各样的语言运用，语言不仅是我们与世界打交道的方式，还是我们的存在本身，"打交道"显示了语言的意义，向我们呈现世界的样态。不要说进入世界，我们原本就在世界当中，我们在与世界"打交道"当中存在。

—— 7 ——

特殊性世界是个丰富多彩的世界，它呈现人类生活的基本样态。然而特殊性必须向着普遍性发展出一套法则、结构和系统，尽管普遍性构成了对特殊性的限制，但却是必要的"恶"。这样说好像是站在了个人主义的立场，但实际上并非如此。如果说立场的话，这应该是一种辩证法的立场。辩证法本身就是建基于"普遍性"与"特殊性"之间的实践智慧，这当然不是定义，基于实践场域的理解而已。不过其中好像还是有个基点问题，基点自身强调了一种个体自由的根基性，这在马克思主义理论中有着鲜明的呈现，马克思的辩证法是建基于特殊性之上的。而黑格尔与此相关，尽管他的普遍性立场的辩证法包含无限丰富的合理性，但他的架构是普遍性的，自然免不了理念论的嫌疑。当然"根基性"并不意味着在任何情况下的优先性，不过"根基"好像同时可以被看作是目的，我们关于普遍性的设计是向着"根基"迈进的，它需要让"根基"更为牢固。如果不把"根基"做目的，那么"根基"的存在就会受到限制，"根基"的意义也就不能获得澄清。普遍性为着"根基"而存在，这便是普遍性为自身做了"建基"的工作。马克思与海德格尔是契合的。

自由主义与个人主义是一回事，其本身都没有任何贬义的属性，也不必对其进行特别的赞美，它是从生活世界中孕育发展出的一套理性系统，是包含了特殊性欲求的普遍性系统。只不过有人把它教条化了，于是构成一套"外部批判"和"外部反思"的系统，从而遮蔽了事物的本相。它在事实上也构成了一种普遍性话语体系，然而其本身则又融通了特殊性与普遍性，毕竟它与特殊性保持了极为亲密的关系。自由主义是一种"中介"，它一方面保持了自身与特殊性的生存论关系，另一方面在建构普遍性的同时又牵制了普遍性的过度发展。因此，自由主义本身便是特殊性与普遍性的视域融合，其中并没有对立冲突的关系，尽管间或会有某种紧张关系。冲突的产生往往是操作的结果，不同人的操作效果往往存在差异，实践只不过是主体的实践而已，不能有过高的不切实际的期待。当然，理论上对问题的解决并不意味着在实践上会一帆风顺，再复杂的理论也没有实践本身复杂，再难以理解的知识也没有生活本身难以理解。我们要把理论看作实践，这样的立场决定了理论自身会不断实现自我否定与发展，理论的使命是在实践中实现自身，从而将自己没入实践当中，构成实践的一个内在元素。

不要以为理论承载的全然都是普遍性，那只不过是理论表现方式的普遍性呈现，而在实际上任何真正的理论都是特殊性与普遍性的统一。"统一"的概念被用得太多了，就显示不出它的价值了。"统一"是内在的，是两个或多个方面的视域融合，是真正的辩证法精神的体现。"统一"意味着"你中有我"、"我中有你"，从对方观照自己，在自我中感受对方的存在。自由主义的理论是从生活中发展出来的，而不是任何国家建构的结果，然而国家是可以把自由主义作为自身的建构基础并向着它发展的。自由主义会成为一种意识形态，这并不意味着对个人特殊性的放纵，自由主义的意识形态同样不能逃离国家存在的普遍法则，极致的国家普遍性正是国家的特殊性。自由主义同时也是一种方法论，它是诸多法律实践、道德实践和政治实践的方法预设。它的方法论意义意味着自由主义的解释功能的提升，同时表征了其卓越的建构功能。但这并不能避免自由主义在实践中的教条化，看上去是自由的实践，却往往可能会走向自由的反面。

现代人讲现代性，自由主义是个现代性问题，是理解现代世界的切入口，但这并非没有历史渊源，基督教文明是西方人所讲的自由主义的历史文化前提，古希腊的"努斯"与"逻各斯"又何尝没有相关性。那么，我们是否要彰显自由主义的价值呢？我们要贯彻马克思主义的思想原理，马克思主义吸收了现代性价值的丰富成果，却并没有陷入现代性的自我意识当中，马克思对青年黑格尔主义"自由派"的超越便是明证。自由主义在中国也要实现在坚持马克思主义前提下的创造性转化。这不是抽象的话语，而是我们不得不如此的选择。我们不可能坚持西方人的自由主义，自由主义在中国一定会发生转化。那些整天把自由主义挂在嘴边的人其实并不真正理解自由主义，他们把自由主义当作了教条主义，他们把自由主义绝对化，而没有在特殊性与普遍性的统一性立场上把握和理解自由主义。马克思并没有否定自由主义，但他超越了自由主义，马克思承接了自由主义的现代性价值，又对现代性进行了深入的批判。任何将自我意识普遍化的企图都不可能完成人类社会的改造，只有在现实的行动中才可能实现个体自由而全面的发展，未来共产主义社会是个自由人联合体。但我们在通往共产主义社会的道路上必须认同更高的普遍性价值，即人民的普遍性，人民的普遍性是我们必须进行的选择，人民是最高的普遍性概念。然而，国家同样是向着自由本身的，没有国家当然不可能有自由，利维坦主义者恰恰是自由主义的建基者。无论从霍布斯，还是黑格尔那里，我们都会充分感受到这一点。然而这仅仅是理论的感受。彻底地沉入经验世界，我们会体悟到没有普遍性设计，我们就不可能实现自身的自由。自由本身既是特殊性，又是普遍性，它作为特殊性与普遍性共在，作为普遍性与特殊性共在。特殊性与普遍性在实践当中原本是融合的。我们坚持的辩证法是实践的，不存在抽象辩证法。

8

是否存在一个纯粹的特殊性空间呢？在那里个体的行动不受任何普遍性的掌控，甚至可以为所欲为，以至于完全失去了控制的可能性。好像比无政府主义还无政府主义的那样一种状态，没有任何外在约束而言。然而，这样的场景并不是一个特殊性空间，因为在所有的特殊性场域中其本身就包含了普遍性。这样的场景只不过是想象中的景象，是不可能当真的。启蒙运动的思想家们制造了一个自然状态，但那里同样有普遍性，不包含普遍性中的特殊性不可能孕育出普遍性。当然，自然状态同样不是一个事实存在，它只不过是理论设定而已。如果说存在这样的空间，那么便不再有自由可言，个体的尊严也终将消亡。想象一个没有普遍性的特殊性世界，那里一定充满杀戮，人性的丑恶尽皆登场。我们不必相信在人类历史上曾经存在过那样的时代，当我们提到特殊性的时候，它本身已经孕育了普遍性。在通常的生活中，人性向善的可能得到了发挥，而在"特殊性想象"中人性的丑陋混乱不堪。人性是个很复杂的现象，它既有向善的可能，也有趋恶的倾向，我们需要普遍性的导引。每个人都要与他者共存，不管以怎样的方式实现共存，没有离群索居的个体。即便存在一个独立王国，王国内部依然存在各种各样的普遍性法则，尽管这种普遍性充满个性，但也同样有着与另外的普遍性共通的元素。人类的不同群体是有差异的，但差异中同样有共性。

想象一个特殊性场域：那里只有甲和乙两个人，甲是男人，乙是女人，他们彼此相爱。甲可以以纯粹个性化的方式对待乙，但无论如何甲都不能以任何方式伤害乙，否则乙就会反对甲，甚至导致特殊性场域的解体。不要以为男人的力气一定很大，作为女人的乙伤害甲可能并不需要太费力气。然而，普遍性的丧失对于双方都是不利的，甲的毁灭同时也意味着乙的消亡。无论甲，还是乙，都必须遵守两个人构成的共同体的约束，正是这种约束才可能有自由可言，没有约束就没有自由。同时两个人都要接受身体的自然普遍性的约束，否则就会自我伤害，自我伤害的结果便是自身的毁灭和共同体的消亡。那样的情况下，还有什么自由要追求的呢？人人都想逃离束缚，可是倘若没有束缚，难道不正是最大的束缚。这已经是为人们所接受的普遍共识。真正的卓越者绝不会仅仅因为外在约束而践行普遍法则，而是发自内心地尊重普遍性。自由不是一种外在约束，站在外在论角度总觉得普遍性是一种限制，但如果真正站在了自律的角度，我们就会发现自律本身恰恰是真正的自由。自由即自律，自律即自由。但并不是所有人都能明白这个道理，这是普遍性与特殊性内在统一的道理。割裂了事物之间的关系，便不能洞悉实践的奥秘。

极端的自由主义和虚假的自由主义都存在一个错误，即将个体绝对化。个体绝对化的结果就是取消自由。特殊性中内在包含了普遍性，自由中内在包含了责任。这才是辩证法，不要用二分法对待原本统合性的事物本身。当然，这并不是说客观事物中存在这样的辩证法，关于特殊性与普遍性、自由与责任的关系场域是人类实践形态的内在本性。很多人习惯于从客观对象把握人类的法则，那便永远都不能理解人类法则，人类法则只能从人类的活动中加以理解。不懂得实践，便不懂得人类法则的存在机理。对待自由同样要坚守中道的原则，否则便没有了边界，自由的边界是他者。当然自由的边界也可能是自我，那是一些掌控了绝对律令的立法者，他们自己给自己立法。他们高度自律，自觉秉承普遍化律令而行动。自律当然是自由的至高境界，但并不是所有的人都可以达到这样的高度，掌控自我是理性的自觉，自我即是觉醒了的普遍性，他为自己立法。

儒家的君子是有自由的，那是通过修养而达到的道德自由，和西方人所讲的自由主义是两码事。然而儒家的人格说同样意味着自由主义的某种阐释合理性，人格的呈现不是某种先在的赋予，而是通过自身的磨练与修养而逐步达到的卓越。这难道不是一种自由主义的境界？君子占有自身，而又能实现自身，这是操持中的超拔，是自我约束中的自由，是卓然独具的人格典范。为什么有人认为只在西方存在自由主义呢？不理解自由主义，才会这么说。有人说儒家的道德是他律的，社会中流行的儒家道德的确浸染了更多的他律性，但儒家思想中所呈现的道德却并非他律，而是高度自律，所谓"诚心正意修身齐家治国平天下"的圣王路径怎么可能是外在的呢？也许人们在修养的过程中会受到外在性元素的渗透和影响，但君子人格的设定却是"去功利化"的，至于说"外部关系"的影响则是很难避免的。我们不是在真空中自我缔造，作为人存在的"关系境况"难以完全抛弃，保持良好的自我却又不失去自我，这本身便是君子境界。

道家的自由境界是至高无上的，尤其是庄子更体现了对自由的崇高无尘埃的追求。"无为而治"体现了某种自由的价值，但仍然与西方的自由主义不同。"无为而治"的自由的出发点是"治道"，而不是个体。西方自由主义的自由是从个体出发的，而不是先从国家治理的角度论证的，尽管它包含了治理的理念和精神。两者在操作方式上会有某些共性，但其理论的运思方式却是迥然相异的。至于庄子的自由和自由主义完全是两码事，庄子的自由是一种哲学的人生境界，它超越了一切外在元素的限制，径直实现了与心灵自身的对话，它让人生活于现实的杂多世界而不受玷污，其卓越超然的境界非常人所能为也。而自由主义虽与基督教精神相关，但却是世俗版本的"宗教"，它不仅不以对功利的追求为羞，反而使其对于利益的追求公开地合法化，所谓经济学当中的理性人的假定，其实原本就是利益化的。自由主义在不同领域的表现，说明了整个社会已经被自由"同构"。古代中国对自由的理解与西方社会的理解存在重要差异。

然而，无论怎样的自由主张，都不可能抛开普遍性的掌控。儒家的自由自身就包含了普遍性法则的自律价值，老子的自由要解释治道的普遍性限定，而庄子的自由则最起码要接受身体普遍性的法则限定。普遍性的种类是多种多样的，每个领域好像都有普遍性。不是只有国家才有对我们的普遍性设定，凡是与他者共在的领域都有普遍性的掌控，而在人与自然及自我身体的关系中同样有着普遍性的存在。无论在哪个领域当中，普遍性与特殊性都需要共生与协调，则其关系必然是中道，这是人类行动世界的至高原理。普遍性与特殊性的道理便是生活的道理，两者的关系场域就是生活的场域，那些不能真正理解生活的人，也不可能真正把握普遍性与特殊性的关系真谛。

三、冲突与融通

9

看看我们的生活，好像人们总有一种制作普遍性的冲动，诸多的生活领域都呈现了普遍化的倾向。原本惬意的生活世界完全被普遍性掌控，于是人们变得很辛苦，疲惫的心灵世界再也没有了一丝浪漫。然而诗意又何尝不是一种普遍性，也许它才是最高的普遍性，这种普遍性与特殊性达到了极致的统一。体制的安排应该让更多的人拥有诗意的空间，诗意不仅是空间的，还是时间性的。很多事情原本可以不去做，但在普遍性推动下，我们却陷入无奈的行动当中。怨恨的增加遮蔽了心灵的浪漫，难道怨恨是更为源始性的存在？也许，在怨恨中人们更为期盼诗意的浪漫。那么，法律、伦理与政治如何有益于浪漫的时空构造呢？"为无为"吗？"事无事"吗？

"味无味"吗？也许这才是一切审美的极致状态，才是真理的存在状态。当诗意褪去的时候，扩张性及于一切，便是放纵的盛行。诗情画意是需要闲暇储备的，而疲惫压抑的心理状态则只能寻求放纵，这或许就意味着道德的沦落，或者说得轻松一些的话，那可以被称之为"逃离道德"。这便是普遍性的全面控制所可能导致的状态。尽管这并不是一个必然性的结果，但我们却可以想象出它的危害性。无论是道德修养的提高，还是艺术涵养的提升，抑或是整体素质的培育，需要的都是闲暇时光的从容安排。而普遍性的掌控占据了人们大量的闲暇时光，何以养成高尚？罪犯是否有闪光的道德？看上去践行道德，却往往远离德性。我们都可能成为道德败坏的帮凶，自以为践行了德性，其实却让他者陷入困境。

很多情况下，受到普遍性牵累的往往不仅是当事人，还有诸多相关人等，其可怕性可想而知。把普遍性当作政治正确，好像不犯错误，于是很多人便把普遍性挂在口头，但却私下里彻底背离了普遍性。普遍性要植根于心灵世界，才可能令人尊重，才能有效促进诗意的形成。普遍性的过度化发展是对人们生活世界的侵犯，也可以说是生活世界被"殖民化"了，原本可以惬意生活的人们却被无数条律令捆绑。不管脚步迈向何方，到处都是枷锁。一旦期望从夹缝中穿过去，就会遭受两条枷锁的碾压，我们无所遁逃，存在本身成为了一种困惑。人们只有无助地徘徊，即便是满天星斗，也无暇欣赏。我们期待在白天看到星斗，老子抑或海德格尔。震撼无比的我们，惊诧于思想的伟大。然而，也许我们根本就看不到任何景象，想象之际我们只能看到自己的焦虑和彷徨。这样的状态下还会存在审美吗？没有了审美的生存体验，即便掌握了再多的知识，也不可能创造出美的世界。审美一定是存在论的，多数人只是在功利中乐得其所。存在当然不能被还原为知识，更不能被描述为一个又一个的具体方法，依靠知识和方法不会有审美体验，不会有惬意的生活。普遍性的过度繁荣，已经让人们格式化，发自心灵的呐喊根本无济于事。我们面向生活展开自身的存在，我们生活在可能的世界，我们要有所作为吗？不同人所理解的"作为"是不同的，以"无为"待"有为"，才是最好的心灵储备。

要留给生活世界足够的特殊性表现，让特殊性显现自身，这样的生活自然是充满多样性的，也能够体现充分的个性。善待特殊性，原本就是对普遍性的要求。教育要给学生留下充分的"特殊性"，在自足的时间中他们才可能有完美的呈现，年轻人可以用充裕的时间丰富自我，这是个特殊性锻造的时刻。时间是生活化的，它本身就是一个立体的结构，生存体验在时间中生成，自我同样在时间中构造。不能让儿童沉湎于知识的海洋，存在论的展开才是最为源始的状态。这样的状态会造就诗人，同时生成思想家，而生活世界一旦被普遍性分割，则无论在任何领域只能生产出不同种类的"技术工人"。教育已经日益被"殖民化"，学生几乎没有自己的特殊时间，这又如何养就独立思考的习惯？教育世界已经完全被"应试教育"和"素质教育"的双重普遍性所掌控。不理解教育的存在论依托，便不可能设计出好的关于教育的普遍性法则。其实，我们并没有真正理解素质教育，素质教育在很大程度上可以被理解为闲暇教育，就是要留给学生更多的特殊性时间，由他们自己掌控他们的时间，安排他们的学习。学习属于生活的环节，而不是生活的目的。这种教育下的学生是在生活，而不是单纯的学习，学会存在的学生才有可能有真正的原创性。被普遍性所掌控的学习易于养就复制的本领，却不能推进心灵世界的成熟，也难以锻造真正的创造性。当我们遗忘了存在，便在任何领域都不可能再有原创性的贡献。

普遍性好像有扩大化的趋势，很多人都愿意求助于普遍性，对普遍性寄托了过度的期待。然而这不是必要的，其危害性早就已经呈现。那么这样的现象是可以避免的吗？当然可以，否则还讲什么主体性？我们要有一种信念，普遍性由不同的主体掌控，其所生成的普遍性状态是有差异的，这是通过观察就可以看到的事实，而这种事实需要生成为信念，我们才会考虑主体性的维度。几乎在任何领域都是如此，实践只能是主体的实践，不同主体的操控所创造的世界就会有差异。世界上并没有一种绝对的必然性法则掌控人类的生存，人类的存在状态往往是人通过选择而创造的结果，并没有什么必然性预设。我们需要珍视人的价值，挖掘人的存在意义。然而，这样的话语说着简单，但操作上却是极其困难的。我们需要恰当的主体，这有利于创造恰当的生活。人，存在于普遍性与特殊性之间的主体，只有在普遍性与特殊性的存在论结构中才可能真正理解自身的存在状态。

摆在人类面前的问题并不是那么容易解决的，人类始终生活在悖论当中，矛盾和冲突自然属于生活的常态，而其中一个重要的矛盾便是普遍性与特殊性的矛盾，它是存在论意义上的矛盾，这意味着生活本身即矛盾。即便我们认识到了问题的根由，却依然无法在操作上获得完全的成功，这是人类行动的难题，也是人类自身有限性的表征。柏拉图的设定是哲学王，这种制度设计自然是看到了问题的症结，规则本身永远都无法应对世界的特殊性，这是本源性的问题诊断，对今天的社会依然是富有原创性价值的洞识。中国儒学倡导贤人之治，这何尝不是把握了问题根由的表现？在理论上似乎问题都可以解决，但在实际操作中却总是问题频出。理论都是有设定的，在设定成立的前提下人类行动的操作才可能富有意义。然而理论的问题终究要在实践中加以解决，尽管其解决的路径和方式未必就是令人满意的。人类始终都处在一种矛盾状态当中，我们又在不断地解决矛盾，这便是人类的发展进程。普遍性与特殊性是一对矛盾，我们始终都在解决这种矛盾，但却永远不可能彻底地解决。然而我们在理论上一定要清醒，这是保障实践有效性的前提依赖。当我们站在一个方面思考的时候，便需要同时从另外一个方面考虑问题，否则就无法实现对问题的恰当理解，然而要做到这一点是极其艰难的，但却是必须要实现的目标。

主体性元素在实践中的意义是明确的，但如何保障我们能够选择恰当的主体操控实践，进而创造一个良好的普遍性世界？以人选人的方式吗？或者采取以制度选人的方式？都有可能选择出恰当的主体。但也可能相反。没有任何一种方法可以保证选拔出完全适格的主体。即便是制度与人相结合的方式也不可能保障选择的绝对正确。在选择掌控普遍性的主体问题上，设定一些普遍性的标准固然是重要的，但普遍性并不能保障适格主体的产生，因为普遍性的制定往往需要特殊性，而普遍性无法选择特殊性，只有特殊性才能选择特殊性。普遍性规则一旦生成，表面看上去是普遍性在进行选择，但普遍性规则的生成前提却是主观性，主体化元素永远都是不可避免的，实践只能是主体的实践。建立一种普遍性和特殊性共同掌控的选拔机制，或许这在理论上是说得通的，但是普遍性标准又是由特殊性创造的，如何保障特殊性能够创造恰当的普遍性标准？同样也无法保证特殊性一定能够选拔出最佳的特殊性。鉴于普遍性与特殊性之间的矛盾，把希望全面寄托在普遍性制度的设定是不会达到预期目的的。回头看一下历史，古代的科举考试好像是比较成功的，不过它也是一种普遍性的设定，然而由于它与儒家教育的融合使得这种选择机制具有普遍性与特殊性融通的现实性，一种存在了千年有余的选拔机制终究有着它独特的合理性。我们可能糊涂，也可能明白，但无论如何我们都要认真地观察自身存在的生活世界，它包含了历史实践。也许我们更需要认真对待习惯，习惯本身便包含了普遍性与特殊性，在习惯中普遍性与特殊性往往能够实现恰当的融合，一切都是在自然地发挥作用。然而，社会一旦发生转型，既有的习惯便会受到破坏，多种矛盾便会全面呈现。是尊重习惯，还是创造新的普遍性，这要在具体的情境下加以考察。

———— 10 ————

普遍性如何具有客观性？这好像是个根基问题，它意味着只有从特殊性的根基中才能解释普遍性的客观性问题。这样的客观性与现实性、合理性等概念并没有多大的区别。我们当然还可以说出一些关涉客观性的重要元素。比如普遍性必须是可操作的，如果设定难以操作的普遍性，其所生成的便是虚假的普遍性，也可以说是"恶"的普遍性，而这种普遍性的盛行还会导致形式主义的泛滥。面对不可操作的事物，人们为了不受惩罚的利益考量，就会被迫去迎合普遍性法则，迎合而不是发自内心地对普遍性的认同，便只能造出泛滥成灾的形式主义。普遍性的设定要考虑人们的能力，也就是说它只能设定人们能够做到的法则，这和可操作性是紧密相关的。当然这并不意味着普遍性就不能有所期待与追求，尽管有些东西人们无法做到，但依然需要设定普遍性原理，这是人类理想性存在的自然要求，尤其在道德实践领域中更是如此。有些道德法则只有个别人能够践行，但它依然具有普遍性，这样它才会有尊严，也才能体现出人类的崇高价值追求。政治领域中固然要强调"可操作性"和"做得到"的普遍化规则属性，但政治领域同样需要普遍性价值的牵引，共产主义本身就是普遍性设定，我们不能因为它现在尚未实现就否定其内在的普遍性价值。它不仅包含了价值的普遍性，还包含了制度的普遍性，当然共产主义社会是特殊性与普遍性的高度融合。

普遍性的设定是要讲究程序的，这是普遍性的客观保障条件，毕竟程序对每个人都是可见的。程序理性内在地包含在实践和实践理性的概念设定当中。在法律实践和政治实践当中，普遍性的程序保证是显而易见的，这被看作是现代法治的一个重要指标。然而这并不是说通过程序设定的普遍性就一定比不通过程序设定的普遍性更为合理，但是人们更愿意相信程序性设定的客观性价值，并进而认同其所创设的普遍性法则本身。这是一个心理事实。不管一项司法裁判多么公正，但只要采取了非公开的方式，人们便会对其公正性产生质疑。当然并不是所有的普遍性设定都需要程序化保证，道德实践的普遍性并不是程序设计的结果，而是在漫长的历史实践中逐步生成的，因此发现道德普遍性一定要善于观察生活实践，从中体悟极其重要的道德普遍性生成原理。当然，这并不意味着在道德实践中就没有程序理性的存在空间，"分蛋糕"的事例正是程序理性的体现。道德是不能被制定的。然而有人总是习惯于制定道德法则，使其获得人为的普遍性价值，这恰恰是对道德的背离，创设的道德不具有可操作性。时间久了，它会让道德蒙羞。儒家道德是制造的吗？好像有制造的痕迹，但它的根基是人们的生活世界，正是生活世界的社会结构和文化心理产生了对儒家道德的内在认同。看上去是制造的道德其实有着内在的社会根基。不过两者之间的关系好像并不容易绝对明确，儒家道德与生活世界恐怕是相互塑造的关系模式。

无论是道德实践，还是法律实践，抑或是政治实践，其内在的普遍性设定都需要具有良好的客观性根基，当然这种客观性并不意味着要与某个现实存在的对象相符合，而是说在现实世界中要有自身的认同基础。在法、伦理及政治的普遍性设定中，的确存在对象领域，但其客观性只能与对象的总体性契合，却并不是与对象的符合。符合论是认识论领域的话题，而不是法哲学、伦理学和政治哲学世界中的话语。实际的情况往往是在这三大领域的普遍性设定存在明显的主观性，普遍性设定中包含了深刻的主观性期待，主观性与客观性一道融入普遍性当中。现实生活世界中人们有很多生活方式，这是长期形成的。在这种生活样态中包含了普遍性欲求，蕴含了普遍性的客观性基础，普遍性的设定要慎重对待人们固有的生活样式。我们要认真把握生活世界中的现实性，符合现实性发展趋势的普遍性是应该被保留的，而现实性的丧失则意味着普遍性的瓦解。无论主观世界的设定多么美好，一旦失去了现实性根基，也就缺乏了存在的根基。历史实践就是在这种传承中实现自我否定的，事物发展的合理性是保留与创新的融合。在历史发展过程中，我们同样需要实践智慧的操控，它能够有效地融通普遍性与特殊性的各自要求。但是我们不能认为主观性一定是特殊性，而客观性一定是普遍性，主观性和客观性都会构成普遍性的环节，共同塑造人类行动世界的普遍法则，引导着人类向着更为美好的生活迈进。

——— 11 ———

每个具体领域中的普遍性又有着自身独特的客观性，只有融入这种特殊性中，才能够更好地把握客观性。若是想在法律领域中创制普遍性，就需要了解把握体悟法律的本性，也就是它的内在规定性，否则被创制的法律世界就会做一些僭越自身本性的事情，不仅不能推动法律的进步，反而会抑制法律的合理性谋划。若是要在民法领域内创制普遍性，就不仅要了解民法的内在规定性，还要了解民事生活的属性，同时要把握我们所面对的历史实践的传统，这是创制民法普遍性的保障。一种良好的法律普遍性的创设，既需要把握形式规定性，又需要洞悉实质规定性，在形式合理性和实质合理性的双重构造下才可能创造合理化的法律普遍世界。一旦法律世界中生成了普遍性，便不能朝令夕改，即便情境发生了变化，对法律普遍性的改正也要慎重，因为它涉及法律的尊严问题。这是法律的形式价值，践行形式规定性本身属于普遍性事业的重要环节，遗忘了形式规定性会对法律事业产生巨大的损伤。但这并不意味着不能修改法律，而是说明了审慎的必要性。法律的实质性追求往往要求返向生活世界，法律的形式追求则是对于理念本身的坚守，在实践中要实现两者的融合，这需要实践智慧的登场，同时生成良好的习惯。这是任何法律领域都要坚守的原则。坚持原则固然重要，但根本上还是要依赖于行动的改造力量。

深刻地洞悉我们所面对的生活世界，是从内容上对创设普遍性的前提性把握。法律普遍性的创造固然如此，而道德普遍性展望和政治普遍性的设定同样要以生活世界的累积为前提。人们固然不宜制作道德普遍性，但却可以通过对生活世界的把握更好地理解道德普遍性，同时也会更好地把握道德普遍性自身的限度。人的存在在开始的时候就是与共同体联系在一起的，他处于被抛的状态当中，而其进入的世界自然有着诸多现成的法则。在进入世界之前，我们不能进行选择，我们必须接受一个社会既定的普遍性法则，否则我们就无法安排我们的生活。对于这些法则，我们不能对抗，我们在习惯中学会了遵守这些普遍性法则，其中既包括法律普遍性的法则，也包括道德普遍性的法则，还有政治普遍性的法则。我们在与他人打交道的过程中学会了践行普遍性要求，这是我们作为共同体的存在属性。我们永远不可能逃离共同体，接受既定的普遍性是我们生活的必要选择。也许我们会拥有一个改造共同体普遍性的机会，但共同体普遍性的重新塑造，却并不是颁布一套新的规则就能完成，它是一个漫长的过程，只有在时间中养成习惯，才算是完成了对于共同体普遍性的再塑。我们可以把小的共同体，比如关于某种教育的共同体，称之为有限共同体，那么有限共同体往往可以通过直接颁布普遍性法则使其发生变化，但这同样需要慎重。过去很长时间内，我们颁布了大量的关于教育的普遍性法则，结果却失去了对教育本身的内在属性的尊重。不能为教育颁布功利主义的法则，教育需要德性的普遍性关怀。

我们有作为"人"的存在属性，人是可以为自己"立法"的，就像康德所讲的那样。我们做简约化处理。比如有个人一直像共同体中的他人一样到处扔烟头，这说明共同体也可以培养人的恶习，当然也会塑造人们良好的习性。任何普遍性法则只有在行动中被践行，才可能是有意义的。但这个人突然在某一天意识到了扔烟头的错误，这或许并不是个道德问题，而只是一个公共准则的问题，最多算是个人素养问题。于是他给自己进行了"立法"：要将烟头扔到指定位置。紧接着他开始实践这条法则。每次抽烟的时候，都站在垃圾桶旁边，抽完后将烟蒂扔到垃圾桶的烟蒂投放处。在室内抽烟后将烟头放到烟灰缸，而后将烟灰缸的烟头集中放到垃圾袋，再扔进垃圾桶不可回收桶中。开始的时候，他这么做有点费劲，总是不小心就把烟蒂扔到了地上，但在强力意志的反复推进下他已经养成不随便扔烟头的好习惯。这是人为自己"立法"的实例，并且是可以成功的。自我立法当然不能离开意志的推进，但同样需要具备可操作性，所立之法不能在行动上难以实现，不可操作的普遍性是没有意义的。作为个体，可以尝试为自己立法，通过挑战自我确立自身的规定性，这样我们会逐步走向成熟，真正建构一个强大的自我，在普遍性与特殊性之间谋求生活的合理性。普遍性的实现自然是可以依靠法律的强制惩罚，但当人们的行为已经习惯化，法律制裁往往无济于事。何况我们本就有"法不责众"的谚语，无论是成本上计算还是从习性上考量，这句话都有着现实性依据。不能站在抽象的普遍性制高点上反对这句话，要看到这句话在实际上的运行理由，我们必须正确对待社会运行实际状态，不能偏执到抽象世界

中进行批判和指责，那并不能解决我们所面对的普遍性与特殊性的难题。

———— 12 ————

在道德领域中有许多普遍性的法则，然而这些法则的运行效果并不那么明显，甚至还会导出与道德相反的结果。为什么呢？因为这些法则并不是从事物的特殊性中引申出来的，也就是说没有融入生活的合理化元素，或者说这些法则并不是人们生活内生的欲求。这些法则是从某种抽象的教条推导出来的，从教条出发所推导出的道德法则不能深入人心，自然也不会有什么效果。这样的道德法则是抽象的，远离了人们的生活世界。人们的生活世界中若是没有这些法则的存在，人们能够生活得更好，那么这些法则就是有问题的。当然，这并不意味着道德向着世俗生活的妥协，道德必须具有自身的内在规定性，而不能呈现出媚俗的趋势。道德要有道德的清高，惟其如此才能体现道德的高贵价值。身体的欲望固然要求道德的节制，而不是无节度的规训。然而，对于身体欲望的道德节制，难道不是一种美德吗？道德要始终拥有一种宽容的品质，对于欲望的恰当处理自然要得到道德的支撑，而对于欲望的节制同样需要被看作美德，偶尔的放纵同样不能过分谴责。道德的确立需要一个生活世界的根基，但道德同样具有理想的引导性价值，在现实与理想之间获得良好的平衡或许正是道德的要义。然而，无论怎样我们都反对在道德问题上的教条主义和形式主义，那将湮没道德的精神和灵魂，让人类在错误的道路上越陷越深。

孝顺是一条普遍性的道德法则，然而它不是从某种抽象的教条引发的法则，而是来自于生活世界本身。孝顺在操作性上具有可普遍化的属性，是大多数人都能够做到的，尽管人们所能做到的程度可能存在重要差异。从生活世界的结构而言，家庭是最重要的细胞，家庭的供养教化功能在社会结构中发挥着基础性作用，这个结构决定了孝顺的普遍性法则是能够与生活世界相契合的，自然就易于获得人们的认同。孝顺不仅与生活世界进行了良好的沟通，而且孝顺还有着强大的情感合理性基础，这同时也是个心理支撑问题。所谓情感心理便是这个道理，道德与情感和心理都是无法分开的。孝顺是人之常情，它表达了与人们的生活化情感的内在契合，易于为人们所践行。孝顺的普遍性表现了与生活世界的内在融通，具有现实合理性根基。在这种情况下，普遍世界与特殊世界并没有冲突性，普遍法则的设定恰恰是对特殊世界良好秩序的维护，是对于不良行为的普遍性约束，充分展示了人类的普遍性追求所具有的现实性，以及在现实性基础之上对于片面性的纠正。

当然，现实生活中并不是每个人都能够做到孝顺，然而这正是孝顺之普遍性设定的意义之所在。如果人们在生活中能够很好地践行孝顺的普遍性法则，那恰恰说明没有设定普遍性法则的必要。普遍性法则是需要具有引导性的，它牵引着人们的行动世界，为人们的行动世界创造多姿多彩的元素。并不是每个人都孝顺，甚至有些人只是表面上孝顺，却不是发自内心的孝顺。这正是人们接受普遍性法则限制的现实根据。尽管特殊性构成了世界的基础，但特殊世界是粗糙的，因此需要普遍性的导引。但是我们必须明白，任何普遍性法则的设定都不可能解决人们的内心问题。尽管道德法则本身规训人的心灵，但它却并不能保障人们心灵世界的自觉性。心灵境界的提升可能与道德无法分割，但两者之间却并不是什么必然性关系。人们常说，法律不能规训心灵，只能依靠道德解决心灵问题。这看上去好像是不错的，但其实道德普遍性并不能纠正一个人扭曲的心灵。这是个很复杂的问题，其间充满了偶然性。教育、环境、感召、阅读、打击，说不清楚哪一种元素会发挥重要的作用，但我们永远都不能把希望寄托在某一种方式上。再次深入地想一下，这里或许还有个基因问题，也许基因才是最重要的。的确存在支撑着普遍性道德法则的基因，这样的人天生具有一种道德亲切感，正如有些人天生具有犯罪倾向是一样的道理。有的人天生具有破坏普遍性的欲望，即便接受了全面的教育规训依然无济于事，在他们的特殊性中不包含任何普遍性，对待他们的方式需要惩罚的机制。

在道德普遍性法则中，有的是人们必须接受的普遍性规范，否则就会受到人们的谴责，甚至共同体的惩罚。在传统社会中，一个不孝顺的人是会被共同体加以惩罚的，甚至会被驱除出共同体的范围。被驱除的惩罚是严厉的，它用不近人情的方式惩罚那些缺乏人性的个体。当然，这种惩罚并不能保障当事人幡然悔悟，从而痛改前非，也不能保障其他人能够从心理上对道德普遍性心悦诚服，但它却可以有效地防止人们对道德普遍性的破坏与颠覆。普遍性的道德法则自然也有外在惩罚的标准。内在的道德固然高尚，但通过外部手段通达秩序未尝就没有合理性。不用太过于局限在道德的内在尺度，否则我们就会纠结在道德世界中，甚至会染上道德洁癖，拥有道德洁癖的人对自身是不利的，不利于自身养就从容生活的习性，然而对自身的不利却往往会对他者产生积极意义。社会不能要求人们高尚，但个体自觉的高尚则是无与伦比的卓越美德。

　　普遍性道德法则也是会发生变迁的，原本的普遍性法则会日益丢失自身的普遍性，而成为只能为少数人践行的道德法则。在传统社会中忠贞是基本的道德普遍性要求，若是哪个妇女触犯了该条道德律令，就会受到人们的指责，致使其终生难以抬头，背负着沉重的道德枷锁。甚至在某些地方对不贞的妇女还有极其严厉的惩罚，用磨盘绑到腰间，沉入水中。这是一种怎样的惩罚呢？相比于孝顺的普遍德性，忠贞与人性的通达之处并不是太多，反倒是人性中潜藏着对于忠贞的背离性要素。这或许意味着忠贞在历史变迁中会发生某种转化，从而对那些激起生活浪花的人少一点严厉，多一点宽容。现代社会在这个领域中表现了惊人的宽容性，道德上的谴责微乎其微，法律上自然不会进行惩罚。于是，忠贞的普遍性受到了严格的限制，它好像开始成为一种个别性道德，而只为某些人所践行。在这种情况下，忠贞也显得更加高尚。不是基于外在的压迫，而是基于内在的信念而践行忠贞的法则，这难道不是高尚的典范吗？即便遇到无数次的邂逅，也能够坚守忠贞的普遍性，由于普遍性的践行而使得忠贞具有了某种神圣性价值。个别心灵的强大难以抵挡社会的潮流，普遍性问题往往是个社会问题，而不是个心灵问题。

　　历史上的普遍性法则会在现代社会丧失普遍性，这种现象当然不可能太多，毕竟社会秩序的维系所依赖的多数普遍性法则是古今通用的。也许人们在抽象的教条上还把忠贞看作是普遍性法则，但在实际行动上它已经丧失了其普遍性法则的地位。事实是，对于不忠贞现象，法律并不干涉，而道德上也极少谴责。这是什么缘故呢？是传统社会的控制方式发生了变化？是人们的社会结构已经大大不同？是没有了传统社会的惩罚机制？是人们的交往方式今非昔比？是人们的观念获得了解放？是科技发展为人们提供了便捷和机遇？还是对爱情和夫妻关系的理解发生了根本变迁？这其中的原因颇为复杂，没有谁能够确定无疑地找出其中的因果关系，很多问题都处在遮蔽状态当中。然而无论如何，我们面对的世界已经发生了变化，人们的普遍性法则也不可能亘古不变。有时候，能够体会现象而不必穷究其原因也是一种快乐，毕竟很多事物的原因我们是无法认知的。

普遍性法则并不总是有效的，尽管有着多种多样的机制保障普遍性法则的运行，突破普遍性法则的现象却依然普遍。忠贞的普遍性固然是传统社会的要求，但这并不意味着传统社会对于该法则的贯彻是普遍的。我们能够看到很多相关的古代案例，至于没有进入现代人观察视野的相关现象定然不会太少。色情是心理世界的呐喊，也许人们天然地具有反抗普遍性的欲求。这固然只是一种推测，然而却是一种合理的推测。或许妻妾制的设定正是基于人性的设计，但并不能肯定是如此，权力和财富恐怕是不可忽略的要素。当然，我们永远也无法在固定的两个要素之间建构一种必然性联系。忠贞的普遍性设定同样是家族纯洁性的要求，这与儒家伦理精神具有高度契合性。既然忠贞的普遍性有着其内在理由，那么维护忠贞所采取的各种措施都是恰当而自然的。社会的变迁是个根基，根基发生了变化，普遍性的规范世界作为根基的现象也会发生变化，我们不可能逃离根基的牵引，对于任何普遍性的把握都有一个根基问题，而根基问题是个存在论问题。色情本身便是一种普遍性，一种身体的普遍性，身体的普遍性战胜了心灵的普遍性。身体和心灵的平衡更易于产生美德，然而一种管控机制的生成却并不是想当然的运行结果，很多情况下我们无可奈何。

传统社会不仅在伦理上维护忠贞的普遍性，法律上同样在维护忠贞的普遍性设定，至于政治同样宣扬忠贞，伦理、法及政治是一体化的。现代社会与传统社会不同，虽然没有人公开在伦理上制造反对忠贞的话语体系，但实际流动的社会却在伦理上对忠贞提出了严重挑战。在法律上对忠贞则已经表现出了巨大的宽容，法律对违反忠贞的现象进行制裁却很少。不过这样说好像有些绝对，婚姻法关于离婚的普遍性设定表达了对违反忠贞节操的反对，这是一种普遍性姿态。通奸在传统社会要受到严厉的法律制裁，但现代法律却很少触及这个领域，当然也有国家的法律对通奸设定了普遍性惩罚。现代社会的"通奸罪"设定是否依然具有合理性呢？为什么我们取消了"通奸罪"呢？是从社会阶层的角度进行解释，还是从权力的角度加以说明，抑或从自由主义的勃兴作出阐释，好像都不十分令人满意。如果我们固执地从某个立场进行诠释，或许会让我们陷入教条主义的窠臼当中。我们可以说出一大堆维护"通奸罪"设定的理由，并且每个理由都可能冠冕堂皇，然而在未经法律普遍性设定的前提下仍然仅仅是一种意见。不支持"通奸罪"设定的群体自然也会说出大量的理由，并且这些理由不牵涉自己的利益，让人感觉是为了所谓的公共利益。到底何去何从？或许最后的普遍性设定仅仅是偶然创制的结果，某种利益群体的推力也是可能的。在这个问题上会有普遍性共识吗？如果说欠债还钱是没有争议的普遍性设定，但通奸罪的普遍性设定却是存在不同观点的。很多其他领域也存在这种现象。普遍性设定的错误是可能的，也许我们现在就正被诸多虚假错误的普遍性掌控，事实上正是如此。

任何形态的政治都不会在公开的意义上支持通奸，也不会对忠贞表示反对。然而实际的操作过程却有可能纵容通奸，也会导致不贞行为的泛滥。个体的行为并不能代表整体，只是在无形中助长了恶的发生。一个卓越的群体以公开的方式表达了对于通奸的反对立场，它通过内部的普遍性设定确立了一种颇具传统美德的道德立场。也许我们不能以法律普遍性的方式制裁通奸行为，但却可以在法律之外对通奸行为实施制裁。这种制裁是有效果的，持续的制裁会发生连续性的效果。这个卓越的群体是领头羊，其个体成员的率先垂范无疑是在宣示着某种普遍性价值。政治的普遍性设定要有鲜明的价值立场，它永远要保持自身的高洁品质。该种价值立场不仅要与生活世界保持契合性，还要对生活世界产生良好的导引价值。这个卓越的群体不能被利益所诱导，它具有高于利益的纯洁性。尽管它有时也会涉及利益问题，但它的利益是与人民的利益高度一致的，并因此它才可能去平衡各种利益而自身并不陷入利益的泥潭当中。政治的普遍性意味着对各种特殊利益的平衡，在平衡中走向融通，从而使普遍性与特殊性实现良好的"中和"。这或许就是大道，是实践智慧的至高境界，非卓越者无可为也。

四、关系的实践

—— 13 ——

在法、伦理及政治的普遍性设定中，我们可以观照到人类对于自身的关切，也可以感受到人类对未来的期待。良好的普遍性对人类自身有着重大意义，多数人都能够认识到这个问题，但也有少数人无法获得对问题的认同。他们站在所谓自由及个人化立场上反对普遍性设定，这是不懂得自由主义和个人主义之要义的表现，他们的骨髓中全然都是自我，但那并不是真实的自我，真实的自我与共同体是不可分割的。然而人性是极其复杂的，我们都有冲破普遍性的可能。"冲破"中有"冲动"，酷似"绽放"，是人性的显现，或许它意味着一个新的基点，但它可能会被埋葬，被普遍性的控制所压制。"冲破"永远都会存在，它本身就具有一种普遍性意义。普遍性固然是我们的生存状态，特殊性同样是更为原始的生存状态；特殊性的需求对人而言是自然而然的，普遍性却需要磨砺和升华；特殊性更具有本源性，而普遍性则是对本源性之生存问题的纠偏；遵循特殊性原理简便易行，践行普遍性法则充满了艰辛。在特殊性状态中沉沦，并不是一个个别的现象。一个偶然的机遇，可能就会损毁普遍性的要求，沉入特殊性而万劫不复。基于特殊性的僭越，可能是每个人根深蒂固的无意识。虽然我们无法对此作出严密的数学抑或逻辑的论证，然而大体上我们对此是认同的。所以我们才要高扬人的价值，在特殊性中追求普遍性，通过普遍性确认自身的特殊性价值。

深藏于特殊性中的自我更多的是一种本能的存在，他有各种各样的欲望，身体有冲动，心灵有污点，各种利益驱使更是行为的动因，纠缠于狭隘的自我世界而乐得其所。然而特殊性中的自我又有一种娇羞忸怩的心理，他会去掩盖自己卑微的欲望，这是人的彻底的虚伪状态的生存论呈现。不过这好像表达了某种意向，追求普遍性的意向，在特殊性的苦难中人们产生了对于普遍性的期待。我们并不知道在人类生存的开端，特殊性如何孕育并显现了普遍性，这没有人能够确定，也不可能知道。无论是对于过去还是未来，其实都充满了猜测，我们只是能够在大致差不多的概念上把握特殊性与普遍性的关系状态和发展机理，即便是对于当下的深层体验，也并不意味着我们可以全面地掌握特殊性与普遍性的关系风貌。或许是基于被迫，或许是基于矫饰，或许是基于更大的利益，无论怎样的心理状态，都表明人类自身对自我特殊性的某种羞愧，这种羞愧是天生的吗？人天生具有欲望和因欲望而具有的羞愧，两者并存的状态未必是不可能的，但羞愧或许只不过是社会教化的结果，是人在生存洗练中所生成的一种心理状态。不管怎样，它都表明了人类要超越自身的有限性而趋向于无限性的可能，尽管也许掩盖了某种卑劣的心理世界。那么，人向着普遍性的意向真地只是一种无奈吗？又或者是理性计量的结果？真实的事物总是处在遮蔽状态，被遮蔽的存在才是最为根本的真理状态。从那里孕育了人类一切普遍性的追求，建基而生成一个合理性的世界，但合理性只是表象上的，我们必须明白那后面的东西，我们不能处于被欺骗的状态。大多数时候，普遍性是有欺骗性的，我们会毫无反思地把普遍性当作真理，用普遍性的牢笼拴住特殊性的"冲破"。"冲破"如璀璨之花的"绽放"，我们需要"绽放"，这是存在论的需求，也是社会的需求。

不管从源头上如何把握，仅从现象上看人类有着对于崇高追求的渴望。崇高当然具有特殊性价值，并不是每个人都能实现崇高，我们不能把崇高作为一种普遍性法则要求生活中的个体，然而崇高之所以崇高在根本上在于其所展现的普遍性意向。崇高是真正的普遍性，它彻底地摆脱了个人欲望和利益的束缚，而真正实现了自我特殊性与普遍性的完美统一。崇高是对自我特殊性的压制，又是对自我特殊性的弘扬；它既是自我特殊性向着普遍性的融通，又是自我特殊性向着自身的回归；它彻底地限制了自我特殊性，又彻底地解放了自我特殊性；它在与他者的共在中显示自身的卓越价值，又在自我独处时熠熠生辉。崇高是与他者的共融，又是向着自身的回归。崇高是"冲破"，在"冲破"中超越自身，又返向自身。它通过自我创造了自身的规定性，又通过自我规定性的创造实现了与普遍性的共存，正是在对普遍性的把握中它才真正地占有了自身。纯粹的特殊性无法占有自身，庸俗不堪的欲望根本不能拥有自身，它会让自我偏离自我，使人失去自身。我们在通向普遍性的大道上确立自身的价值，拥有了普遍性才能彻底地占有自身。

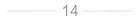

14

特殊性趋向于自由，但特殊性却未必能够带来自由，人们会在特殊性中沉沦；普遍性看似为限制，但恰恰是自由的内在要求。特殊性具有向着自由的冲动，期望在自由中满足自身的特殊性要求，于是自由好像也具有了手段价值。那么特殊性是目的本身吗？特殊性是各种要素的杂多，它是一种驱动力，却并不是目的本身，然而目的中一定有着浓缩了的特殊性形态，目的同时包含了对于特殊性的纠正。还有一个需要追问的问题，普遍性是实现自由的手段吗？在人们通往自由的道路上，普遍性设定的确是有利于实现自由的，这好像就是普遍性所具有的手段性和工具性特质。但这样的理解就没有问题吗？一个具有浓厚实用性传统的民族习惯于工具主义的考察方式。当人们把"实用性"普遍化，一切考量都贯彻了"实用性"的纽带，生活便缺失了高贵。如何让资本和技术摆脱实用性，这在现代社会是不可能做到的，本真的状态只不过是孕育了解释的可能性，却并没有解决问题的办法，于是在沉沦中越陷越深。人作为特殊性和普遍性的结合，才是人类行动的目的，法、伦理及政治的谋制要以此为基点。看上去相同的世界，在不同人的谋制下，会呈现出不同的生存状态。或许其中还有一个文化问题，然而在文化面前我们却经常处在一种被动的生存状态。

为什么自由与普遍性就不是一种内在关系呢？自由就存在于普遍性当中，普遍性本身就是自由的表现方式。普遍性与自由不是手段和目的的关系，而是说普遍性本身就是自由，就如同我们讲自律本身就是自由是同样的道理。我们需要向着普遍性去确认自身，认同普遍性与自我认同是内在统一的，自我与普遍性从来都不是分离的关系，自由是普遍性的内在属性，普遍性是自由的内在要求。特殊性中涌动着的自由，只有在普遍性中才可能实现自由，普遍性本身便具有自由的价值。尽管自由的根基存在于特殊性当中，普遍性却同样是自由的内在规定性。我们需要一种思维方式的革命，任何二元对立的思维都可能禁锢自身对事物本性的认识和把握，对我们而言改变思维方式要比改变知识具有更为重要的意义，这是自我改造中比较艰难的方面。人不能超越自己，就不可能有自由，而普遍性正是人超越自身的一种方式，普遍性承载了人类的尊严，自由与尊严同样是内在统一的。我们的世界没有分割，是人分裂了自身。

对于大多数人而言，都是自发地接受了普遍性的规范，在未经反思的生存状态下接受着普遍性的导引。人们在漫长的时间中养成了遵守普遍性的惯习，他们并不去反思，他们只是用行动完成对于普遍性的践行，诸多问题都在惯习当中获得了恰当的解决。然而并非所有的普遍性都是毫无缺损的，面对残缺的普遍性我们该当如何？会牢骚满腹吗？牢骚自然会有的，但牢骚过后依然坚定地遵守普遍性法则。牢骚好像也是人的存在状态，但却不能让牢骚引导人们的生活，否则便不可能倾向于快乐的生存状态。牢骚是消极的特殊性，不能摆脱牢骚的束缚便会就此沉沦。自觉地接受普遍性的导引则是另外一种境界，是在高度理性反思基础上对自我行动狭隘功利性的超越，是人从朦胧自发的状态向着自省状态的否定性发展。自觉地接受普遍性的导引，同时意味着对普遍性否定式发展的认同。普遍性不可能永远正确，也许一开始就是错误的，那么我们应该如何对待这种普遍性呢？在高度自觉的精神中既包含了肯定，也包含了否定，但不能让特殊性中的任意性掌控了普遍性，那将是普遍性的灾难。汲取任意性中的创造性，不断返向自身从而超越自身。

苏格拉底给人们提供了一个良好生活的范例。苏格拉底作为一个哲学家被雅典公民以法律普遍性的名义定为亵渎神灵罪和腐化误导青年罪，最后被判处死刑。苏格拉底在克力同的帮助下有机会逃离监狱，但他没有以自身的特殊性要求背离普遍性法则，而是选择了死亡。这不是一种自发性选择行动，而是一种自觉的有意识选择。普遍性的尊严得到了维护，苏格拉底的自身特殊性并没有对普遍性有任何伤害，这是以自我牺牲的方式成就了普遍性价值的典范。尽管人们对此有很多争议，但人们对苏格拉底的敬重则是普遍的，这说明在某些人的内心中具有成就普遍性的内在性追求。也许，在苏格拉底的生活中，普遍性已经内在化而成为了他的观念存在，构成了其生活方式的重要组成部分。这并不意味着苏格拉底没有他的特殊性需求，但他的特殊性便是他的普遍性，呈现在普遍性中的苏格拉底正是显现着自身的特殊性中的苏格拉底。很多人可能并不会认为苏格拉底的生活属于良好生活的范畴，功利化的心理永远无法理解高贵的生活。

过了几年，雅典公民幡然悔悟，控告苏格拉底的迈雷托士等人最后被送上了断头台。这是以法律普遍性的形式维护了苏格拉底的特殊性吗？苏格拉底并没有这种要求。但好像可以这样理解，然而却牺牲了苏格拉底。苏格拉底作为哲学家，他的选择有他的道理，但对于普通人而言，他们并不会像苏格拉底那样作出选择。在人类的历史上有大量的人选择了逃亡，无论是盗窃者还是杀人者，他们都选择了回避法律普遍性的制裁。被法律判处前的流亡，入狱后的越狱，都是在逃避普遍性制裁。特殊性欲望遮蔽了普遍性价值。那些被冤屈的越狱者会受到人们的同情和怜悯，甚至进入了经典的艺术作品之中。这表明了人们的心理沉淀状态。人们既保持了对苏格拉底的赞美，又表现了对越狱者的同情，这是一种矛盾的心态。特殊性和普遍性的矛盾不可能通过普遍性的设定加以解决，悖论的解决只有在行动中才有可能实现，或者张扬了特殊性，或者彰显了普遍。特殊性与普遍性，各自该坚持怎样的行动原则呢？不管我们在行动中作出怎样的选择，我们终将没入世界的深处，或许会在沉没之际发出一声呐喊：用特殊的自我创造普遍的共识！把特殊性改造为普遍性，需要行动的力量，没入其中而"绽放"。

—————— 15 ——————

　　复仇是一种特殊性要求，但这只是相对于法律而言，因此法律的普遍性便可能对复仇者进行制裁，尽管这并不意味着所有文化中的必然性。但对于习俗性道德而言复仇本身却代表了一种普遍性，在多种习俗化生活中复仇具有普遍性价值。就现代世界而言，国家对复仇都是禁止的，这是国家法律彰显了自身的普遍性。复仇者固然会受到法律的制裁，但人们对复仇者的同情却又普遍存在，复仇是个错综复杂的领域。习俗化的道德世界构造了人们的心理世界，使得同情也有了内在化根基。那么同情是一种特殊性要求吗？相比于法律而言，同情的确呈现了特殊性的属性，但相比于生活习俗而言，同情无疑是一种普遍性表达。情感的合理性在特殊性中表达了普遍性，它自身也趋向于普遍性，但对情感的合理性判断却是情境化的，而不可能采取一种绝对普遍性的尺度。但在现代社会的习俗正在接受国家法律的挑战，国家的普遍性潜移默化地改变着人们的习俗结构，但人们心中的情感结构并不会迅速地消失，所以才会出现制裁与同情之间的矛盾状态。到底该如何对待复仇呢？是让特殊性压倒普遍性，还是让普遍性一统天下，或者采取折中的方案，这自然也是场域化问题，因为我们不可能在特定场域中颁布普遍法令。或许政治和法律的态度是一致的，但道德的态度却往往会表现出与政治法律的差异性，在道德世界对复仇的认同恰恰表现出了普遍性价值。

　　在传统社会中复仇往往被默认，甚至是支持。传统社会的公权力也是禁止复仇的，但对待复仇的态度却是暧昧的。当然，这还是要看公权力本身的操作者，遇到不同的操作者往往会有不同的结果。许多相关案件在未经审理之前，是处在一种可能性状态当中，案件作为事件本身同样处在各种可能性关联当中。在郅恽代友复仇案中，郅恽遇到了一个支持他的县令，不仅认同了他的复仇，而且还把他放跑了。然而倘若他遇到了另外一个县令，可能未必是这样的结果。据考证汉代的法律也是禁止复仇的，这意味着即便普遍性法则是明确的，也未必能够预测结果的必然性。人类颁布普遍性法则会自然地具有一个功能，这便是可预测性，但在疑难案件中并没有必然性，没有必然性就没有可预测性。其实，即令是在非疑难案件中，也未必就能够预测结果。对于结果的必然性期待并不符合生活的可能性"绽放"，然而法律的普遍性却必然要追求结果的必然性，于是只能产生困惑和矛盾。普遍性和特殊性之间的操作也是因人而异，一切都没有那么绝对。法律对于普遍性以及对必然性的追求，是自然而强烈的，但却充满了理想性。如果法律的运行能够满足人们的必然性期待，那么法院便会关闭。这要么是法律的无奈，要么是人性的卑劣，还会有别的原因吗？如果只是从静态的角度加以考察，则复仇是为法律普遍性所禁止的，看上去好像普遍性战胜了特殊性而占据了优势地位。但复仇在实际的运行中却并不是那么简单，普遍性和特殊性的关系也是处在复杂多变的状态当中。不要以为我们已经掌握知识就可以应对一切，世界的复杂性决定了我们必须学会在特定场景中恰当地处理普遍性与特殊性的关系。

对于普遍性与特殊性的静态关系是易于把握的，我们可以说"特殊性孕育了普遍性"，"普遍性产生于特殊性，但普遍性又引导和架构着特殊性"等诸如此类的判断，这当然不是错误的判断，而是我们在法、伦理及政治实践中必须坚守的原则。但关于普遍性与特殊性之间的动态关系则是错综复杂的，难以梳理出一个绝对可靠的标准。徐元庆复仇案在当时颇为轰动，据说都惊动了女皇武则天，而她的态度也比较明朗，那就是放掉徐元庆。但陈子昂认为不能放，他的方案是先将徐元庆判处死刑，然后从道德上加以表扬。但是若干年后柳宗元则认为大大不妥，他认为要查其前提，也就是说要先看看徐元庆的父亲是怎么被赵师韫杀掉的，如果杀得合理合法，那徐元庆便是不能复仇的，自然就不能放掉他了。操控中的案件因为人的差异性而出现了较大的区别。或许并没有绝对的尺度，人的重要性得以凸显。因此在普遍性与特殊性的关系问题上，我们也还是主张一种融通式的思维切入，任何绝对化的理念都可能让我们远离真理本身。要进入真实的世界，先要改造我们自身。这并不是说知识不重要，而是说人们要警惕成为知识的奴隶。有的人会成为知识的奴隶，有的人却不会成为知识的奴隶。这说明什么问题呢？永远不要以为我们掌握了真理，真理是不断生成的真理，而不是既定的知识或者知识与对象的符合。真理在不断生成中展现人自身的存在价值，真理本身便是创造性的，真理不能封闭自我于狭隘的知识世界。

—— 16 ——

国家有国家的要求，社会有社会的要求，国家和社会是不同的。国家的由国家管，社会的由社会管，这是个常识性判断，却具有极其深刻的哲理。无论是国家遗忘社会，还是社会遗忘国家，都不可能有利于自身行动世界的合理化。只有不遗忘对方，才能很好地管理好自己的事情，正所谓"知己知彼，百战不殆"。在国家与社会的相对应关系当中，国家代表的是普遍性，社会代表的是特殊性。人存在于国家与社会之间，便意味着存在于普遍性与特殊性之间。这被看作是一种理论框架，不同学科都作出了深度研究。这种看待问题的视角是普遍性与特殊性的辩证法，辩证法是存在论的，属于人的生存世界的行动原理。是社会内在地趋向于国家吗？当人们说从自然状态进入国家状态的时候，其实已经表达了一种自由辩证法的精神。这并不容易理解，我们需要看到将社会作为基点去思考国家问题，才能更好地理解这种观点。这是古典的自由主义。自然法或社会契约论大抵就是这个观点，尽管思想家们对此采取了不同的论证方式，但都可以看作是一种假定主义的思想策略。不过也无可厚非，理论本身都是需要假定的。如果只是对于客观的复制，那也不可能被称之为理论，也并不具有思想的价值。国家到底是如何产生的？这个问题我们已经无从知晓，但无论如何社会对普遍性的欲求是国家产生的重要缘由。当然，这仍然只是一种理论的确信，它会影响人们对法、道德及政治的看法，也会塑造这三个领域的行动实践。人类行动选择需要有一个确定的根据，把社会作为基础性地位构成了诸多行动选题的基本前提。

正是由于社会的特殊性所具有的基础性地位，由社会而构造的普遍性就必须认真对待社会自身固有的自组织机制，自发的普遍性对于秩序的构造是基础性的。我们要警惕通过"专业化"思考而构造的普遍性，它往往遮蔽了真理。但我们也要认识到，社会的特殊性也有着自身的局限性，国家的普遍性正是要解决社会的特殊性所存在的不足和缺憾。但国家首先要尊重社会本身固有的有效运行方式，这对国家行动世界的建构是极为有益的，这好像是一种功利主义思维，但同时也是一种自治主义思维，但更多的还是一种平衡主义理念。社会永远都是基础，这天然地意味着自治的合理性。我们要明白"退缩"的意义，一味地"前进"和"跳跃"对人类自身的伤害是根本性的。在"前进"中被遮蔽，在"退缩"中获得真理。"知其白守其黑"，真理深深地隐藏在"黑夜"当中，并不是每个人都能发现真理，很多时候我们只不过是在错误道路上"前行"而已，自以为是大踏步"前进"，却只不过是自我遮蔽，以至于自我毁灭。自治当然是个综合性问题领域，它涉及法的问题，尽管法可能藏而不露；它涉及伦理问题，伦理往往处于显性状态；它涉及政治问题，政治采取了无为而治的态度，但它依然在场。力图说尽事物的机理，却只不过深陷泥潭。我们说不清的东西，才是真理的世界，但我们可以通过行动呈现真理。传统社会有很多自治资源，在特定的社会结构中扮演了根本性角色，家庭宗族村落自治涉及领域广泛，效果显明，那是一个未被现代性破坏的世界，民间的智慧是社会自我演化的呈现，而并非外力强制的结果，更不是什么普遍性建构所能达到的境。智慧是磨练的结果，而非刻意构造的知识形态，社会在自我规训中形成专属于自身的多重智慧形态，它表达了社会自身的特殊性。毁灭社会固有的自主性，就会滋生出恶劣的利益，普遍性反而会受到损伤。我们还是习惯于想象，有时便以为想象的世界就是真实的世界。

但这并不意味着自治的特殊性就不包含普遍性，自治的智慧形态同样内在蕴含了普遍性价值。自治模式是特殊性中生成的普遍性，是特定共同体内部为人们所认同的普遍性，没有普遍性便不可能有自治，这种普遍性是与特殊性内在融通的，其所呈现的是普遍性与特殊性的良好衔接。当然，这并不是说自治的普遍性就容纳了所有的特殊性形态，它同样意味着对于狭隘自我特殊利益的克服，那些期望获得"特殊照顾"和"特殊服务"及"特殊利益"的特殊性要被共同体中的普遍性所扬弃，因此它不会容忍所有特殊性的存在，而是要始终坚持它的原则性。"自治"同样是有"原则高度"的实践，而非任意性的扩展。普遍性必然意味着原则立场的确立，否则就不可能维系普遍性的发展，自然也就不可能存在普遍性的尊严。不过自治的普遍性运行中也并非没有任何特殊利益的违规现象，利益的驱动会让一些人越轨而作出违反普遍性法则的事情，但自治模式同样包含了对于特殊性越轨的纠偏机制。也许自治的普遍性对特殊性的僭越会有某种程度上的宽容，但它绝不会放纵特殊性利益的无限发展，否则就意味着自治共同体的崩溃。问题依然是复杂的，特别情境下自治共同体的惩罚远远高于法律的制裁。不要总想着"专业化"的解决办法，在存在"专业化"考虑之前人们便能很好地处理其所面对的各种现象问题。

在自治共同体内部有普遍性的掌控者，他们的智慧及品德在某种程度上决定着自治共同体的命运。普遍性必须能够依赖于特殊性而又超越特殊性，自治共同体的普遍性依赖于其内部的多样化的特殊性，但它又必须超越任何特殊性利益，站在一种共同体的总体性层面把控特殊性，使共同体本身不至于陷入利益的窠臼当中而不能自拔。在自治共同体内部同样也会有争斗，那是权力的争斗，是利益的角逐，无论采取的方式或明或暗，其中都隐含了某种特殊性的欲求。总体而言，人们对权力是有欲望的，即便是一个小小的自治共同体也浸染了权力的意志。想一下自我，好像权力的期待也是存在的。怎样运用权力？这或许是我们必须思考的问题。难道人的行动都是权力意志的结果？一定有权力意志的渗透，但并非一切行动都会受到权力意志的构造，更不是所有人的行动选择都有权力意志的作用。人们对权力的欲求无疑是一种特殊性要求，但权力的特殊性欲望必须转化为人们所期待的普遍性法则，否则权力就会成为谋取特殊利益的工具。普遍性本身便是一种权力话语体系，在其中权利义务是融合为一体的。普遍性的运行便是权力的运行，其中包含了各种各样的权力机制，知识话语本身也是一种权力机制。

传统社会中自治共同体的掌控者往往是一些德高望重的个体，他们是共同体"共和"的结果，无论在品质还是能力上都是众望所归。那么，这是一种怎样的权力机制呢？是一种道德权力？还是知识权力话语？"榜样"本身又何尝不是一种权力呢？生活世界会在权力中沦陷，我们要明晰它的合理性，也要洞悉它的问题。我们在被嵌入世界的同时，便注定了与权力的共存。我们无可逃离，我们必须与权力的掌控者和谐共处。民间社会的"掌控者"所拥有的权力是弥漫性的，自发的，却也是有规律的。他们洞悉了自治共同体的普遍性法则，又能够保持与特殊性的良好沟通，自律与节制是他们的本色。美德的力量同时是一种行动的力量。他们还能够把握国家的普遍性，从而使得自身赖以依托的共同体能够保持与国家的融通，但他们往往不会由此而损伤自治共同体的利益。他们是国家中的个体，但更为直接的是自治共同体的个体。他们是沟通者，他们是卓越的中介者，而沟通就是中介，中介就是消除对立，迈向融合，生活实践中对立的消除就意味着一种中介化的生活方式，这是实践智慧所呈现的生活样态。

那么，在现代社会自治共同体减少了吗？无论看上去自治共同体减少了多少，自治依然是社会存在的根基，也许社会运行的深层状态是自治。被遮蔽的才是真理。这话听上去很费解，但其中的道理却也简单。只要认真观察，我们就能够看到自治共同体的存在状态如何。在任何类型的实践当中，我们都需要卓越者。这里我们所要考虑的问题是，我们拥有能够掌控自治共同体的卓越者吗？自治共同体的领导者不可能是任命的结果，而只能是自治共同体内部选择的结果，这样的选择所呈现的应该是人民的智慧。在与自身特殊性利益紧密相关的情况下，没有人会不慎重地推选一个他根本就不看好的人成为共同体的带头人，任何外在的意志都不可能最终强迫人民的意志。当然，我们也从不否认历史会出现意外，个别化是人们不可回避的存在状态。无论是采取推选制的共和民主，还是禅让制的贤人之治，抑或是自治共同体内部的直接选举，没有人会把自己的特殊利益交付给一个让自己不放心的人。在归根结底的意义上，真正对于自治共同体的领导者的选任权在于人民，人民可能短时间被某种特殊利益掌控，但不可能长期处于不觉醒的状态。自治共同体永远都属于人民，这是一支最根本的普遍性力量。尽管他们也会有各种各样的特殊利益，但在大局面前，人民会把个人特殊性抛开，而站在一种普遍性的高度把控历史的发展方向。普遍性与人民性是内在统一的，无论是在法的领域，还是政治领域，人民性才是最高的普遍性，而即便是从伦理视域加以考察，我们也要充分认识到人民的自由和尊严才具有最为崇高的道德伦理意蕴。为人民服务，是最高的伦理。没有对于人民的尊重，就不可能有人类实践领域中的合法性。人民至上是最高的普遍性，但这种普遍性不是抽象的，而是包含了人民的特殊性在内的普遍性。当然，它扬弃了特殊性中的"私欲"，而以个体与他者及社会相统一的风貌向世界呈现了一种合理性的美丽景观。把社会的还给社会，把国家的留给国家，处理好两者的关系才算是把握了普遍性与特殊性的恰当关系。没有任何人可以给出一个所谓"专业化"的对策，把实践智慧降低为操作过程与办法是愚蠢的显现，特定场域下我们必须作出"决断"，"决断"是我们的自由，更是我们的责任。放弃"决断"而让他人提供办法，则永远都不可能解决问题本身，何况并不存在符合真理性的所谓"专业化"办法。如果产生了这种想法，便一定要克服，重要的在于培养"决断"的能力。

———— 17 ————

特殊性是具有主观性的，因此特殊性可能是错误的，但很多人将"错误"当作理所当然，这便会在根本上损伤生活世界的自洽性，特殊性只有超越自身才可能真正地回到自身，特殊性所需要的超越性正是人的超越性之卓越品质的呈现。但无论怎样，我们都必须看到特殊性本身的主观性，否则便无法克服特殊性自带的片面性。也正因为如此特殊性自身是不完满的，它需要在迈向普遍性的过程中抑制自身的主观性，从而完成超越自身的狭隘性的使命。而特殊性在超越自身主观性的过程中，自然需要融入一种客观性。单纯的特殊性是空泛的，正如单纯的普遍性是空洞的为同样的道理，它需要被整合，但并不是被抛弃，抛弃了特殊性的主观欲求会让普遍性"乏善可陈"，善的合理性隐藏在特殊性的欲望当中，但人们对善的追求又必须能够超越欲望的狭隘性才可能获得合理性。融合了特殊性的普遍性包含了同时也具有了客观性的规定性，这种客观性表现为对任意性的克服，使得普遍性具有了更多的可供人们交流的共识，并且这些共识能够被规定为法则而为人们践行。

　　一个自私自利的小市民拥有各种各样的欲望，对待任何事物都是从自我利益出发，这是特殊性的表现，也是主观性的显现。看上去好像无可厚非，但如果每个人都从自身的主观性出发，那又如何能够实现共融？对于真理的把握未必要通过数据，沟通中的直观同样是确定真理的重要方式，洞悉是冷静的观察真理的智慧。然而小市民的欲望是需要满足的，但要求恰当的满足，欲望必须转化为合理的欲望，这样特殊性就被融入普遍性当中，客观性也就自然地生成。这里自然涉及诸多概念，但概念本身却并不需要定义，从生活世界出发可以很好地把握概念的真理性，因为概念的真理性原本只是在生活世界当中。概念的真理作为"系统"的环节必须从生活世界作出恰当的理解和判断。什么是公民呢？公民是一个普遍性概念，它使得主观性具备了合理性的品质，从而又达到了客观性的状态。但"公民"概念并没有抛弃"市民"概念的所有要素，最为基质的"市民"元素依然体现"公民"概念当中。一个人在自我的范围内可以围绕特殊利益加以谋划，但一旦进入公共世界就必须承担起普遍性的角色，然而公共世界并没有抛弃"市民"概念的合理性。主观性与客观性融通，特殊性与普遍性共在融合，其所生发的才会是合理性。生活的场域发生了变化，在纯粹个人化空间中的自我要经过扬弃而超越自我，真正地迈向普遍性与客观性。

　　人要学会放弃自我特殊性中某些元素，才能体现出人作为人的价值。当然，普遍性的生成必须要求某种客观性的支撑，而这种客观性意味着合理性。无论是对于主观性还是对客观性概念的理解，都要摆脱单纯的认识论视域，要在存在论上把握这些概念的思想内容。普遍性标准的设定要有客观性依托，A 标准设定本身的客观性依据到底是什么？如果无法从客观属性加以把握，那么能否具有普遍可接受性便构成了客观性依托，这是基于共识的客观性。这可能需要沟通程序，然而沟通的程序同时是个洞悉的过程，程序化的普遍性无法解决的问题依然要交付给实践智慧。A 标准何以能够被 B 标准所取代，其客观性依托到底是什么？这同样需要有客观性支撑，不管是基于科学数据的客观性，还是基于普遍共识的客观性，客观性本身支撑着普遍性标准的合理性。然而在实际的操作中，主观性往往会登场，充满欲望的主观化好像总是难以避免，这是主观性概念本身的内在属性。为了避免主观性，我们需要商谈，从而在一种民主程序中寻求客观性。这个程序是可以操作的，也是能够获得认同的，然而我们也必须认识到，在这个程序启动过程中也可能产生各种意见的交锋，但却未必能够达成共识，程序的必要性与程序的缺憾是同时存在的。当我们强调实践智慧登场之时，那不仅意味着对统合者的智慧与品德的信赖，实践智慧的众多美德将在一种直观中勘察事物的本性，于是真理才能得以呈现。

18

特殊性是一种条件，它是普遍性的条件。如果特殊性没有发展到某种成熟的状态，那就不能产生相应的普遍性，因此普遍性相对于特殊性而言总是滞后的，而生造的普遍性反过来对特殊性的控御，则是背离了人类行动世界的基本法则。尽管这种特殊性与普遍性的关系不能被运用于所有的领域当中，但在生成论上讲两者的关系就是如此。特殊性要在自身世界中被孕育，这是个自然过程，事物的成熟原本就是一个过程。特殊性不仅孕育了自身，而且还孕育了普遍性，这正是特殊性的特殊价值，而这个特殊价值同时也是普遍性价值的体现。我们可以说特殊性世界相对于普遍性而言是个本源世界，属于事物本身的范畴，它是大地，是孕育事物的母体。当然这是一种理论上的设定，尽管这种设定具有深刻的合理性，或许它比自然状态的设定更具合理性。当然，实际存在中的特殊性世界已经被从自身分化的普遍性所掌控，它本身是混合性的，而非单一性的。理论假定论的特殊性世界不管在发生学上还是在逻辑上都是在先的，也只是从这个角度讲它优于任何普遍性。由此出发加以判定，则特殊性世界才是本体界，那是一个人自身生活于其中的世界，那正是人的存在世界。我们说特殊性与普遍性的关系问题是个辩证法问题，那么我们所持有的辩证法的基点在特殊性，普遍性建基于特殊性之中。

在特殊性未经发育的前提下，贸然地构建普遍性，则无论对特殊性自身还是普遍性都是一种严重的损伤。倘若特殊性并未成熟，则不会自发地生成普遍性。但在人类的构造性世界中，匆忙制作普遍性是人的冲动之举，然而人们却经常做出这样的事情，虚张声势的结果是形成虚假的普遍性。外在于事物本身的普遍性便是虚假的普遍性，只有契合于事物的内在本性，也即在特殊性当中拥有深刻的存在根基的普遍性才是真实的普遍性。当人们生活在由虚假普遍性所构造的世界，世界本身就会呈现出恶的趋向，在这样的场域中好人也会变坏，坏人则肆无忌惮。如果普遍性有某种强力为后盾的话，则会造成人们生活世界的虚伪化，人们为了迎合普遍性要求不得不做一些违反事物本身的事情。对于普遍性的迎合往往有利益的驱动机制，而背离了普遍性安排的结果，则具有边缘化的危险。然而，人性并非当然地"为善"，"伪善"却是一种时常出现的状态，卓越的普遍性让人"去伪存真"。卓越的普遍性一定是根植于事物本身的普遍性。利益在人们行动选择中往往居于主导性地位，生成的利益结构成为了社会的风尚。当普遍性被利益所导引，其本身的存在价值便会受到严重的挑战。普遍性并非当然就是好的，由虚构的普遍性所掌控的世界对人们的生活而言是一种"恶"，它诱导人们共建了一种糟糕的生活。尽管虚假的普遍性缺乏合理性，但它同样参与了人们生活的构造。它一旦颁布，就会要求世人服从，世人的生活因此改变。普遍性必须建基在特殊性之上，否则就不可能生成自身的合理性。在普遍性与特殊性之间，马克思的根本立足点是特殊性。

资本可以诱导人合谋普遍性，技术也可以骗取人的信任而谋划普遍性，权力则可以直接地为人们制作普遍性。本源性的特殊性世界可以抛开资本、技术与权力的掌控吗？资本的逻辑是实践的逻辑，又何尝不是人性的逻辑？技术的逻辑看上去是知识的逻辑，又何尝不是欲望的逻辑？权力的逻辑是政治的逻辑，又何尝不是资本与技术共建的逻辑，又如何能够摆脱人性与欲望的逻辑？尽管特殊性是本源性的，但特殊性却生出了自我异化，普遍性即是特殊性的异化，它由特殊性建基却又反过来掌控了特殊性。异化世界的生成或许有着属于人类行动自身的必然性，但人为的构造在其中同样发挥了重要的作用。倘若不能返向特殊性去检讨普遍性自身的问题，异化的生存状态便会加剧，从而在异化状态下湮没人自身的存在价值。然而，我们依然期待特殊性与普遍性的融合，我们期待特殊性在成熟条件下对于普遍性的滋养，我们期待普遍性能够珍视特殊性，我们期待特殊性与普遍性在一种恰当的共在结构中得以协调。人的构造在自发普遍性中并不发挥明显的作用，但在人为构造的普遍性中"人"的因素具有决定性。普遍性与特殊性的关系实践是人的实践，主体的实践需要保持谦抑的精神品格。特殊性与普遍性的紧张或许无法根本消除，但人们却不断地趋向于两者的共融，在一种合理的结构中各自确认自身的价值。不过，这并不能消除普遍性的异化，有时候异化正是无奈的必然。这是基于人性的有限性和局限性的必然，而并非如同自然界那种客观规律的必然。人的世界的法则本就充满偶然性，必然性自身就包含了偶然性，而偶然性正是一种动摇必然性的力量。这无论如何都是一种生活实践中的"事实"，这便是人的生活。

19

普遍性不仅构造了行动的法则，还掌控了惩罚的权力，生活世界必然要面对普遍性的导引和制裁。若是普遍性虚伪造作、膨胀泛滥，便会造成对于生活世界的"殖民"，人将彻底地沦为被控御的对象。无论是法的领域，还是伦理世界，抑或是政治体系中，普遍性都拥有惩罚权力，不过它们惩罚的样态和表现形式有着不同程度的差异。法的惩罚系统基于一套被设计的普遍性法则，体现了总体上的公正意蕴。公正的普遍性设计未必就是合理的，因为也许世界本身根本就不需要那样的普遍性，多余的普遍性规划只能给人们的生活造成损伤。然而，无论如何普遍性中的公正的价值都是至关重要的。即便在某些情况下，公正并不能在场性地表现自身，但对于世界而言依然是宣示了某种公正的符号信息。由此具体生活中的某些个体承受了一种绝对的不公正，但却依然向社会表达了正义的符号，因为对于大多数人而言他们并不了解事情的真相，他们所看到的就是对所犯错误的惩罚。当然，这并不能表明错误的惩罚会变得正确，但它却是人类自身有限性支配下的无奈选择。人类只能无限降低错误惩罚的概率，但却不能消除错误惩罚。人类的有限性不仅在于理性认知能力的有限性，还包括自我控制的有限性，这些都可以被理解为人性的有限性。在有限性前提下理解普遍性的设定及其实践，才可能出现良好的生活，良好的生活需要用心对待。在基本法律的设定中，普遍性法则错误的概率是极低的，因为这样的普遍性规则是经由人类实践而历史选择的结果。但并非所有的法律领域都是如此，新出现的法律往往匮乏历史的沉淀，普遍性法则本身也就有着更多的问题。这种现象的产生有很多种原因，慎重自然是实践的原则，而"有所为有所不为"更是行动的智慧原理。

伦理世界自然也有惩罚，而且有时候其惩罚比法律更为严酷。习俗世界与伦理世界纠缠在一起，有时候恰恰会产生扭曲人性的惩罚，惯习中的普遍性具有自然的力量。在源始性上讲，道德大抵是习俗所构造的，它固然有着人类构造的成分，习俗依然是根本性的形塑力，离开了习俗就不可能理解道德的普遍性制裁。伦理世界的普遍性法则要依赖习俗而生成，又要凭借习俗而生成自身的惩罚机制。一个违反了村落文明道德法则的个体，会被村落组织以各种各样的方式进行惩罚。人们的白眼，大众的议论，村落首领的斥责，家人的歧视，共同体的驱逐，肉体的折磨，精神的压制，心理的折磨，这样的惩罚并不是被某个人具体设定的，而是习俗的创造。习俗需要借助于"大众"的力量，"大众"即"常人"，看上去是族长的操作，实际上却是"大众"的渗透。在习俗性惩罚中，被惩罚的对象没有报复的对象，他必须接受一切惩罚，所有的抗争都显得毫无意义。这种惩罚本身同样具有普遍性，当然也会体现出地方性的特点，不要试图用现代人道主义对其进行指责，那是一种外部反思的立场。这样的惩罚作为"知识"被代代相传，以无形的方式作用于每个人，每个人都是潜在的惩罚对象，而每个人同时又是惩罚主体（大众）的一员，他不得不接受其所面对的一切关于普遍性及其惩罚的举措。除非违反了道德法则而未被发现，否则只要公开就不可能逃脱惩罚，这也可以看作是习俗文明的民主形式。于是便有很多人作弊，试图掩盖各种丑恶的行径，掩盖抑制了惩罚。我们看到许多伪善的实例，无非是特殊欲望违反普遍法则，却又要掩盖特殊欲望的泛滥而装出高贵的样态。这其中自然有利益，普遍化的利益结构驱使人们作弊，人性的"伪造"原本就是实存，人性并非本善，而只是向善而已。现代世界并没有消除习俗的惩罚，任何共同体在运行中都要依赖于习俗化的道德普遍性，这些道德要比人们整天挂在口头上的普遍性更为根本，也更加动人心魄。道德惩罚有时显得很奇怪，一个人做了诸多不道德的事情，但却只是被人们随口谴责几句，而心理却往往充满羡慕，但一旦这些事情被共同体所公开化，就会受到更为强烈的道德谴责，残忍的折磨也会自然登场。公开之后没有利益结构了吗？道德必须有惩罚，否则社会就会失序。我们面对道德而返向自身，视之为勇敢，而勇敢的普遍性意味着对胆怯的蔑视。

政治的普遍性是极其复杂的，它往往会与法律和道德融合到一起发挥惩罚的功能，无论法律抑或道德中都渗透了政治的力量。看上去与政治无关的现象，恰恰是政治谋划的结果。它既可能借助道德实施惩罚，也可能借助法律进行严厉的惩罚，这自然要看具体的情景如何。而在政治的运行中，操作者很清楚何事用法律去惩罚，亦明白何事以道德进行制裁。政治必须维护自身的普遍性尊严，其普遍性法则甚至具有神圣性。政治普遍性的惩罚往往是多种多样的，面对敌人的政治普遍性运用法则是"消灭"，以维护自身的政治强大；面对内部破坏者的普遍性运用法则是"改造"，以确立自身的政治威严。在任何政治架构中都充满了各种各样的惩罚模式，古代社会如此，现代社会也如此，而惩罚模式的运用方式则需在特定情境中作出恰当的选择。在共同体内部从政治上宣告一个人的"破产"，实际上是毁掉了其政治生命和前途，这可以说是政治普遍性的惩罚，但其中同样自然地包含了法律的惩罚和道德的制裁。这便是现代社会的区分逻辑，但其在运行中却是融合到一起的。原本对于同样的错误，就既包含了政治惩罚，也包含了法律制裁，还包含了道德惩治。概念的细化也许是知识塑造的结果，人们难以摆脱自身知识的构造，有时候知识会让人遗忘自身生活于其中的世界。现代世界的人们区分了法哲学、伦理学和政治哲学，但在古人那里原本就是不分的，面对同样的问题不同的策略完全可以同时施加于其身。现代世界并未被真实地分割，却只是在知识观念上被条块化，这当然是知识普遍性的异化。

———— 20 ————

　　欲望是一种特殊性，它根源于人的各种本能，这好像是纯粹的自然规律性，但它不是普遍性，而是特殊性，它内在地趋向于普遍性。这里的普遍性一定是渗透了人类世界基本要求的普遍性，纯粹的自然本能固然具有自然的必然性，但不可能上升为普遍性的高度。尽管存在"物欲横流"的现象，但普遍性的意义便是要对其进行规训。如果本能可以升华而为普遍性法则，那必然是本能的泛滥。观念一旦松懈，就如大江大河之决堤，其恶劣性会泛滥成灾。人具有性本能，这是不用怀疑的事实，但这并不意味着性解放就应该成为普遍性法则。性解放其实当是人性解放，让人回归到人本身的状态，但并不是在"性本能"方面扩张而无节制。当性解放成为社会存在中的事实的时候，性解放便已经获得了普遍性价值，在社会生活中它的力量不可低估。这是观念的普遍性。合理的普遍性只能是将"性本能"的最低限度要求作为普遍性加以对待，但对于"性本能"必须有各种普遍性的限制。年龄的普遍性、健康的普遍性、伦理的普遍性、习惯的普遍性、情感的普遍性，都是要对性本能进行限制的，否则一味地倡导性解放对人类自身一定是严重的损伤。当普遍性法则对性解放产生规训的时候，才可能呈现出特殊性与普遍性视域融合的良好生存状态，片面的性解放则只会瓦解人们的生活结构。任何本能都只能是一种特殊性，规律性并不能消灭它在人类文化视野中的特殊性。只有在人类文明的意义上才有普遍性，普遍性延伸了人类文明，让人成为人本身。

　　最低限度欲望的满足必须成为普遍性，这是文明发展到今天的共识，高标准的普遍性法则只能是个别人的追求。有人能够对自身立法，用高尚的标准为自身创设普遍性，并且在行动中得到了良好的贯彻，这样的人用行动谱写了壮美的普遍性篇章，具有崇高的审美价值。但它是不能被普遍化的，只能个别人实现的法则无法要求"大众"践行，否则便是社会的灾难。几乎所有人都是普通人，普通人是"常人"，对待"常人"只能用常人化的法则，常人化的法则才具有全面的普遍性意义。不能用圣人的标准要求普通人，普通人是多数人，我们只能为多数人立法，却不能为个别人立法。要慎重对待普通标准，正是这种普通标准才构成了人类社会生活的普遍性。任何领域的普遍性构造都不能违反自然规律，法律上不能让人把个人财产无条件交付他者，伦理上不能要求人们禁欲，政治上不能让人不说话。对于财产的渴望是本能，基本欲望的满足是本能，说话的欲望同样是本能。只有高尚的圣人才可能不需要什么财产，比如庄子。普遍性的制定者不能将这些特例作为立法的考虑对象，普遍性只需要给他们保有自由的空间，也许自由对他们才具有真正的真理性。然而，普遍性并不是对本能的绝对满足，而是对本能作出了限制性满足，从而其所制定的普遍性法则才会具有符合事物本性的合理性，既满足了特殊性的本能，也契合了普遍性的内在结构。

我们既生活在一个特殊性世界，也生活在一个普遍性世界。普遍性与特殊性的实践关系及关系场域便是我们的生存世界，我们从"此时此处"展开，我们在展开中"绽放"。我们一方面受着自我的本能趋使，另一方面又要接受普遍性法则的支配，这就是我们的存在状况。我们不能摆脱特殊性而进入单纯的普遍性当中，那是神化的抽象。一旦我们被抽象掉了特殊性，我们就失去了自身存在的根基，也就不可能建基自身的存在前提。我们是在自身的存在前提下去建构普遍性，普遍性的建构是属人的世界，人之外没有普遍性。我们要谋求特殊性与普遍性的平衡，让特殊性趋向于普遍性，让普遍性建基于特殊性，彼此融通而不外分，相得益彰而各自分明。只要存在于人类生活领域中，我们都会遭遇到普遍性与特殊性的问题，都要面临两者恰当关系的生成问题，也要直接面对普遍性如何构造的问题，人类的生存领域不可能避免普遍性构造，普遍性是我们的重要存在维度。我们就存在于普遍性与特殊性之间，这是个实践哲学的问题，更是个生活本身的问题，哲学本身就是生活问题的展开。法、伦理与政治是现代人类实践活动的三大领域，是人存在的三种基本方式，是实践哲学的三大问题域，解决好这三个世界的特殊性与普遍性的关系问题对于现代世界的合理化构造具有根本性意义。当然，它们同属于生活世界，也与生活世界中其他普遍性与特殊性的关系问题始终纠缠在一起。科学的世界和习俗的世界中同样存在普遍性与特殊性的关系问题，但归根到底它们都属于生活世界的问题，只有站在生活世界的基点上，我们才能更好地理解和把握普遍性与特殊性的实践关系和关系场域。我们要掌控特殊性与普遍性关系的"理"，才能更好地驾驭自身生活于其中的世界。我们不是外在于世界，而是存在于世界之中的"此在"，"此在"在特殊性与普遍性之中展开自身。我们需要筹划，我们需要慎思。我们需要操持，只有操持才会使我们真正进入存在论的在场状态。

全部法律都是普遍的，然而在某种场合下，只说一些普遍的原理，不能称为正确。就是在那些必须讲普遍道理的地方，也不见得正确。因为法律是针对大多数，虽然对过错也不是无所知。不过法律仍然是正确的，因为过错并不在法律之中，也不在立法者中，而在事物的本性之中。

——亚里士多德

一、根本性问题

—————— 1 ——————

人类生活所面对的基本问题是恒定的，这是问题在形式架构上的稳定性表现，也说明了在对事物分析把握过程中我们可以拥有一个基本的分析框架。也许问题的表现形态是处在不断变化当中的，但其基本问题本身却是不变的，而在所有的不变问题当中就有普遍性与特殊性的关系问题。当然，并不是人类生活中的所有现象都可以浓缩或还原为普遍性与特殊性的关系问题，但在人类自身的生活实践中则该问题的存在是基本事实，并且具有明显的贯穿性。即便是在人类面对自然问题的时候，也同样存在普遍性与特殊性的关系问题。自然界有很多灾难，如何处理这些灾难呢？这就涉及规律的普遍性与自然灾难的特殊性关系问题，当然还会存在同规律普遍性没有直接关系的社会普遍性与自然灾难之特殊性的关系问题，其中还牵涉了社会普遍性与自然灾难引发的社会特殊性的关系问题。普遍规律能够解决自然问题？当洪水出现的时候，与水相关的各种普遍规律会被运用到解决水灾的具体问题当中，而对于水灾的解决方略同时也会表达社会普遍性的某种要求，伦理的和审美的普遍性要求在解决水灾当中会有鲜明的体现，尽管它并非面临水灾本身的策略，却是一种相关性的普遍法则的运用。如果从生存论的角度加以理解，则问题本身会呈现出更易于理解和把握的现象。人的存在既包含了对自然灾难的掌控，也包含了对美好生活的设计，这其中所牵涉的基本问题就是普遍性与特殊性的关系问题。

那么在法、伦理及政治领域中的境况如何呢？普遍性和特殊性的关系问题是这三个领域中最为根本的问题，无论是普遍性的生成，还是普遍性的运用，其根本的来源和指向都是特殊性。普遍性的生成要以特殊性为前提，这是普遍性自身的合理性基础，而普遍性的运用则要面向特殊性，这是普遍性的实践问题，也就是普遍性的目的问题。普遍性天然地面向问题本身，对于问题的恰当解决是其内在欲求，这必然会牵涉特殊性问题。这样讲并不是要建构所谓法哲学、伦理学与政治哲学的学科系统的问题域，而恰恰是要终结所谓学科的壁垒，使得法、伦理及政治存在的相互之间彼此通达，呈现出一种视域融合的基本特质。不能总是"分开"看问题，而是要"融合"地看问题，问题本身就是融合的。一种法的普遍性设定绝不仅仅是个法的问题，同时会牵涉伦理和政治的考量。而一个伦理问题的设定，自然也会从法的意义上加以谋划，至于政治问题的解决则必须同时考虑到法和伦理的多重维度。这种考虑方式好像还是分析的，而非融合的。没有任何一种现象是孤立存在的，倒是我们的思维使得原本彼此融通的关系变成了分裂的关系，分裂是主观性扩张的结果，是人类自身遗忘了自身的存在而作出的知识论探讨的结果。我们也许是在知识论的错误道路上不断前行，却并没有回头张望，那由于缺乏回眸而被遗忘的存在才是我们思考问题的出发点。从那绝不回头的坚定中，我们感到的恰恰是忧虑和担心。这或许是一种现象学的路径。当然我们没有必要添加一个概念标签，回到我们自身的存在状态去探求问题本就是思想勘察的当有使命。即便是看上去与存在无关的领域，实际上也与存在密切相关，比如关于自然的思想当然地是我们人类自身存在方式的体现和表达。

人是实践的存在，是生活的存在，这就决定人必然是一种主体性的存在。尽管主体主义理论是有问题的，但"主体的实践"却是人的存在论事实，人不可能不是主体，尽管我们需要让主体变得谦抑。人作为主体生活在一个实实在在的世界当中，他要居身于与各种事物打交道的具体世界当中，而其所面对的具体世界已经不是人类最初的存在状态，具体世界本身就打上了普遍性的烙印。当我们看到一幢楼宇的时候，直观上我们观照的是具体的事物，然而这个具体事物本身就包含了普遍性，包含了人们对于楼房设计的科学普遍性和审美普遍性，而审美普遍性当中也包含了价值普遍性。早期的人类或许还有面临纯粹的自然具体事物的可能性，他们直接生活在岩石的空隙当中。但即便是那岩石的空隙也会久而久之被赋予普遍性，在经验的发展中人类会自然地产生关于遮蔽风雨的普遍性追求。这当然只不过是我们的一种解读，实际的情况我们永远都无法获得。最好的方式就是直接面对我们自身当下的存在，而当下的存在是在具体中包含了普遍性的存在境况，没有人可以抽身而退到与普遍性无涉的纯粹自然世界当中。我们所面对的建筑物不仅包含了自然的普遍性和审美的普遍性，何尝没有包含法律和政治的普遍性呢？在什么地方施工？建造成怎样的规模？这其中都是权力的普遍性问题，它既包含了法律的普遍性，也包含了政治的普遍性。我们看上去生活在自然的具体世界，但却无可逃离社会普遍性的掌控，这是现代世界的根本特点。能够以此为前提理解自由问题吗？当然可以。作为存在论，它构成了对世界全面理解的基点。我们需要强调，存在论与生存论是一致的，我们并不在根本的区别性意义上理解这两个概念，它们所关涉的都是人的存在问题。无论是法哲学，还是伦理学，抑或是政治哲学，其问题面向本身在归根结底的意义上就是面向人的存在问题，这是其他一切问题得以解决的前提，而其他一切问题甚至也可以还原到人的存在问题加以思考。普遍性与特殊性的关系理论是直接面向问题的，其所关涉问题的根本点是个存在问题。

　　无论在怎样的意义上，我们都已经无法避免普遍性的牵引，尽管我们的确是生活在一个具体的世界当中。我们不可能抛开反思去理解我们的生活，当然并不是所有人都会过一种反思的生活。我们在静观自身生活的时候所运用的依然是反思的方式，我们由此所看到的是自身当下存在的基本状态，即生活于具体或特殊世界的我们同时也接受着普遍性的规范。我们是否有挣脱普遍性的冲动呢？普遍性当然是有控制欲的，从人的本性期待与向往而言自然希望摆脱普遍性的掌控，而生活在一个纯然的自我任意性的世界当中。我们不能说人的本性是向往自由的，因为自由同时意味着责任，人的本性中具有任意性的冲动，尽管社会化的人们并不会真的那么做。摆脱控制的任意性是无法实现的，这只能是某个群体或个体偶尔的疯狂而已。人必然要与他者打交道，这是基本的生存事实，这一事实决定了我们不可能逃避普遍性。何况普遍性在很大程度上又是我们的需求，没有普遍性我们会丧失一切存在的可能。人们期望住上漂亮美观的房屋，这固然是生活最自然不过的需要，但却是实实在在地包含了对普遍性的期待。我们的生活事实中自然地包含了多方面的普遍性事实，普遍性作为一种基本法则嵌入人们的具体生活当中，构成人们生存的内在组成部分。我们谈论它，我们回避它，我们喜欢它，我们厌恶它，我们设计它，我们是在具体生活中想象着普遍性，从存在论的意义上讲特殊性便具有了根基性。普遍性以一种"悄无声息"的方式解决着我们生活世界中的各种问题，其无声的力量要远远大于直接面对问题时所发挥的作用。"润物细无声"，这是普遍性真正发挥作用的方式，它将问题解决于未萌之时。

　　我们的确是要吃饭的，而吃饭是一种具体生活，那么吃饭中是否包含了普遍性问题呢？我们并不是为了把握"吃饭本身"是一种普遍性需求意义上的普遍性，那仅仅是一种自然的普遍性。然而吃饭是具有社会性的，凡是具有社会性的具体领域就不可能完全让人们沉湎于特殊生活当中，而必然要牵涉社会性的普遍法则的问题。吃什么样的饭呢？这固然有美味的自然性，但同时也有社会的普遍性。法律和伦理都会告诉我们，什么是可以吃的，什么是不可以吃的。而对于部分群体中的个体而言，吃什么的问题还包含了宗教的普遍性限制，抑或是习俗的普遍性要求。然而，生活同时也是与政治密切相关的，政治的普遍性时刻都是在场的。当一种政治将人们对美好生活的向往作为自身追求目的的时候，我们自然看到了政治所具有的生活意义。这当然是个政治哲学问题，而且涉及政治哲学的根本关怀。这自然也是个伦理问题，我们从众多的生活样态中都能够看到伦理对吃饭的影响，尤其是在充满着各种原始习俗的社会群体当中就更是如此。至于法律对吃饭的构造，只要我们看看相关对动物的保护法，自然就能够看到法律的普遍性设定。这样看来，好像普遍性本身便是为问题而存在的，问题是根源，也是面向。至于说法律诉讼中的一个"小纠纷"，那只不过是人类问题领域中的微不足道的"小事情"而已，在人类的普遍性的问题关怀面前根本就不值得一提，整天津津乐道于自我利益的问题当中而为人类徒增烦恼，是缺乏社会担当的体现。面向问题，超越自我，是普遍性卓越精神的呈现。

我们生活在特殊性与普遍性的双重互动世界当中，普遍性与特殊性的关系样态与我们的生存状态直接相关。特殊性与普遍性之间既是分裂的，又是融合的，这便是我们的存在境况。法、伦理及政治的生活要面临两者的关系问题，我们的整个生活也要面临这样的问题，这是存在论的基本问题，法哲学、伦理学和政治哲学都有存在论问题。人类的困惑是从普遍性与特殊性的矛盾中产生的，人类的幸福也无法脱离两者的关系。困惑的产生是普遍性与特殊性之间出现了张力，幸福的产生是两者的关系得到了恰当的解决。因此，人必然是一种困惑与幸福并在的存在，人的存在状态既充满了无奈的焦虑与挣扎，又充满了幸福的体验。这是问题的全面，问题从来都不是单一的。但我们不能把困惑与幸福理解为生活的两个极端，在人类的经验中两者持续地表现为一个过程。人类不能过于嚣张，嚣张的结果便是人自身的沦落。我们倡导一种中道的生活，对中道的理解要在存在论的意义上加以把握，只有在存在论角度理解了中道，才能更好地驾驭中道而使其成为一种方法。中道固然可以成为一种方法，但方法的前提是要有本体论的依托。中道便是普遍性与特殊性的中道，过度地抬高普遍性的结果是人自身存在感的丧失，缺乏了自我的特殊性而使得普遍性占据了绝对优势，而同样的道理则是过度放纵特殊性的结果意味着人自身缺乏了方向性指引，到处是黑暗中挣扎的呻吟。只有坚持普遍性与特殊性之间的中道原则，才可能引导人们解决其所面对的各种问题，其中包含了那种焦虑、无奈和挣扎的问题，而具体问题的解决自然更易于"上手"。中道是我们的存在方式，是我们获得超越而从容生活的适度状态。心平气和而从容面对，这既是个人当有的存在状态，也是人类需要的存在状态。我们在生存中学会与事物、他者相处，我们在经验中生成智慧，我们在实践智慧的导引下恰当地处理各种问题。

2

　　我们到底生活在一个怎样的世界呢？一个实践的世界，人在其中展开却总是要面对众多问题。实践的世界是充满复杂性的，它表现为一个不断流变的过程，各种各样的问题总是与人相伴。这是人的存在境况，是人的生存环境，我们时刻都无法逃离自身的处境。然而实践的复杂性和变动性并不意味着确定性的沦落，实践本身同时也存在着确定性。充满问题的复杂世界中为何还会有确定性，这是实践的现存状态，是实践本身的属性。那么，这种现象的背后有什么原因吗？原因自然在人，人本身就有一种确定性的追求。我们生活于其中的实践在其现象学上呈现了杂多性与统一性的双重属性，这是人的存在境况。这或许还可以从人的生活习性上加以理解，而惯习同样预示了普遍性价值，人类的大多数问题都是在惯习的普遍性运行中加以解决的。若是我们生活中的问题都需要法律的登场，那便一定是个糟糕的世界。惯习解决了人类的众多问题，但人们却往往视而不见，总是期待着法律的出席，这是一种本末倒置的态度。法律的普遍性总是有限的，超越了法律的有限性，便会给人类造成灾难。在问题的发生场域中，并不是只有一条解决途径，尊重生活本身的运行机制，是我们运用法律普遍性的前提基础。

　　人类所生存于其中的自然世界也是复杂性与统一性的共在。自然世界的确处在不断变化当中，风雨雷电、四季更迭、山川变迁，然而自然界的变化属性并不否定自然的统一性。尽管四季更迭，但绝非一日千里。尽管大雨瓢泼，但却不意味着洪水泛滥，即便有洪水泛滥的情境，但却并非绝对的普遍现象。即便发生了洪水滔天的现象，那也许不过是自然的需要，我们并没有全面认识自然的普遍性。出现了洪水，就需要治理，治理就是在尊重自然普遍性基础上社会普遍性的运用与统合。恒定性与确定性是常在的，却是多变性中的稳定性，自然界为人类的存在提供了一种变化与稳定相统一的生存依托。我们也会看到洪水泛滥、暴雪成灾，但人类多能控制这种灾难，从而获得良好的生活稳定性。这是一个自然的世界，而人类的世界同样要面临各种复杂性问题。人类世界也会有专属于人类本身的灾难，人类会有各种各样的战争，然而人类却是要在充满复杂性的问题世界中追求确定性，因此我们可以说人的实践同样呈现出一种复杂性和统一性、多变性和稳定性、灵活性与确定性的辩证关系。这又一次印证了辩证法原本就是人的实践的辩证法，而在辩证法的结构中深深地镶嵌了人的主体性烙印。尽管人本身同时也是复杂性的制作者，还是战争的发动者，然而在那些发动者的心灵中同样包含有对于确定性的追求。面向问题便是面向稳定性，从生活世界引发的普遍性必须能够解决生活世界本身的问题。

　　正是人类实践的存在状况，决定了特殊性与普遍性的共存。人生活在一个特殊性世界当中，具体世界随手可触，然而这具体世界中却处处体现了普遍性的渗透。当我们远眺一座山的时候，那具体世界的山本身就是一种普遍性呈现，山凝结了自然的普遍性价值。"山"是普遍性与特殊性的统一。当我们乘坐地铁的时候，我们既能感受到自然普遍性所给予人类的稳定性生活架构，同时也能让人体验到人类生活实践本身所具有的普遍性展现，自然的普遍性与人的主体普遍性是统一到一起的，两者在共同的人类实践中发挥着其固有的作用，为人自身展现了一个良好的世界。生活在特殊性世界的人们是惬意的，但也是焦虑的，各种问题层出不穷，这便自然地产生了对于普遍性的欲求。近代欧洲有一个"理论传说"，即社会契约论，表达了人类从自然状态进入社会国家状态的理论逻辑。这种理论所体现的便是从特殊性向着普遍性的追求，大抵也可以被理解为人类自身生存境况的理论表达。当然理论本身并不是真实的，它只不过是一个假定而已，但即便是假定的理论，它也同样显示了人类自身的生存状态。理论中既包含了现实，也包含了理想；既包含了特殊性，也包含了普遍性。人的自身存在表现为一种理论，思想的形成中凝结了人类自身的确定性追求。理论无非是人的自我表达而已。其中所包含的真理，只能是属于人本身的真理。它是存在论的，而非符合论的，尽管我们并不否定符合论的价值。普遍性与特殊性的关系问题不是一个符合论问题，而是一个存在论问题。

关于特殊性与普遍性的理解，我们过去坚持的是一种知识论的理解进路。这当然是有道理的，它表征着人类认知能力的提升。我们看到了各种各样的具体的"树"，但人类在开始的时候并不能给出一个关于"树"的普遍名称，只是人类思维能力达到一定水平之后才生成了对于"树"的普遍性把握，这样生成了关于"树"的普遍性概念。于是我们说，各种具体的"树"是特殊性，而同时还有一个关于"树"的普遍性概念。这固然是认识论的，但却是意义重大的，它意味着人类思维能力的普遍提升。生活固然重要，但生活已经不可能离开概念。概念阐发为原理，便成就了理论，而理论必须面向问题，并能够有效地解决人类所面对的各种疑难，否则理论便是抽象的知识，而没有任何现实性。现代思想的发展好像不大喜欢这种认识论的解读，但是我们要知道正是这种人类知识论上对世界的概念性把握为我们提供了一个语言的世界，否则我们何以思维？我们固然可以批判其所包含的本质主义思路，但人类何时又能离开本质论的思想成果？我们自身就是一种语言的存在，在我们的语言中蕴含了各种各样的本质主义话语，难道我们企图将这些话语完全消解？那只能是人类虚妄的表现。所有的语言我们都必须承受，本质主义的话语深刻地奠基在人类自身的需要当中，我们无可逃离。语言便是我们存在的方式，不可终结的本质论语言决定了我们无需抛开人类自身既往的思想成果。我们是在历史的延续中实现自我发展，而这种发展本身永远不可能偏离我们自身的存在境况。即令在现代社会也不能低估本质主义的话语体系，它同样是面向问题的，它的普遍性理念正是面对世界复杂性问题的焦虑而产生的对于稳定性的期待和追求。这难道不是面向问题的思想吗？看上去不是，但实际上是。我们的思想方式决定了我们看待问题的方式。若是不能站在对方视域中思考问题，不能站在生活立场考虑问题，便会产生众多的误解。

知识论领域的话语也不可能不对人类的实践产生影响和渗透，关于特殊性与普遍性的话语结构自然地趋向于实践论的立场，人类实践本身更是面临着特殊性与普遍性的关系问题。普遍性与特殊性的概念作为一种话语表达方式，体现了人类的生存状况，也反映了人类的理性能力。源始的普遍性与特殊性关系或许只是处在一种自在的状态，而在法、伦理及政治领域中两者的关系状态必然会呈现出自在自为的总体风格。当我们在法律世界中论及特殊性与普遍性的时候，那是个生活实践的问题，也是个人的存在问题。当我们在伦理生活的角度谈及特殊性与普遍性的时候，那同样是个存在论问题，也是一种好的伦理生活要处理的关键性问题。当我们在政治生活的角度谈论普遍性与特殊性的时候，那是一个关于良好的政治生活的实践论问题。我们的视角是鲜明的，这便是实践论视角。我们的思维方式是明确的，那是一种辩证法的思维立场。实践论的理解立场意味着我们要首先善于勘察，深入流动的人类生活中认真观察，不要总是未经勘察就用一种研究的立场把握对象世界，那便不可能真正地把握实践本身所蕴含的各种景观。掌握实践的图景，则"看"是根本的切入点。尽管很难克服先在的解释模式，但可以考虑一下现象学方法的运用。不同的人一定会有差异，我们不需要大惊小怪。我们就生活在这样一个纷繁复杂的世界中，我们要把这个世界看得清楚明白，不作观察的思考往往是主观论的。深陷主观论中的个体很难实现视角转换，其实固执的人总是很多的。

二、本体与中道

3

国家的产生是人类对于普遍性期待的结果，也是对特殊性自身有限性的超越，在这个意义上特殊性必须趋向于普遍性，否则便不能实现自身。国家权力可以在不同层面上创造普遍性，这在根本上的依托是特殊性世界。但国家一旦生成往往就具有摆脱特殊性限制的能力，其扩张性则显而易见，不过这种脱离特殊性的趋势会受到某些元素的限制。人们不可能生活在与国家无涉的特殊领域当中，现代国家拥有着强大的掌控能力，躲到山林中隐居的个体则只能够最大限度降低或减少国家普遍性的控御。法律世界固然被国家掌控，伦理世界同样被国家所渗透，政治世界自然是以国家为中心。现代国家是现代世界的核心，纵是留下了多样化的特殊性形态，特殊性形态表达的自由依然呈现出普遍性烙印。自由的问题只有在特殊性与普遍性的视域融合中才能彻底地加以理解，任何脱离一方而对另一方的理解都不可能真正把握自由的根本属性。

也许，自由的最初始属性是一种特殊性，但初始自由的实现却必须在普遍性的范围内才是可能的，在人类初始时期自然普遍性更多地掌控了人们的行为世界。没有谁能够脱离普遍性而获得完满的自由，这是国家的力量，是普遍性自身的表现方式。人权也存在这样的问题，人权在归根到底的意义上也可以被人们理解为特殊性，但人权特殊性的实现却正是普遍性力量作用的结果。久而久之，人权也好，自由也罢，实际上转化为了普遍性话语。但在它们转化为普遍性话语之后，人们恰恰遗忘了它们的特殊性，而它们的特殊性才是最为初始的存在。在人权的话语体系中，有人试图分割普遍性与特殊性的辩证关系，加剧两者之间的矛盾，然而这恰恰是不能理解人权辩证法的结果。人权同样是特殊性与普遍性的视域融合，人权具有法、伦理及政治的多重属性，而无论在哪一层关系系统中都具有特殊性与普遍性的辩证属性。若从生存论意义上加以理解,则人权同样具有历史的、实践的属性,它是在历史实践中展开自身,而达到了一定历史阶段后才生成了关于人权的话语结构。那透视人权话语奥秘的正是特殊性与普遍性的二元分析框架,这种人权分析架构本身便是一种明确的哲学视角。

人权原本是人的生活的问题,是人的生活的各种需求的话语表达,离开了人的生活便不能理解人权的结构。人权的特殊性根基是在生活世界当中,每个人都渴求着自身的利益。他们都有自然欲望与社会欲望以及精神欲望,他们有作为人的期待,他们充满了对人格的呼唤,这原本就是生活交往世界中的基本结构。这些需求看上去是一个从低到高的层次结构,但在实际运行中却又是彼此不可分割的。我们要吃饭,然而也会"宁可不吃饭",有志者"不食嗟来之食"。这种欲求的合理性在单纯的特殊世界中,若缺乏了普遍性的引导,便可能是无法实现的。缺失了普遍性的现实世界,看上去物欲横流,实际上会让欲求得不到普遍满足。单纯的特殊世界的分化是不可避免的现象,人类必须走向普遍性,否则便不能解决特殊世界中的问题。当某些人由于自身的天赋和能力的缘故,而不能吃饱饭的时候,他们对于吃饱饭有着强烈的欲求,那么这种欲求的满足便是人权的价值,它体现了人权的普遍性关怀,但这种人权普遍性的实现不能单纯依靠特殊世界自身获得满足。要么是在特殊世界自身中产生了一种特殊性机制,而这种特殊性机制具有普遍性价值,它承担了满足人们生活需要的任务;要么则是国家的普遍性介入,它构造了一种制度化机制完成对于人权的保障;要么会有国际化的普遍性导引,它会通过官方和民间的多重渠道满足人们的基本需求,然而它更多地具有一种象征性功能。

　　人权的根基固然是生活世界，生活世界自身也会自发地产生某种保护机制，但真正的对于人权问题的解决却必须依靠国家的普遍性力量。然而，有的人权却是针对普遍性的，但它的根基却还是在特殊性当中。说话的自由可以被理解为一种人权，它的根基在生活世界的特殊性当中，但这种特殊性恰恰是针对普遍性的特殊性，而针对普遍性的欲求便是要建构一种普遍性话语。人们期望有一种实现说话自由的普遍性话语机制。现代社会拥有说话自由的普遍性话语，一个人在私密空间中的话语是没有限制的，但一个人一旦进入公共世界，说话的自由必然会受到限制，这是一种自然而然的现象。这固然是普遍性力量的呈现，但同时也是一种普遍性保留，普遍性保留的根基恰恰是人类对于美好生活确定性和稳定性追求的结果。当然，历史实践并不总是如同我们想象的那样，它有着自身特殊的运行机理，稳定性也可能被打碎，但人们无法预测。我们生活在特殊世界中，我们欲求普遍性，我们生活在特殊性与普遍性的双重互动状态中。在特殊性与普遍性之间有时会存在某种张力，我们需要恰当地解决自身所面临的各种困惑和难题。我们看到，人权普遍性话语的设定并不是为了普遍性本身的光环，而是为了解决实际问题，其问题面向典型呈现了人权话语系统的实践理性。

　　任性是一种特殊性表现样态，普遍性架构会在某种程度上容忍任性，但不会"姑息"任性。有人把任性看作是一种自由，在纯然的特殊性世界中好像也无可厚非，但那只不过是理论上的无可厚非，而实际上的任性则无论在任何情境中都寸步难行。人们一旦进入普遍性世界，就会感受到任性的"自由"不是真正的自由，任性必须受到掌控，否则便有极大的危害性。有人把自由作任性化处理，这看上很贴近自由，但却是对自由精神的背离。真正的自由本身不可能是任性的，自由一旦进入普遍性世界就面临着普遍性话语的改造，我们所生成的自由话语自然也就具有了普遍属性。特殊性当中自然是蕴含了普遍性，这无论是从知识论上还是实践论上都可以作这样的理解和把握，但特殊性中的任性无论如何都不包含普遍性。任性必须受到普遍性的管控，才能够保障普遍性话语本身的合理性。普遍性话语是自身蕴含了特殊性的普遍性话语，毕竟普遍性的根基是特殊性，不过普遍性话语本身已经是普遍性，而不是特殊性，更不是任性。有人总是习惯于把任性当作个性，甚至认为自己代表某种强大的特殊性力量，但他们并不能真正理解特殊性与普遍性的实践关系，更不能把握两者之间的辩证关系。不认真地观察我们所面对的生活世界，便不能洞悉我们自身的普遍性话语结构的奥秘和本体论根基。不理解人类自身对普遍性的需求，也就不能理解和把握人类自身的特殊性境况。我们每个人都不是脱离于生活的超人，我们在实践中展开自身，我们在实践中超越自身。然而我们不可能摆脱普遍性对自身的把控，我们内在地需求普遍性的导引。这便是我们的生活方式，它是我们展开自己思维的思想前提。我们必须解决好特殊性与普遍性的关系问题，从存在的境遇出发是我们"好的考虑"的基点。

—————— 4 ——————

在关于普遍性与特殊性的关系问题上，切不可固执于一端，无论是过度地凸显特殊性，还是过度地强调普遍性，都是不利于对事物本身的把握的，也很难让我们对自身的生活世界采取一种合理的态度。很多人特别强调个性，无论是在法律生活中，还是伦理生活中，抑或是政治生活中，以为个性才是具有绝对性价值，是至高无上的存在，一切布局都必须以个性为前提，而不能用普遍性干预个性。这话听上去好像很合理，但其实这恰恰将"人本身"陷入自我的狭隘空间中而不能自拔。也有人特别强调普遍性，以为个性必须让位于基于共识的普遍性，个性沦陷在了普遍性当中，普遍性掌控了一切，甚至普遍性可以不考虑场景地操纵个性的命运。这其实是两个极端，是一种把特殊性与普遍性对立的思维方式。按照事物的本性来讲，特殊性的确具有基础性地位，而普遍性要以特殊性为前提，但普遍性的生成同样克服了特殊性中的任意性，而使得事物本身获得了自洽的合理性。在特殊性与普遍性之间并不存在任何对立化关系，它们之间是一种协调并进、相得益彰的实践关系。这样的表述，固然具有在法哲学和道德哲学上的重要意义，但更为根本的却具有一种政治哲学的意义，特殊性与普遍性的关系问题乃是任何伟大的政治行动所要认真处理和把握的重大问题。

　　这便会让我们想起中道的思想，它是在行动世界中生成的思想原理，是人类实践理性的黄金规律。中道在根本上不是知识论的，并不是在客观世界中存在着一个中道的真理等待我们去发现，发现之后再按照中道的原理去把握事物本身。中道本身就是实践论的，它是人们在行动过程中所生成的实践法则，它与人的生存活动息息相关，它可以被理解为人的生存活动的基本原理。在人类的实践活动中，人们要与各种事物和事件打交道，而在打交道过程中自然会遭遇各种问题，久而久之人们掌握了处理这些问题的实践智慧。中道并不是一种"老好人"的行事风格，它本身是有原则性的，因此我们可以说中道的运用是有"原则高度"的实践，它直接生成的事物形态呈现出一种合理性风貌。在人类的行动领域中，我们经常会遭遇某些双重性的关系领域，比如主观性与客观性、主体性与客体性、主动性与被动性、必然性与偶然性、感性与理性、多样性与统一性、复合性与单一性、特殊性与普遍性等，这并非是与人无关的客观世界的现象，而是人类行动领域的基本矛盾。面对这样的不同层面的实践关系域，中道的原理则坚持一种合理性的法则，不偏向任何一个维度，但又能够认识到在实践领域中哪个维度是根本的，哪个维度是更重要的，哪个维度要特别考虑，但这些考虑并没有一个固定不变的尺度，一切都要根据具体的场景作出判断。因此，作为实践论或生存论的中道，实际上是一种人类行动的智慧。

只有当我们既把握了行动的特殊性，又洞悉了行动的普遍性，才能在特定场景当中作出恰当的判断，进而采取合理化的行为举措。中道的原理意味着行动的恰当性，它是人类在实践中生成的智慧形态。那么，中道的原理是否意味着在特殊性与普遍性之间能够存在一个具体的把控标准呢？或许只有总体性原则，但却并无具体标准，不能随意地将中道原则具体化。我们知道在特殊性与普遍性之间，特殊性是基础性的，这算是一个基本原则，但它不是具体尺度，它只能作为我们思考问题的一个总体性方向。普遍性要以特殊性为基础，普遍性是引导性的，但如果在某个领域中生成的普遍性却导致了特殊性的巨大损害，那么该普遍性就具有了严重的问题，并因此也就匮乏了普遍性的范导价值。特殊性的极度扩张会滋生任意性，任意性的泛滥自然不可能真正地保有特殊性的良好价值，这就必须引出普遍性，普遍法则的创制在这个意义上就具备了自身的合理性根基。这同样需要恰当的判断，在特定情境下形成良好的行动方略。

中道当然具有总体性精神，它是对于两极模式的反对，在这个意义上它可以被理解为一种中介化思维，而中介化强调的是视域融合，中道正是两个方面的视域融合。当然，若是在我们的行动领域中面对多个方面，那中道自然就是多个方面的视域融合。人们的思维是很容易陷入极端化状态当中的，这是对人类实践行动的错误理解所导致的结果。无论是教条主义，还是形式主义，都是背离了人类行动的中道原则的一种表现方式。那是一种怎样的背离呢？是将普遍性极端化的背离模式。在人类的普遍性生成之后，普遍性好像就成为了某种话语体系，然而普遍性在生成之后是需要被运用的，即它要被运用到特殊性当中，去导引特殊性的发展方向。但是，普遍性对于特殊性的导引或者说普遍性在特殊性中的运用存在一个场域问题，如果忽略了这个具体场域，那么普遍性就会流于空泛而陷入作为知识的孤芳自赏当中，这便是普遍性陷入迷途的开端。普遍性一旦陷入纯粹的知识形态，就会逐步丧失解决特殊性问题的能力。普遍性会在错误的道路上愈演愈烈，深深地伤害了丰富多彩的生活世界，这样的普遍性缺失了引导特殊性发展的任何资格。在这个普遍性自我膨胀的过程中，产生了教条主义，滋长了形式主义，普遍性沦陷为主观性的奴隶，特殊性被任意地宰制，处处都是异化。教条主义是把普遍性看作永恒不变的真理，从不对普遍性提出任何质疑和反思，把普遍性奉若神明，却从不考虑普遍性存在的具体场域。形式主义把普遍性无数次地重复上演，却从不考虑行动的效果如何。如果说教条主义还有几分天真幼稚的可爱之处，那么形式主义则大抵算是老油条了。无论是教条主义还是形式主义，深陷其迷途的人多是一些不负责任的个体。

中道是对两极对立模式的反对，它既不站在普遍性上宰割特殊性，也不站在特殊性视角任意地反对普遍性，它将对问题的把握牢固地奠基事物的本性当中，从特定场景出发考虑解决问题的合理化方略。中道大抵算是一种"一而二"、"二而一"的思维方式，也就是说，按照中道的原理，并不是在普遍性与特殊性之外还存在一个作为"中"的第三者，而是强调了中道的协调气质。从来就没有孤立的第三条道路，第三条道路是前两条道路的彼此交融。中道作为一种实践理性的智慧，它意味着我们站在特定的场域中双手把握着普遍性与特殊性，为两者的融合寻找恰当的解决方略。我们总是站在"这个"地方或"那个"地方思考着各种问题，而问题往往存在不同方向，即普遍性方向和特殊性方向。站在单纯的普遍性角度把握问题，和站在纯粹的特殊性角度考虑问题，两种思考方式都会把思想的重心向着各自的方向用力。中道的立场是一种实践论立场，它是要把两极向中间拉动，使两者进入交融的状态。中道本身便具有问题面向，它是解决问题的大智慧。

然而中道立场的坚守并非每个人都能够做到，因此人们的实践活动会呈现出诸多差异性，乃至每个人所拥有的行动世界也会出现各种区别。中道不可能是无主体的操作，"大写"的中道只是给我们提供了一个原则性的引导，我们还需要在实践操作中呈现出中道的具体风采，那自然就需要"主体的在场"。孟子说"徒法不能以自行"，这便意味着实践主体的"在场"。荀子说"有治人，无治法"，同样是凸显了人的"在场性"。儒家都强调君子登场，因为中道并不是一般人都可以做到的，恐怕只有君子这样的人才能够做到中道。我们自然可以从此出发引出很多问题的思考，比如"人治"和"法治"的观点之争是有意义的吗？也许我们只是构造了某种概念，而概念的构造与我们的对立化思维密切相关。我们不习惯于发现事物之间的互变与融通，以对立化思维所导引的实践往往会出现行动的分裂，给人类的生活造成诸多困扰。在具体场域中对普遍性与特殊性之间融通关系的把握，自然是需要主体的智识判断，但绝非仅有智识就可以处理好两者的实践关系，它同时需要德性的在场，德性具有引导性，它可以摆脱各种利益的偏执从而使得人类实践在一条宽阔的大道上大踏步前进。这或许就是"君子中庸"的深刻思想意蕴，君子的概念中是包含了道德维度的。我们永远不能忘记：法、伦理及政治实践是"主体的实践"。当然，我们的生活本身也是一种实践。不同的主体，其生活所呈现的风貌是充满差异的，这个现象是对我们思考的诸多问题的佐证。其间义理之深刻，无须我们过度言说。

三、实践与方法

5

普遍性的生成自然不是为了完善某个封闭的知识系统，知识架构的目的是在行动当中实现自身，正如理论要实现自身是一样的道理，因此普遍性一旦生成就意味着实践的运用。人类各个领域中都有普遍性知识，知识生成本身就是实践的结果，它自然要返向实践。有些知识是有危害性的，它往往从外部立场对生活实践指手画脚，从而损伤实践的合理性。很多人认为纯粹的基础理论是为理论而理论的，这听上去好像正确，貌似宣扬了某种崇高的精神。然而这个判断只不过是个似是而非的断定，所有的理论只能是实践的，看那纯然的形而上学同样是实践的表达，它所具有的实践功能和意义往往不是我们所能预估的。真正的哲学是消融在实践当中的，从而在本质上便与实践是一回事。那么数学呢？难道数学不是纯粹知识吗？当然不是。其实数学只不过是对人类实践的把握，而其实践目的自然也是非常明显的，至于说数学是对客观世界的认识的判断或许本身就是有问题的。数学本身是主客观的融合，是实践的构造。只有把握它的实践性，才能更好地理解数学。其他各种普遍性知识的理解和把握也都要有一个实践的立场，这是个思维方式的问题，它可以引导我们对诸多问题的重新阐释。脱离实践去理解任何知识，都只能将实践引入歧途，徘徊迷茫便成为了人的存在状态。从迷茫中凯旋，必须拯救知识，归还它的实践本性。

　　普遍性法则更是这样的道理。如果我们只是单纯地为了构成普遍性法则，那将是一件没有任何意义的活动。然而总是有那么一些人，满足于制作普遍性规则，让人深陷"囹圄"却自以为"大功告成"。社会陷入"疲惫"和"焦虑"的状态，是要有人承担责任的，可我们却找不到承担责任的主体。普遍性法则必须是面向实践的，它导源于实践，而又面向实践。在人类的社会生活中，有许多种类的普遍性法则，它们只有在被运用中才能获得自身的生命力。

经常会听到不同学科领域都在倡导实践转向，这固然是正确的，但实践转向不能仅仅停留于话语当中，而是要真切关注其所属的领域的普遍性法则的运用问题，尤其是在法学领域中这个现象是十分重要的。其实我们已经进入了后立法时代，而后立法时代的任务便不再是集中创制法的普遍性规范，而是要充分勘察普遍性法则的运用。因此，解释学就会成为一个主导性的法学领域，认真思考法律解释学的诸多问题是法学实践转向的根本着眼点。当然，在过去人们也研究法律解释学，但往往是停留在知识论和方法论的路径上加以把握，这固然是有积极意义的，但远远不能体现时代精神对于实践所提要求的紧迫感。解释学在根本上并不是方法论，而是实践论，是实践本体论，是实践哲学。如果不能在实践论的意义上把握法律解释学的实践转向，就不可能真正理解我们生活于其中的生活世界的合理性表达，生活世界同样是解释学实践转向的一个重要勘察维度。

人类探究普遍性的目的不是为了单纯地构造一个自足的知识世界，而是为了能够解决人类自身所面临的各种问题，引导人类实践向着有"原则高度"的方向发展。"原则高度"的问题是"人"的问题。因此普遍性的生成不是为了自身的架构设计，而是为了现实流动着的生活实践的拓展和深化，而在这个过程中普遍性必须能够承担起解决人类自身所面对的各种问题的基本使命。普遍性是面对问题的，是面向实践的，这就自然决定了普遍性的实践运用才是我们所要把握的主导性问题。我们在诸多领域都有着自身的普遍性法则，而普遍性法则的实践运用就涉及这个基本问题。普遍性法则是要通过解释才能被运用的，那么解释到底是一种怎样的活动呢？

还是说解释只不过是一种理解知识的表达方式？传统解释学总是把解释从知识论上加以把握，具有明显的科学化倾向。它认为可以通过构造一套解释方法实现对普遍性法则的解释学运用，只要满足了方法的要求，人们就可以获得对事物本身的恰当理解和把握。于是我们看到了很多解释方法的创设，语法解释方法、逻辑解释方法、文义解释方法、目的解释方法等众多的方法，然而这些方法真的是有用的吗？我们并不打算否定这些方法的知识论价值。作为"马后炮"的知识论表达，这些方法是有存在必要的。然而在人们的解释学实践当中，这些方法是否有存在的必要呢？

这也许并不是一个是否有存在必要的问题，而是一个是否有用的问题。我们不必回避有用性问题，有用性不是一个贬义词，它内在地包含在实践当中。当一个人将普遍性法则运用于具体问题的时候，他其实并没有想到自己在使用什么方法。将一个法律规则运用到某个纠纷，在其解释过程中他会想到方法吗？当一个人将某个伦理法则用于分析某个道德现象的时候，他会考虑自己所使用的方法吗？当一个人用普遍的政治法则评价某种社会现象的时候，他是否会意识到自身所运用的方法呢？他的确在进行着各种各样的判断，因为当人们将普遍性与具体性相结合加以考察的时候，判断就会自然地发生，判断本就发生于普遍与具体之间，但人们并没有去考虑此情此景中所谓的方法问题，最起码不会意识到方法的运用，或者他压根就不知道有什么方法。这是一个整体性的判断与决策的过程，很多知识性要素都会发生作用。然而，对于绝大多数人而言，当他们在解决问题的时候是不会为自身设定方法的，尤其是对于那些娴熟的操作者而言更是如此。他们或许根本就是在进行一种

"无意识操作"，然而他们却恰当地解决了其所面对的具体问题。

　　看看古代社会的官员，他们会处理很多与法、伦理及政治相关的问题，但他们并没有关于方法的知识，不过他们依然能够很好地处理各种问题，甚至是疑难问题也能够被他们轻易地化解。在传统中国的民间社会具有良好的问题解决能力，生活中的问题往往涉及法与伦理等诸多方面，传统民间社会的权威人士往往能够凭借着自身的智慧恰当解决其所面对的纠纷和难题。普遍性法则对于民间权威而言是有效的，权威人士对于普遍性法则的运用是在经验当中逐步生成的技艺，并没有什么普遍的、可传授的方法可言。他们解决问题的方略有一个总体性的本体论依托，在经验世界的不断累积过程中人们养就了解决问题的各种能力，这种能力并不是通过学习方法获得的技术，而是在日积月累中磨练生成的技艺。也许，各个领域中的所谓专业化训练，未必就符合事物的本性，而只是有利于塑造一个个的"系统"而已。然而，他们真地就没有方法吗？或许不能作出这样的武断评论。或许是方法凝结在了经验当中，经验与方法得到了完满的统一，这个时候方法已经不是外在的知识，而是构成了人们的智慧形态，化为了人们身体和心灵习性的有机组成部分。方法不仅以本体论为前提，而且方法本身也被本体化了。

　　那么，方法到底是否有用呢？普遍性法则的运用是不需要进行方法学习的，看看人类的历史实践的发展流变，我们自然就能够明确这个问题。在人类漫长的发展过程中，没有什么人是在刻意习得了方法之后才去行动的。行动是本体性的，而非方法论的。但是，假设一个人系统而全面地学习了各种方法，并且已经将这些方法内化为思维的组成部分，在这种情况下，方法是有用的吗？当然是有用的。方法不可能不发挥其应有的作用，这样一个接受过全面系统方法论训练的人自然会在普遍性法则的运用过程中发挥方法的作用，但这个发生作用的过程并不是矫揉造作的，而是一个自然而然的过程，方法在这个意义上是有作用的。不是以知识化的形式发挥功能，而是以本体化的方式呈现自身。然而，这并不总是乐观的，因为方法训练的结果也有可能会导致某种方法运用的教条主义，因为在实际行动中方法并不总是能够真正地契合事物的本性，事物自身的本相或许根本就不适合这种或那种方法的运用，问题的解决不能指望方法的功能性展开。但这对不同的人依然是不同的，每个人掌控方法的能力都有差异，方法不应当是一个抽象的话语体系，它是在主体操作下发挥作用的，主体的存在状态在根本上决定了方法的命运，不同的人会有不同的实践，也会有充满差异性的解决问题的方式。人的思维发生作用的机理是极其复杂的，我们只能通过反思把握其中的部分元素及其运行特质，却并不能全面窥视到其内在的发生过程。在问题被解决之后，我们也许还停留在茫然的状态之中，但不管怎样问题本身已然解决。

普遍性法则的运用更多的还是一个经验的问题，但被理性遮蔽了思维的现代人却并不能很好地理解普遍性法则实践过程的经验建基。一个中国法官跑到其他国家会成为一个好法官吗？他掌握了大量的解释方法及相关联的各类方法，但这些方法对他在其他国家的法律操作而言是没有意义的，他不可能成为一名优秀的法官。解决问题的最终依赖是本体论的，而非方法论的，缺乏本体论的储备就不可能恰当地解决任何问题。一个在中国德高望重的老者，到其他国家也同样会受到尊重吗？他能恰当处理外国社会所发生的道德纠纷和伦理困惑吗？他能够合理地处理其他国家政治所面临的困惑和问题吗？当然不能，他或许连外国所发生的道德现象都无法理解，又如何能够作出恰当的判断，并运用普遍性法则加以良好的解决呢？他可能压根就不会理解外国社会的个体与中国社会的个体的差异性，自然不会理解两个国家的个体在对待道德及生活习性方面的区别。在这样的差异性下某个在中国德高望重的人到了外国，很难能够运用外国社会的普遍性法则解决其所面临的各种道德问题，其实对他而言做到恰当地理解异域的普遍性法则也是十分艰难的。在中国的政治官员能够很好地驾控中国自身的政治普遍性法则，但他到了外国可能根本无法适应其政治的运行机理，因为他没有当地社会的经验，缺乏在本体论生存状态下对当地社会的深切体悟。即便是大量的普遍性法则存在于那里，而且也拥有着众多的方法论知识，但他也不能懂得如何通过方法把控普遍性法则的运用。当然，这样的境况反过来也是一样的，一个外国人到中国的后果和中国人到外国的后果不会有什么大的差异，也许个别人会有例外，这个人一定是真正的天才，然而这样的概率是非常低的，低到了可以忽略的程度。

这就必然涉及经验论，经验乃是一种本体性的存在，外在于自身存在的经验只能叫作知识。我们只能做自身生活于其中的社会的普遍性法则的掌控者，至于方法或许是有存在意义的，但千万不要在任何层面上高估了方法论的价值，我们不能陷入本末倒置的思维陷阱当中。在世界范围内尽管充满着各种各样的共识，比如在科学技术领域中就有很多的"共识"，在这种领域中"共识"跨越了文化共同体的限制，一个中国的科学家到了国外会有同样的价值，一个国外的科学家到了中国也会有同样的价值。然而在我们的生活领域中，在我们的法、伦理及政治领域中却并不存在一个所谓的"同一性"，我们不可能消除两种不同的文化所造成的普遍性法则的差异，也不可能消除普遍性法则运用所呈现的不同特质。我们从出生开始就被抛入自己的文化共同体当中，我们在生存过程中日积月累了自身文化共同体的各种习性，各种习性的运行机理决定了普遍性法则的总体风貌，也决定了普遍性法则的运行方式。在各自的文化共同体中，我们不需要方法的训练，就自然地懂得普遍性法则的运用。我们了解我们自身的生存境况，我们了解自身的存在方式，我们知道自身的习性依托。在这样的生活中，我们没有恐惧，我们娴熟地驾驭着自身所依赖的普遍性法则，并能够恰当地用其解决各种疑难问题。在我们自己的经验习性中，一切都是自然而然的，我们自身的行动没有什么斧凿的痕迹。然而一旦我们踏入异域，心理的恐惧就会产生，生怕自己一不小心触犯了某个法则。于是我们变得小心谨慎，深思熟虑好像成为了我们思考问题的品格。当时间逐渐流淌，实践逐步展开，我们习得了生活的要义，于是我们便开始潇洒自如，行动也逐步迈开了大的步伐。当然，这是一个漫长的存在和洗练过程。遗忘了经验，便是遗忘了我们自身。我们生活在经验世界当中，我们在经验流动中确立自身，这是理解普遍性法则及其方法问题的本体论切入点，没有对"这个"问题的经验切入，就不可能真正理解普遍性的解释学运用，当然也就不可能真正理解和把握我们所掌握的各种知识的解释学转向，或者说实践转向，而解释学转向属于实践转向的范畴。

由此我们可以说，实践转向当中蕴含了经验的维度，解释学的运用本身要以经验为前提，沉湎于单纯的知识和方法的世界中不可能应对世界的千变万化，对动态不拘的世界把握需要经验的切入。任何知识和方法的运用，都不能离开主体性操作，也不能没有经验的培育。对于社会生活相关的各种知识而言，都有着与纯粹自然世界相关知识完全不同的属性，关于生活的知识的运用必须有着经验的本体论承载。关于法、伦理及政治的普遍性话语需要相关实践领域的经验积淀，才可能很好地理解那些话语本身，也才能更好地贯彻那些普遍性话语。当然，这并不意味着刻意避免理解的差异性。柏拉图曾经说过，年轻人不大适合研究政治，因为他们缺乏相关经验。当然，我们并不否认有天才的存在，然而天才并不具有普遍性，不能用天才的个别属性否定我们所讲的一般道理。道理不同于普遍知识，道理本身就是经验性的，它内在地属于人们的生活世界。不要忘记，我们是在与他者打交道的过程中存在的，这是一种自我存在的方式，是一种交往实践。而交往则是存在论的，在交往的过程中我们生成自身理解他者和社会的方式，没有交往实践就不可能有人的成熟，人正是在打交道的实践过程中不断经验"这个"世界，从而把握"这个"世界。我们对于法、伦理及政治的理解，不能离开这个与他者打交道的经验流变过程，我们关于三大领域的普遍性运用，自然也不可能离开经验本身的累积。不放弃生活中每一种打交道方式，正是我们的生活态度，我们不断地在交往实践中丰富自己的理解图式。由于我们对理性的过度强调，忽略了自身存在的根基。经验是我们存在的根基，建基从经验开始。

—————— 6 ——————

　　普遍性需要被运用到特殊性当中，尽管并不是所有的普遍性都会呈现出明确的实践意义，但在总体上普遍性话语中无疑包含了实践面向和问题意识。即便在某些抽象的普遍性话语中，我们依然能够看到明确的特殊性指向，在归根到底的意义上普遍性是以特殊性为目的的。普遍性在生成知识之后会有着某种自身独特的发展规律，这种属性往往使得特殊性被隐藏，甚至被忽略。尤其是偏离了特殊性的普遍性往往自行其是，在错误的道路上使自身日益沉沦。在那样的普遍性中我们看不到特殊性作为目的的普遍性追求，我们也感受不到普遍性所内在具有的实践意蕴。普遍性不能遗忘自身的使命，否则普遍性就失去了自身的存在意义，我们并不缺乏单纯的普遍性知识。我们自然可以把实践理解为普遍性与特殊性的交融，尤其是在人类关于法、伦理及政治的领域中，实践更是表现为普遍性与特殊性的视域融合。普遍性的生成是一定会发生的，而普遍性的实践转向同样也影响着普遍性的命运。我们不必徘徊，尽管也会犹豫，在对于普遍性追求之初已经预设了它向着特殊性的回归。这当然也是问题面向的表现。

　　大抵而言，我们创设的普遍性要具备解决特殊性的"能力"，而在通常情况下人们也能够用普遍性解决自身所面临的问题。如果普遍性无力解决问题而让世界更加错乱，那就是普遍性的失败。无论是法的实践领域，还是伦理的实践领域，抑或是政治的实践领域，都存在着诸多"简单问题"，"简单问题"具有自身被纳入普遍性的基本条件，在此普遍性与特殊性得到了总体性统一。正是由于"简单问题"的存在，我们关于三大领域中的问题才能够被纳入普遍性话语结构中获得顺畅的解决。在法的实践中，有许多简单纠纷，普遍性法则本身也明确清晰，简单纠纷可以很好地被纳入普遍性法则当中获得合理的解决。张三欠了李四五百块钱，欠债还钱的普遍性可以简单地处理这个纠纷，特殊性被纳入普遍性当中，普遍性彰显了自身的存在意义。类似的简单纠纷当然很多，普遍性法则充分显示了人类智识能力所具有的卓越意义。人类生活中的问题本身往往并不总是复杂的，使问题复杂化的往往是"人心"。"投机之心"会把一个简单案件诉讼到法院，"利益驱动"往往会遮蔽真相。原本简单的问题在复杂社会的语境中表现出了难以克服的悖论，人们在错误的道路上艰难地行走，回转头看却已是全面沉沦。无可奈何并且局促不安，却并不能有丝毫超越，而只是越陷越深。

而在伦理实践中当然也存在这种现象，人们在一般情况下都能够在遵循普遍性伦理法则的前提下解决自身行动中所出现的各种现象和问题。比如，帮助他人是一项普遍性法则，他遇到了一个需要帮助的人，于是他知道自己该怎么办。当然，这里存在一个道德能力的问题。如果一个人虽然有帮助别人的心灵，却无帮助别人的能力，那该如何评价其行为呢？还是道德的。当然他可以采取力所能及的帮助方式，他虽然不能帮助对方把坏的自行车修好，却可以帮助对方把自行车抬到马路边等待救援。当然，在特定的语境中，简单的道德化问题可能随时都有可能转化为一个疑难问题，这往往是一个单纯的普遍性法则所无法回答的，而必然需要掌控着实践理性，拥有着实践智慧的人来切实回答其所可能产生的道德难题。在政治实践领域中，当然也存在大量的简单问题。日常化的政治生活中太多的简单问题，都可以由关于政治实践理性的普遍性法则掌控解决，但对政治生活的疑难问题却需要反复考量，拿出一个合理的解决方略。要不要跨过鸭绿江赴朝作战？这并不是一个社会主义阵营国际援助的普遍法则就能解决的问题，它牵涉自身的实力问题，牵涉苏联是否会同时援助的问题，牵涉美军的强大问题，牵涉经济发展问题，牵涉美国人控制朝鲜之后会不会对中国不利的问题。在法、伦理及政治实践中，简单与复杂并存，普遍性发挥作用的方式自然就会存在差异。我们还需要认真分析其中的一些基础性问题，把思想引向深入。遗忘了问题，便是毁灭了思想。

即便是在运用普遍性处理简单问题的过程中，也未必总是令人满意，认同是个极为复杂的现象。就一般而言，普遍性往往能够包含对于简单问题的处理方案，这或许可以看作是普遍性的存在意义。这给人一种印象，特殊性被包含在了普遍性当中，普遍性掌控了特殊性。在既有的普遍性与特殊性的关系中，两者之间的确呈现出这样的基本关系，即普遍性包含了特殊性。只不过普遍性并不是包含了特殊性之全部，它只是包含了特殊性中的普遍性。但我们仍然不能将问题简单化，否则会忽略人类生活实践的复杂性，也不能很好地认识人类自身理性把控能力的有限性。即令是简单问题被包含在普遍性的处理方案当中，简单问题的处理结果依然未必是恰当的，也未必让人心服口服。古人在民事纠纷中总要附加某种惩罚，这样的普遍性对于具体问题的解决，在现代人看来是有问题的。古人对具体伦理问题的解决总是包含了浓厚的等级化色彩，也就是说普遍性中镶嵌了等级化烙印，这在现代人看来是有问题的。因此，关于普遍性对具体问题的解决方略总是有争议的，它会随着历史实践的变迁而发生变化，尽管那些要解决的问题是简单明了的。问题之所以复杂在于很多现象难以作出解释，即便作出了解释，也未必是合理的解释。复杂性原理的特征在于，很多现象人类无从认知，力图认知的结果便是构造出虚假的知识。

而即便是在同一个时代，人们的普遍性设定依然是有争议的。根据某个普遍性法则，一个杀人的具体案件中凶手被处以极刑，然而总会有不少人反对这样的普遍性运用。这种争议总会存在，对于普遍性法则是否囊括了具体性问题，人们或许并没有争议。但人们却对普遍性前提存在争端，无论是普遍性的前提还是普遍性本身必须是能够商讨的，任性地颁布普遍性，其危害将无穷无尽。当然也不是不存在没有争端的普遍性，但那往往是抽象性程度较高的普遍性。抽象的话语往往充满了"正确性"，但却空洞无物。不过这样马上就会出现另外的问题，抽象程度高的普遍性往往会在其向着具体问题运用的过程中，存在更多的争议，这自然就涉及解释学问题，牵涉合理性的论证问题。不过我们不要对论证抱有太高的确信，论证有时候也是一种迷惑人的手段，顺着论证主体的思路也难免会被其绑架。很多问题的解决未必就需要论证，直觉的认同往往具有本体论价值。但我们还是要警惕抽象的普遍性话语，它不是思想，而是思想的负担。思想总是具体的。我们并不是生活在一个完美的世界，用一种完美化的处理问题的方式对待我们的世界，会增添自身的烦恼。不要以为这不是"存在"的特征，这恰恰是"存在"的基本属性，我们只不过是对完美抱有一种期待而已。但不要把完美当作现实，在法、伦理及政治的历史实践中我们不可能消除困惑。投身于其中，让我们去存在，学会担当才是根本性的。

—— 7 ——

关于普遍性与特殊性的关系，我们当然可以说出某些一般性的哲学表达，比如既联系又区别、对立统一等，诸如此类。这样的表达自然不能说有问题，但却往往不能帮助我们洞悉在实践过程中两者的复杂关系。世界上存在某种普遍性的"事物"吗？当然不存在。普遍性不是"事物"，但它又的确在人们的生活中发挥着巨大作用，它是生存论意义上的"存在"。普遍性是人类思想探求的智识性成果，是人类历史实践不断生成的行动法则，而不是一个个具体的"实体"。如果把普遍性当作"实体"，那就一定是"观念论"，是"唯心论"，而我们所持有的正确立场应该是"实践论"。在实践论的视域下，普遍性是人类的思想成果，是人类的生存论法则，是人类在历史实践中把握事物的一种思想方式。我们当然可以说普遍性是一种理念，但这种理念不是"观念论"的理念，更不是"实体"的存在。世界上具体存在着的东西只能是个别物，而不可能是普遍性存在物，因此在这个意义上作为外部世界之本体的只能是"个别"，而不可能是"一般"。我们日常所见的其实都是个别，"一般"是人类智性探寻的结果，需要通过"省思"才能体察到普遍性的存在。当然，个别当中包含了一般，但这依然是人类介入的结果，没有人类的存在便不可能存在一般和个别的关系问题。只要有"一般性"思考，就与人类自身的行动是不可分割的。

从人类自身实践的角度加以考量，普遍性与特殊性、一般与个别在人类的生活中则是内在统一，彼此融通的。当我们看到一幢楼房的时候，我们说那是一幢楼，此处的"楼"自然就是普遍性、一般性，而"一幢楼"则是具体性、特殊性。但这里的"一幢楼"

和"楼"本身是统一到一起的，世界上并没有一个普遍性的"楼"存在，普遍性的"楼"是蕴含在具体的"各种楼"之中的，它只是思想中的"存在"，是人类生存论意义上的"存在"。人类关于普遍性与特殊性关系问题的探求和反思大概是从理论哲学和实践哲学的不同角度展开，苏格拉底和柏拉图的探究方式属于理论哲学，而亚里士多德探究的则是实践哲学中的普遍性与特殊性的关系问题，他的《尼各马可伦理学》最为典型地呈现了这一卓越的思想方式。但更多的人们还是习惯于从理论哲学上理解"一般"和"个别"的关系问题。"一幢楼"是由人建造的，而人们在建造"一幢楼"的时候，其所根据的恰恰是某种设计的普遍性，但即便是在设计的普遍性中也包含了设计的具体性，"一幢楼"只能是普遍与具体的结合，它是人类实践自由自觉的创造性产物。实践是内在地包含了开拓创新的属性，但必须有实践理性的"善"牵引着人们的行动，否则便可能在拓新中沉沦。有时候我们看到"一幢楼"不像"楼"，感觉它是"塔"，"楼"中具有了"塔"的属性，于是就产生了"塔楼"，然而"塔楼"还是"楼"，只不过具有了某种"塔"的个性。我们也可以把"塔楼"理解为一种普遍性，凡是具有"塔"的属性的具体的"楼"，便都可以被称之为"塔楼"。人类实践是主观性与客观性的统一，在此前提下才能更好地理解普遍性与特殊性的统一。这并不意味着普遍性单纯地与主观性相对应，普遍性本身也是具有客观性的；这也不意味着特殊性是与客观性相对应，特殊性中同样具有主观性，人类实践中的特殊性本身就是主观性与客观性的统一。不理解实践，便不能理解普遍性与特殊性的辩证统一关系，当然也不可能理解主观性与客观性的统一。人类实践是极其复杂的，我们需要沉入其中体验和勘察普遍性与特殊性的关系。任何知识论的把握都可能让人们迷失自身的存在方向。

古代有个逻辑学家，叫公孙龙，他提出了一个著名的命题，即"白马非马"。关于这个命题曾经受到了很多人的批评，并且给添加了诸多类似于"主观论"的标签。在我们的常识世界中，"白马非马"的命题的确是有问题的，日常生活中的人们不必要把问题想象得高深玄妙。我们看到了路边有一匹白马正在吃草，于是我们很自然地回答说，那匹马正在吃草。这个话语结构中自然包含了关于"白马即马"的判断，没有人认为这样表达一个事实是错误的。然而，难道是公孙龙错了吗？我们不必从概念逻辑上加以考察。而单纯地从一般和个别的关系上加以把握，便会发现公孙龙的命题具有重要的思想变革作用，即令是对于我们今天理解普遍性与特殊性的关系也是极其关键的。就白马和马的关系而言，作为普遍性的马可以包含白马当中马的属性，但却不能包含白马当中白的属性，也就是说个别事物当中的个性是不可能被囊括在一般性当中的。我们完全可以超越逻辑学的把握方式而进入实践论当中对其加以把握，则实践论上的普遍性与特殊性也就更易于掌控。

这就如同橡树和树的关系，树可以包括橡树中树的普遍性特质，却不能包含橡树中的个性。人类的普遍性法则并不能囊括具体对象中的所有个性，这是"白马非马"的义理。这便是普遍性的有限性，尤其是在人类实践领域中更应该认真对待这个问题。在人类的法、伦理及政治领域中所牵涉的普遍性与特殊性的关系问题，也必须充分认识到两者之间的复杂关系，不要以为普遍性可以毫无例外地囊括特殊性，让普遍性完全掌控特殊性的发展，而是要深刻地意识到特殊性自身所具有的丰富多彩的个性化元素，这是认真对待特殊性的理由和根据。每个具体问题都是一种特殊性，它能否被普遍性恰当地加以解决，这并不是一个知识论的问题，而是一个实践论的问题。而实践论的法则告诉我们每一个具体问题在运用普遍性加以解决或操控的时候，都要审慎对待。不要以为拥有了普遍性就拥有了真理，真理不可能单纯地存在于普遍性当中，而只能是存在于普遍性与特殊性之间。在实践论的视域下真理是不断生成的，而这个生成的过程不可能离开普遍性与特殊性的融合，否则就不可能有所谓的真理。真理不是某种普遍性的悬设，只有在与特殊性的视域融合中才可能真正地推进真理的发展。真理怎么可能不与个别事物打交道呢？

真理是在普遍性解决特殊性问题的过程中生成的，单纯的普遍性和单纯的特殊性都不可能是真理。真理意味着视域融合。特殊性不能陷入自身利益的沼泽，而是需要不断超越自身的狭隘性，在通往普遍性的道路上克服自身的局限性，才能使自身与真理结缘。普遍性不能钻到一个抽象的世界"孤芳自赏"，而必须沉入特殊性当中，用特殊性的"朴实"和"材质"丰富自身的内容和规定性，才可能提升自身的真理性。真理是在普遍性向着特殊性的自我丰富性以及特殊性向着普遍性的自我超越性当中得以实现的，单纯的普遍性法则并不当然地代表着真理，单纯的特殊性杂多也并不天然地意味着真理，只有在普遍性与特殊性的彼此融合中才可能生成真理。真理永远都不是某一种既定的智识性成果，无论何时何地都不能把一个固定的普遍性当作真理推广至"五湖四海"，"五湖四海"的特殊性同样构成了真理的环节。在普遍性与特殊性之间，对于问题的恰当解决本身就是真理，这种真理是生成性的。无论是在法的实践中，还是伦理的实践中，抑或是政治的实践中，真理都是处在不断丰富和发展的过程当中，在人类的生活世界中从来就没有绝对的普遍真理，也没有一个叫作真理的"固定物"或"理念"。人类不能有丝毫懈怠，在真理的道路上只有用心追求才能够有所收获。我们不可能把过去生成的某种知识当作以后的真理，这是一种基于实践立场的真理观，它在根本上构成了对于任何领域中教条主义的拒斥。真理仰赖于过去，生成于现在，同时也面向未来，真理是过去、现在和未来在"当下"的汇聚，"当下性"是真理存在的境况。真理在我们的生活中不断拓展，我们的生活随着真理的发展而不断获得自身的丰富性。不管真理如何丰富自身的规定性，真理永远都是我们作为"人"的真理，而我们的双脚则永远站立在大地之上。

四、境遇辩证法

—— 8 ——

在法律世界中需要特别注意普遍性与特殊性的关系。一个具体纠纷属于生活世界本身的问题，它代表了一种特殊性，而关于法的规范世界则属于普遍性的范畴，它意味着一种统摄性。人们生成普遍性规则的目的具有明确的实用指向，而不是为了规则而设计规则，其目的只能是现实性的，在附带的意义上才产生了规则之美的问题。普遍性与特殊性是法律世界中的基本关系，但我们这样解释意味着一种立场的转换。我们不是在一种单纯的规范意义上解读基本问题，而是在法律实践的意义上理解和把握基本问题。如果我们从单纯规范的角度加以理解，那么很显然我们所得出的结论是权利与义务的基本关系问题，即权利与义务的关系问题构成了法学的基本问题。我们当然不能说权利与义务的关系是与法律实践没有关系的，但它在本质规定性上是普遍性法则内部的关系，而其最大的难题是自身在遭遇特殊性的时候能否涵盖特殊性，从而解决特殊性的各种疑难问题。在一般情况下普遍性是能够解决特殊性问题的，但那往往只是局限在简单案件当中。所谓的简单案件无非就是事实清楚且规范明确，然而生活总是充满复杂性的，复杂世界中很难呈现出单一的规范化特征，在此情境下人们的智识就必须发生转向，从而进入对普遍性与特殊性关系问题的探究，去解决特殊性世界中的各种疑难纠纷。

在特殊性生成普遍性的过程中，人们所面对的是实践的问题，是在实践中如何从具体性上升为一般性的问题。在法律世界中，这个问题是基础性的，人们必须完成从特殊性向着普遍性的提升，这是人类实践活动所固有的属性。人类的习俗中已经包含了普遍性，习俗中的普遍性是生活世界中的特殊性向着普遍性的自然生成，因此我们可以说生活世界本身就包含了某种构造普遍性的冲动。这便是为什么要认真对待习惯的重要缘由。在生活世界中特殊性生成普遍性，这并不是人类刻意的雕琢，而是来自生活本身的内在期待。正是由于生活本身对于普遍性的需求，特殊性才能够具有转化为普遍性的基本前提。而法律世界中的普遍性生成则具有人类有意识创制的属性，人作为创造性的主体总要做一些积极有为的工作，法律普遍性的创制正是人的能动性的体现。特殊性向着普遍性生成的人类内在属性是我们思考诸多问题的出发点，这意味着我们不能让普遍性脱离特殊性。在人类生成的普遍性当中它的根基永远都存在于特殊性当中，特殊性本身也蕴含了解决问题的独有机制。这对理解法律普遍性是极有教益的，这预示着法律普遍性的根基不仅要站在特殊性的基点上，还要植根于人们的习俗世界。习俗世界的普遍性实现了与特殊性的内在融通，在习俗世界中普遍性与特殊性是一种"中庸不二"的基本关系，它从没有在实践上被分开过。我们之所以能够在唐律中感受到充分的合理性，在现象上理解可以说是普遍性本身所具有的合理性的缘故，而在根本上则是这种合理性的根基问题，即普遍性保持了与古代世界的特殊性习俗结构的高度契合性，这是我们要认真对待的问题。这当然依然是实践论的理论拓展。尽管我们并不否认规范论的普遍主义立场中所包含的合理性，但普遍主义是实践论向着某一个方向的重点发展，而实践论则强调的是普遍性与特殊性的视域融合，这才是我们思考问题和行动实践的基本立场。包含了合理性的普遍性自然是面向问题的，而由于合理性的建基使得普遍性在对问题的解决中能够表现出恰当性的风貌。

人类在生成普遍性法则的过程中凝结了某些理念，法律规范作为普遍性自然也包含了价值理念，价值理念在生成之后往往会被抽象化，甚至会成为某种教条，这就有可能加剧法律规范本身的教条化。当然，静态的普遍法则无所谓教条化与否，教条化是发生在普遍性面向问题的"当下"，但它抛弃了"当下"的"当下性"。有时候我们会发现，很多人生活在某种价值理念当中，最起码口口声声所表达的都是那些价值理念，当然多数人采取的都是一种外部思考的立场。价值理念要与人自身的行动相统一，那才是哲学，才是哲学的实现。但无论如何法律的普遍法则是要面向实践的，面向实践自然就是面向问题本身，问题总是实践中的问题。如果普遍法则能够很好地解决其所面对的具体问题，那自然是再好不过的事情，但很多时候普遍的法律规范却并不能解决人类所面对的各种问题。也就是说，在这种情况下，F 并没有被包含在 R 当中，然而人类必须解决这种未包含的现象，于是法律规范之外的诸多元素就会发挥作用，从而能够按照某种合理性的观念解决人类所面对的普遍性未包含的各种问题。当然，解决未曾预先设定普遍性的问题的处理方式看上去是从法律的普遍法则之外找到了某些元素，然而那些元素往往依然是普遍性的，是人类在漫长的实践中所生成的合理性。诉诸具有千年传统的伦理道德，求助于某种公共理念，向着某种习俗世界中的习惯求救，所有这些都不可能离开普遍性，这样的普遍性已经内化为特殊性的一个组成部分。在实践论的立场看来普遍性与特殊性在法律、政治及制作性伦理之外早就已经实现了视域融合，那里没有冲突，没有对抗。然而，问题的关键在于我们如何发现那些法律普遍性规则之外的普遍性。并不是所有人都能够做到对于法律之外普遍性的发现和把握，面对同样的疑难问题，不同的人所能达到的目的和效果是存在明显差异性的。人的问题从来都不能被我们忽略，而在实践的立场上也从来都不会遗忘人本身的立场，而人本身的立场是与实践论的立场完全统一的。在实践论的视域下人自然地被包含在了实践当中，只有人才是实践的主体，实践只能是"人的在场"的实践。抛开了人的立场，人类实践就会变得空洞，甚至还有可能导致教条主义，至于浪漫主义和理想主义则更有可能控制人们的生活世界与观念世界。认真对待人本身，是实践论的内在环节。

普遍性已经构成了人类实践活动的内在环节，没有谁能够逃离普遍性的规训。法律世界的普遍性当然是有限的，或许时代已经发生变化，既有的法律普遍性已经不能跟上时代的潮流，这便是法律所具有的滞后性。然而，问题总是要解决的，因此我们才会求助于别样的普遍性法则。可我们如何发现公共理念呢？并不是所有的公共理念都以某种书本化的形式书写在历史发展中的某个场域，人类总是要面对新情况、新问题，我们必须能够很迅速地作出判断，解决问题本身的归属问题，尽管它并不归属于法律本身。公共安全利益当然属于某种公共理念，但它怎么就成为了一条普遍律令了呢？它为什么就能够被法律所运用，而使其构成法律自身的环节？人格也会成为普遍性法则，它同样会给焦虑的法官带来惊喜。特殊性本身是问题，也是解决问题的立场，站在特殊性的角度思考如何解决问题才是正确的表达。从特殊性立场出发，我们可能否定普遍性法律规则的有效性，但却无法否定所有的普遍性法则的有效性。人作为人的尊严、普遍性的正义情感、某种宗教的惯习禁忌、自由主义或社群主义的某种普遍理念等，所有这些都可能成为法官裁判活动的普遍性依赖。法律的普遍性往往是明确的，而其他领域的普遍性法则具有某种隐晦的属性，并不是所有为人们所认同的普遍法则都可能"登场演出"，解决法官所面对的各种疑难纠纷。选择怎样的普遍性法则往往是具有偶然性的，我们当然能说世界上存在着共通的普遍性，但人们的选择却具有重要的差异性。实践论的视角不是一种单一化的简单化处理模式，而是坚持一种复杂性的立场，实践是多元化的视域融合，这个融合过程异常复杂，其复杂性并不是我们都能够加以认知和把握的，许多事物的内在机制和运行原理都是以一种隐秘的方式在发挥作用，因此坚持实践论视角就意味着要认真对待实践活动本身的复杂性。而法律实践同样充满着复杂性，那种企图运用普遍性法则简单明晰地解决特殊性问题的想法是难以在根本上获得成功的。

　　然而实践本身固然复杂，但却拥有一种能动性力量，实践在总体上是充满创造性的，既包括自发的创造性，也包括自由自觉的创造性。基层法院的法官的实践往往充满了自发的创造性，他们对于民间社会有着深切的把握和体验，他们懂得该以怎样的方式处理其所面对的简单和复杂问题，这种处理问题的方式对民间社会而言具有内生性价值，这是任何外在于民间社会的法官所难以做到的。这当然是一种创造性，它是自发的创造性，其所具有的自然而然的品格避免了人类行动的矫揉造作。而城市里的法官由于更多接受了各种专业和理论的训练，往往会表现出自由自觉的创造性，其中有的法官很好地处理了疑难问题，但也有部分法官却陷入思维的困境当中。自由自觉的创造性是需要智慧登场的，法作为实践智慧的立场在这里是极其明显的，这是与实践论的视角内在统一的。当然，自由自觉的创造性则必须在普遍性与特殊性之间实现良好的视域融合，否则单纯地停留在普遍性的范畴之内，而缺乏对特殊性的洞见，则往往会陷入教条主义的泥潭当中。专业化和理论化的结果未必一定产生创造性，恰恰可能出现与创造性背道而驰的现象。法律实践的运行机制，尤其是在普遍性与特殊性之间的运行逻辑从来都不会按照人们的既定预想实现自身的发展，法官必须面对各种杂多作出自己的判断，对问题本身给出深思熟虑的考量，获得符合事物本身属性的合理性结果。

如果普遍性能够囊括具体问题的复杂性，那么所有的裁判结果都应该是正确的，其前提当然是普遍性本身的正确性。但是司法运行的结果有标准答案吗？如果出现标准答案，则不仅意味着存在正确性的结论，而且结论本身也应该是唯一的。但在实际上这是不可能的，即便在某些简单案件中也难以做到结论的唯一性。法官的判断发生于普遍性与特殊性之间，每个法官对案件本身的权衡都是存在差异的。即便是存在着共识，也难以在未经沟通的情况下作出答案的唯一性判决。而不同法院的法官面对相同或类似的案件，是不可能沟通的，即便是同一个法院的法官也未必就会真地进行有效的沟通，也许沟通本身在法律上也需要斟酌，尽管在这个问题上我们并没有明确的普遍性要求。我们是否要对法官会议制度进行反思呢？正如对审委会的反思一样。我们根本无法保障结论的唯一性。不能把想当然的"期望"当作"现实"。我们每个人对冷热的感受及判断是存在差异的，而对复杂的案件判断的差异性就更为突出，没有人能够保障出现统一性的判断结论。作为特殊性的案件本身充满了复杂性，当人们将判断作用于其上的时候，其复杂性就更为突出，而在普遍性法则与特殊性案件对接融合的过程中复杂性还会升级，这其中或许存在着我们根本就无法认识清楚的元素和关系。在对这个过程的反思中，不仅涉及对案件复杂性的把握，还涉及对判断本身的认知与反思，同时还有融合机制的疑难性，面对这样的杂多局面，我们怎么可能超越自身存在的有限性，而将整个认识判断权衡过程一览无余地呈现在人们的面前，从而对所有的类似案件作出统一性裁判呢？或许我们会想到判例法，这固然具有形式上的道理。但一旦涉及内容性判断，问题便会变得复杂，想象中的统一性就会大打折扣。认识到自身的有限性，我们就不会过于狂妄，也易于用一种谦抑的精神对待我们所面对的各种样态的法律生活。

在法律世界中解决普遍性与特殊性的关系问题，使两者实现辩证融通，从而谋划出一条合理性发展的宽阔大道。这听上去是很简单的，好像人们都可以说出这样的话语，但在实际的运行中却是很难做到的。这好像是在"知"和"行"之间划出了一个界限，"知易行难"似乎是人类实践的基本难题和困惑。而如果我们所真切把握到的"知"并不是透彻地把握了事物本身的"知"，那我们的"行"就变得更加困难。我们的"知"往往会形成一些判断，而这些判断未必是恰当的，也未必是全面的，但人们依然要运用这些已经生成的判断去行动，而行动就会生成结果，其结果未必是和既有的"知"的判断相互印证的，也许会出现一种与最初的判断完全不同的结果。人类行动的过程同样是受到了多种元素的制约，并没有一个所谓纯粹正确的行动逻辑，实践的逻辑同样充满了复杂性。我们划定的只能是大致的逻辑图式，却未必能作出细化的正确判断。我们只能对实践的逻辑作出一个基本判断，对其结果有个总体性把握。无论是我们在怎样的意义上生成的知识世界，都可能是有残缺的。这样考虑问题的时候，我们好像有不可知论的嫌疑，然而谁又能真正把握不可知论的意义呢？正是不可知论的谦抑性品格，让我们能够更好地认识和把握自身的认知能力和实践能力，从而才可能对人类自身所面对的世界有一个更为合理的把握。

　　在对法律普遍性与特殊性之间关系的把握中，我们坚持一种人类自身的有限性立场，这个立场体现了某种复杂性的世界观原理。这种对于复杂性的审慎态度并不意味着人类信念的消极性，它只是人对自身清醒认识的体现。正是在人类面对众多复杂性问题的时候，其所具有的创造性才能够得到有效的呈现。如果人们整天面对的都是简单事物，那他们就不可能培养出优良的创造性品质。正是在与复杂性沟通交往的过程中，人才提升了自身的卓越品质，实现了对自身所面对世界的创造性呈现。在我们尚未真正面对复杂性纠纷的时候，我们只是停留在单纯的普遍世界当中想象着特殊性而进行各种各样的判断，然而一旦我们实际地面对复杂世界，特殊性往往不会如同我们想象的那样呈现，偶然性会自然地涌现，这恰恰是对我们的智识性考验。然而这同样是一种运气，人们必须解决其所面对的复杂问题，他不可能逃离。人的运气在于人一定要投入生活当中，运气是在生活中与人相遇的。在这种特定的情境下，在多要素的沟通与融合及博弈当中我们的能力获得了重要的提升，我们培养了处理复杂问题的能力。在复杂世界被重塑之后，人自身也获得了重新构造，超越性似乎本就是实践的本性。面对复杂问题的视域融合既是对普遍性的超越，也是对特殊性的重塑，其所生成的新世界既不是单纯的主观性构造的结果，也不是客观性自然的生成，而是主客观统一的实践塑造。我们同样不要以为实践的流动是某种必然性作用的结果，我们必须认真对待偶然性，偶然性是人类实践中的重要形塑力量。面对必然性我们或许会感到无奈，而偶然性恰恰给我们提供了良好的发展契机，它是人类实践实现自我超越的动力。

—— 9 ——

　　如果说法律世界的普遍规范具有更多的人为性，那么伦理世界的普遍法则往往具有更多的自然属性。道德是不应该被制造的，它是生成性的，不过在事实上总有人在制造道德。无论是人着意构造的普遍法则，还是人类自身在延续发展中自然生成的普遍法则，其实都是有限的存在。一旦我们遭遇具体问题，而需要运用普遍法则加以解决的时候，我们就能感受到普遍性法则难以避免的窘迫。问题总是"场域化"的，而普遍法则往往期待着通用性。通用的普遍法则舍弃了自身的杂多与偶然，而一旦遭遇具体问题，就显得捉襟见肘、力不从心。这个时候实践智慧便自然地显示了自身卓越的价值。这种既包含了理智美德也包含了德性美德的智慧形态在应对复杂问题和疑难问题上可以"直面而上"、"奋力而战"，在解决问题的过程中又提升自身的力量。问题总是要解决的，但解决问题的策略不是单纯的普遍性构造，而是在特定场景中各种要素的综合性登场，在多元化视域融合中构造一个新的答案，这个答案不是应付的结果，而是要展现自身的合理性意义。这个过程当然是充满智识化的劳作过程，多方面的操心总是不可避免，思绪的操持总会迎来"柳暗花明"。每个人都能将普遍法则诵读得"朗朗上口"，然而这并不是真知，所谓真知是一定要能够在行动当中有效地解决其所面对的各种问题。但问题的解决并非一蹴而就，普遍法则的运用也不是立竿见影，它要与其他各要素沟通博弈，在多重游戏中选择最佳方案。伦理世界的普遍法则本身也是易于掌控的。由于其与人们内在生活的契合性，伦理法则的理解自然也不成问题。但伦理法则的运用却总是遭遇各种难题，这可以被看作是伦理的难题，难题总是在普遍与特殊出现紧张关系的时候才会呈现。而在一般情况下人们并不会感觉到艰难，于是就有了境遇伦理学的说法。人们自然懂得孝顺的道理，而道理就是知行合一。心中的亲敬，行动的供养与顺从，这自然就是孝顺了。但若是孝顺的伦理与具体场景下其他的普遍性法则发生了冲突呢？这才是真正值得我们认真思考的问题，普遍性与特殊性的视域融合是伦理学的真功夫。

这里存在一个不同价值的比较权衡问题。按照传统中国的伦理法则"父母打儿子"是合理的，并不会受到各种舆论声音的谴责，儿子接受父母的"手脚训练"当属孝顺的伦理法则，这样的解释大体上是成立的。但如果父母的责罚超过了必要的边界呢？比如父母用"铁锹"教训儿子，那么做儿子的还要继续承受这种责罚吗？如果父母在用"铁锹"进行训诫过程中没有把握好，而将儿子打成了重伤，这又如何解释呢？在儿子看到父母拿起"铁锹"的时候，他是否应该逃跑或者反抗呢？反抗自然是背离了儒家伦理的普遍法则，这个选择是不被合理性确认的。但如果是逃跑呢？逃离是合理的，否则做儿子的就会使父母犯下重错。毕竟我们的传统社会中还有"身体发肤，受之父母"的伦理法则，同时也有"不孝有三，无后为大"的伦理戒条，如果违背了这两个法则，自然也属于不孝的范畴。因此在儿子看到父母拿起"铁锹"的刹那，是一定要逃跑的。而这种逃跑的行为不仅没有背离儒家的伦理法则，反而是在一个更高的价值层面上维护了儒家伦理的普遍性法则。这是情境化的选择，在此需要认真考量，反复斟酌，切不可犯下大错。如果任由父母用"铁锹"殴打，反而是大大的不孝顺。当然，如果父母只是用草绳编织的"笤帚疙瘩"教训儿子，那么做儿子的就不能逃离，否则也可以说是不孝顺。"孝"是一定要和"顺"连到一起的,"顺从"本身就是一种美德,但"顺从"又不是毫无原则的,而是要看具体情境,然后作出决断。如果只是空洞地掌握了大量的伦理法则,却不知道在具体场域中如何运用,那往往就会成为伦理教条主义者,甚至还会滋生伪善的道德。我们必须作出"决断",那是我们面向未来的勇敢。

"男女授受不亲"自然是一项重要的儒家伦理法则,在伦理社会中这个法则本身无可厚非,我们也不必站在现代立场上横加指责。但任何伦理法则都不是绝对的,在一个抽象世界中看上去是绝对化的普遍法则,一旦进入特殊场景就会发生转化,而不得不在视域交融中实现自身的转化与超越。孟子曾经讲述了这样的一个故事,其间蕴含了深刻的哲理,这是一种情景化的智慧形式。嫂子走路不小心,眼看就要落入井中。这个时候小叔子就在旁边,并且也的确注意到了这种突发的情况,那么小叔子是否应该伸出援助之手呢?如果遵从了"男女授受不亲"的普遍法则,并且将其绝对化,那么小叔子就不会伸出援助之手,于是嫂子就会掉入井中。那事后小叔子是否会受到人们的指责呢?可能会出现不同的争论。然而孟子的回答是中肯的,他主张小叔子要伸出援助之手。这在孟子看来自然是"经权变通"的道理,其间蕴含了非常丰富的实践智慧。在我们今天去分析的时候,则可以通过不同价值的权衡判断加以把握,或许孟子也是这么想问题的,不过肯定不会使用现代概念,当然这并不重要,重要的是孟子把问题引向了一种中道的哲学立场。这里存在着两个价值法则,即"男女授受不亲"和"嫂子的生命权",当然古人并没有生命权的概念,但孟子应该是考虑到了这个法则指向的内容。在两种普遍性法则面前，孟子选择了"嫂子的生命"，这就意味着这是更高的价值法则。在具体的情境中，任何抽象的法则都需要接受实践的辨析和选择，世界上并不存在一个普遍伦理律令在任何场景中都自然地发挥作用。具体场景中的判断是我们选择价值法则的前提，即便我们抽象地作出了某种选择，一旦遇到具体问题人们仍然会作出不同的选择。"舍生取义"是一种价值比较，在特定场景中人们的选择却往往会出现差异，抽象比较的结果并不会受到人们的普遍青睐，有的人可能会选择"生"，有的人可能会选择"义"。当然，这其中还会涉及对各种问题的具体判断，比如如何理解"义"。实践上的比较与抽象的比较是完全不同，缺乏了场景性依赖的比较是没有意义的。

古人关于"义"的把握，自然是有一个普遍性的问题，"义"本身就代表了一种普遍性。但在中国文化中却并没有关于"义"的定义，当然即便存在一个普遍的定义，而定义的运用仍然需要一个具体的判定。儒家思想并不否认人们对于富贵的追求，但是如何追求富贵却是儒家十分关心的问题。如果人们采取了"不义"的行为方式求得富贵，那么就不是孔子所赞赏的，由此获得的富贵无非就是"浮云"。巧取豪夺自然属于不义的范畴，这应该是一个比较容易操作的判断。但恶性竞争是否也属于不义呢？或许在这个问题上人们的判断就会出现争议。那么投机取巧又当如何对待呢？也许通过阴谋诡计获得利益并不能受到人们的赞美，但很难说就一定是不义的。如果我们换一种说法，通过策略而获利是不义的吗？策略中往往包含了算计，算计他人在通常情况下当然不能属于义的范畴，但如果是商业上进行算计的话，难道也可以被归入不义的范畴吗？

所有这些可能都是值得思考的。在任何具体情境中，我们都需要在与普遍性相关联的把握中认真权衡考量，最终拿出一个具体的判断结论，然后以此指引我们的行动，使自身的行动更加合理化。"义"在传统社会是个具有普遍性的伦理范畴，它突破了家族宗族的伦理限制，而能够从更为广泛的普世意义上考量问题。现代社会中的人们很少单独地使用"义"的概念辞藻，而往往是将"义"连通着其他词汇一起运用，比如"正义"的概念，我们以为"正义"的概念是与古代的义具有更多的融通性的，因而也就具有了更多的普遍性。但"义"的概念也往往和"义气"放到一起使用，而"义气"固然会得到人们的赞美，似乎也具有某种普遍性价值，比如在战场上替战友挡子弹，救死扶伤，这都可以看作是对"义气"的践行。然而"义气"也往往会构成对于普遍性的破坏，某人可能因为讲"义气"而伤害了普遍性法则，这在实际的规则运用中是不胜枚举的。在动态的意义上去分析"义气"，我们才能更好地把握其所具有的普遍性程度。另外我们还需要看到，对一个人的"义气"恰恰会伤害另一个人，我们必须面对问题的复杂性。

10

政治领域中也同样有着普遍性的运用问题，在具体情境中如何运用普遍性法则解决具体问题，是卓越的政治智慧的体现。人权是普遍性法则，然而人权同样是要落实到具体语境当中的。解决贫困问题是否属于人权的范畴呢？当然是，这是生存权问题，当然也是追求幸福生活的权利。不要总以为只有纯粹的政治权利的诉求才是普遍人权，当然政治人权也是要落实到具体语境的，对政治权利泛泛而谈是毫无意义的。如果在具体语境当中政治人权的落实会给社会造成动荡不安的结果，那么这种人权就一定要受到限制，生活的安定是我们的基本需求。贫困问题的解决作为一个具体的人权问题，它有着一系列的操作模式，到底哪一种模式才是解决贫困问题的最佳模式呢？是通过社会再分配或者救助的方式解决贫困问题吗？那自然也是会有效果的，但再分配机制必须贯彻正义的原理，否则就会牵涉出人权的对抗问题。通过救济方式解决贫困问题吗？或许这将使得贫困成为一个永久的问题。当贫困者把手里的钱都花掉的时候，贫困必然还会持续，甚至会加剧贫困并形成社会惰习。这是临时的而非持续有效的解决贫困方式。解决贫困问题的最好方式便是通过某种机制让贫困者财富的生产可持续化，我们目前解决贫困的方式正在按照这样的模式持续操作。我们生活在具体世界当中，但我们却创造了诸多普遍性的概念法则，如何将普遍性法则与特殊性问题相结合，构造出一套切实可行的实践方略，这是一个逐步合理化的过程，当然也是一个不断持续的过程。当然，无论任何问题的解决都不可能在根本上彻底实现，这同样是人类自身有限性的体现。我们只是努力超越自身，寻求一种最佳的发展道路而已。

民主是政治领域的普遍法则，但每个地方的民主形态却是有区别的，世界上并不存在一个绝对的民主普遍性存在方式。美国的民主是建立在个人主义基础上的，它是个人主义的"共谋"，在个人主义的旗帜下消除个人主义的特殊性。他们的民主同样意味着对于某种特殊性的纠正，也就是说民主本身作为普遍性力图纠正特殊性的某些问题。这种个人主义的民主仍然不是唯一普遍的民主形态，而是一个具体的民在存在形式。中国的民主奠基在中国实践的基础之上，在政治实践中的民主集中制是一种良好的民主形态，它既具备了对于各种特殊性的融合，又在统一性中保持了效率。这是一种基于中国自身的民主形式，它建基在个人与集体辩证统一的价值基础之上。这既是中国人民价值论的体现，又是实践辩证法的表达。马克思主义从来都不否认个体的尊严价值，相反它把每个人的自由而全面的发展作为社会建基的基本前提。同时我们又维护集体的价值，然而我们所维护的集体并不是抽象的共同体，而是深刻地包含了个人维度的集体，我们在个人的基点上强调了个体与集体的统一和融合。我们的普遍性设计并没有否定自由主义，而是超越了自由主义。我们民主的实践始终处在不断完善和发展的过程当中，它是结合着具体情境的民主发展状态，其普遍性始终建基在特殊性的基础之上，这样的民主设计原则能够很好地应对我们所面临的具体世界的各种特殊性问题。不仅民主本身包含了普遍性和特殊性的关系问题，而且民主在其运行过程中同样要处理普遍性与特殊性的关系问题。法律的创制需要采取民主的形式，在此民主必须处理好立法中的普遍性与特殊性。政治决策本身是一种民主，但在决策过程中同样必须协调其所面对的问题域中的普遍性与特殊性，否则就不会有良好的决策。

传统中国是否有民主呢？我们自然不能按照某种所谓西方民主的范式评判中国古典社会，也就是说我们不能把特殊性普遍化，当然这并不否定在特殊性当中包含了普遍性价值。儒家思想设计了古代中国的政治法则，它不是一套专制的法则，儒家思想中没有"专制"，而毋宁说它是一种古典民主的重要样态。尽管在中国古代社会的流动过程中儒家化的政治融入了诸多其他的元素，从而使得古典政治具有了某种专断性，但却并不能使用"专制"的概念。儒家及古典政治所表现的民主形态是"君臣共治"，用"君主专制"评判古典社会是有大问题的，不作历史观察便武断判定，又如何能够把握事物本身的真实性呢？传统中国有多少个时代是君主的"任意性"掌控了政治及人们的生活呢？把某个方面无限放大的结果，就会产生歪曲政治的判断。"君臣共治"是一种怎样的政治呢？是君王和大臣们共同决策的政治机制，这当然是集体民主的一种表现形式。那么它能否考虑到社会的整体利益或人民的利益诉求呢？理论上是可以的。想想周初的政治策略，看看孟子的民主设计，"民本"的思想倾向构成了古典政治运思的现实基础，而在早期治理经典《尚书》中同样凸显了"民本"的思想主张。这样的民主设计是特殊化的，但同样包含了防止个人专断而以"民众"为基础的思想旨趣。难道只有个人主义的民主方式才是唯一的民主类型？人们在对待法治问题上也犯了同样的错误。古典民主或"君臣共治"总体上说是一种精英政治或贤哲政治，它内在地趋向于政治实践智慧，渴盼诸葛亮式的政治操作。它深刻地意识到了"主体实践"的意义，主体的登场自然会恰当地解决其所面对的普遍性与特殊性的各种问题，但主体一旦缺失便会造成行动的损伤，这便是精英政治的两面性。

法治当然是个法学概念，但同时也是一个政治话语。在法治当中固然是包含了普遍性话语，然而当我们运用普遍性法治话语解决中国问题的时候，则必然会出现特殊性的中国法治话语。我们只能生成真正属于我们自身的法治类型，这便是特殊性问题。只是我们不能在造就自身的特殊性法治话语的过程中，遗忘了普遍性的存在，丢失了普遍性的特殊性便会丧失自身的存在合理性。我们着力建构了一套优良的法律体系，我们日益完善了自身的权力运行机制，我们在自由、民主、人权的大道上不断前进。然而，我们始终牢记普遍性与特殊性的辩证关系原理。法治当然不可能是一个孤立现象，它同时意味着与民主、自由、人权的融通。具有中国特色的法治必然与具有中国特色的民主、自由、人权是内在相通的，它们都是一种实现了普遍性与特殊性视域融合的话语架构。也只有融合了普遍性与特殊性的法治话语模式才能够真正解决属于中国自身的现实问题，因而在根本的意义上中国法治话语架构都是面向中国自身的，这可以被理解为实践面向和问题意识。实践中问题的解决具有特殊性，然而随着问题的解决，特殊性将不断地趋向于普遍性，从而使得普遍性本身具有更为突出的合理性价值。沉入自身建基的实践当中，与各种要素"摸爬滚打"在一起，不断累积丰富而彻底的具体经验，由此所积累的素材在与普遍性的沟通融合中将逐步生成实践智慧。实践智慧融合了普遍性与特殊性，而在其展开过程中将会以恰当有效的方式解决我们面对的各种问题。当然，实践智慧还要处理各种与人自身的存在构成紧张关系的元素，用坚强的意志力维护人们良好的生活。中国法治在普遍性与特殊性关系中架构自身的话语系统，同时又在面向问题的情境中恰当地解决普遍性与特殊性的关系问题。我们在生活中面对法治，法治在生活中展开自身。这好像是存在论的立场，而存在论的立场本身也是一种实践论的立场。

第三章 实践智慧

实践理性生活的核心处是某些卓越品质或德性，它们是行为、欲望、感觉的内化性向。

——B.威廉斯

一、价值的牵引

1

实践智慧本身是一种德性，是人类向着自身的美好品质，同时也灌注于行动世界当中。它是由诸多德性构成，这些德性未必是道德化的，非道德的德性是普遍存在的，然而它同样是德性，它是人趋向于道德德性的前提，非道德德性的存在可以促进道德德性的提升与发展。比如平和的性格，它是一种德性，但却不能说它是一种道德德性。平和本身是非道德现象，不过平和的性格趋向于美德，它可以塑造道德德性。不仅如此，平和的德性是有利于道德操作的，或者在更为广泛的意义上讲它是有益于人类的实践操作的，平和的性格会促进实践的合理化。无论是法的实践，还是道德实践，又或者是政治实践，平和对它们都是有益的。我们可以在诸多实践领域中勘察到这种现象，但却不能作出任何关于该问题的必然性判定，平和并不必然地推进人类实践的合理化。我们只能作出一个关于它的现象本身的描述，但这个现象中的关联性要素之间并非科学必然性关系。但无论如何平和都是一种实践智慧的构成要素，它与中国传统文化所讲的"中和"精神内在相通。平和是大气胸怀的体现，它虽然本身无所谓道德与否，但却是纯然美好的品质和素养。平和的品质是有利于行动的，但从实践论的角度看，却未必总是如此。有时候那种"慷慨激昂"的个性更容易导致实践的成功，尽管它可能缺乏深思熟虑的良好判断。

深思熟虑当然也是一种德性，是一个人难得的高贵品质。但它同样不是道德德性。它是非道德的，但对道德具有生成性构造作用。作为高贵品质的深思熟虑是人类实践本身的内在要求，实践需要慎思。而实践问题都有个中心线索，即特殊性与普遍性的关系问题。对科学世界的纯粹规律性探索当中自然也存在深思熟虑的问题，科学家面对各种自然现象并从中提炼普遍规律，这便有了对深思熟虑的需要。它所依赖的是人的智力结构，要比人类生活实践简单得多，其探索过程好像还未必需要达到深思熟虑的程度。这主要是一个认识论问题，而不是一个实践论问题，尽管认识论问题可能会构成人类实践的一个环节。在法、伦理及政治实践的世界当中，深思熟虑主要是个普遍性与特殊性的关系问题。这三个领域是要面向问题本身的，而问题中的核心问题便是普遍性与特殊性的关系问题。深思熟虑作为一种德性，它有益于解决人类实践领域中的各种问题。深思熟虑是思想的习惯，也是行动的惯性，当然并不是所有人都能做到如此。但我们要懂得，深思熟虑并不是个科学问题，而是个实践问题。它本身就是面向行动世界的，它塑造行动的合理性。

实践智慧所涉及的"关系场域"就是普遍性与特殊性的关系。人类实践从问题的角度而言，其主导的核心问题是特殊性与普遍性。而从对于问题的解决而言，则是实践智慧问题。人类行动中的问题解决固然可以采取多种多样的方式，但解决策略的差异往往影响行动的效果。人们也会采取激进的方式解决其所面对的问题，但激进方式的恰当与否却是个情境判断的问题，并不是所有的激进方式都是错误的，对于"顽固"的问题不可能采取平和的策略加以对待，这同样是实践智慧，但若不能区分场景本身的差异性都采取激进的解决策略，那就远离了实践智慧。实践智慧本身包含了特殊性与普遍性，只有在对两者之间疑难问题的解决中才有实践智慧的生成。没有人可以从不面临问题而养就实践智慧，实践智慧是生成性的，而非天然的品德。也许个别人身上拥有实践智慧的天然基质，但若是缺少了实践的磨练，依然不可能养就实践智慧的美德。有的人在智力上很聪明，高难度的数学题可以轻松高效地解决，但那只不过是智力上的脑结构发达的结果，当然这也离不开训练，但这种训练不是人类实践的问题，而是一个知识训练的问题。实践智慧并不是发生在人类实践领域之外的问题，而是实践本身的问题。只有在人类实践活动中才会呈现出实践智慧的意义，因为那里存在着特殊性与普遍性的关系问题，存在着普遍性与特殊性的难题。所有的实践智慧内在包含的德性都是和普遍性与特殊性的"关系训练"联系在一起的。因此，实践智慧是个存在论问题，是个生存论问题，由此也可以将其理解为本体论问题。但作为本体论问题的实践智慧并非为人类悬设的一个终极存在，而是人类实践活动的生存论依托，是人类自身展开的一种存在方式。从这样的角度对法、伦理及政治加以理解的话，则法哲学、伦理学与政治哲学便有了一个本体论的承载。

———— 2 ————

在对自然世界的把握中，人类一旦获得了必然性规律，便是认识的局部性终结。下一个环节便是将普遍性规律运用到人与自然世界的关系实践当中，一般而言这个行动过程不会出现什么问题，人们也会在行动中创造出一个"人化自然"或"人化世界"。人类根据力学规律制造了各种器械，这个制作过程所依赖的必然法则是可以普遍化的，不会有什么例外发生，也不会出现对普遍规律的挑战，规律的普遍性本身是不可改变的。当然，这并不是绝对的，因为宇宙世界之大我们难以想象。但在人类与自然世界的相互作用中出现例外性挑战的概率是极低的。当然科学是经验性的，而任何经验现象都可能出现例外，但在科学世界的经验中偶然性变动并不明显。自然界也会出现"自由"的偏离，偶然性会对必然性产生某种程度的冲击。而当人类介入科学实践世界之后，情况就变得更加复杂，从而对于实践智慧的要求也就更为突出。缺乏了实践智慧的导引，人类的实践活动可能会出现灾难，甚至会对人类自身的存在产生某种危机。当科学问题一旦纳入人类实践领域，往往就会转化为法的问题、伦理问题抑或政治问题，这种情况下实践智慧将会彻底登场。这里的"将会"自然是一种期待，但这并不意味着实践智慧的现实性登场。然而实践智慧终将展现自身的生存论价值，它所内在蕴含的对人类命运的关切必须被贯彻到人类自身所面临的各种问题的解决策略当中，它会引导着人类的生存发展，促成诸多问题解决的合理性。

人类对于自然的改造怎么就具有了实践智慧的属性了呢？因为人与自然的关系在根本上是人的问题，是人的实践问题，是人和自然关系中的行动尺度问题。人对自然的改造要遵循实践的规律性、实践的目的性和实践的审美尺度。改造自然的活动不是自然本身的属性，而是人的不断展开的过程。只有坚持"实践的尺度"，才可能有人类改造自然的合理性，这同时意味着普遍性与特殊性的融合。如果在处理人与自然的关系实践问题上缺乏了实践智慧的牵引，便会给自然造成侵犯，而侵犯了自然的规律性便伤害了人类自身的存在家园。以实践智慧的生存论形态处理人与自然的关系实践，是人向着未来的现实承诺。人类要进行科学实验并在科学实验基础上将实验成果普遍化，这便会涉及人类实践问题。比如克隆人的问题，单纯的克隆人是个科学技术问题，但人类到底是否应该进行克隆人实验和生产则是个实践问题，这既是法的问题，也是伦理问题，当然也会涉及政治决策，于是科学技术问题转化为了人类向着自身的实践问题。到底是否应该进行克隆人实验和生产呢？这首先要解决一个伦理问题，紧接着法的问题和政治问题也会迎刃而解。克隆人在伦理学上是缺乏依托的，没有了伦理依托的科学活动，其本身的合理性就受到了严重的限制。克隆人会让人无家可归，没有了家园的个体永远会处于漂泊的状态，哪里还有伦理学的依托。严格的伦理主义者对科学技术会采取一种审慎的态度，而审慎恰恰是一种实践智慧的品质，当然这是和深思熟虑密切关联到一起的。

那么，人工智能又当如何对待呢？人工智能是对人类自身的挑战，人工智能的深入实验和生产不能单纯地从技术进步和功利便捷的角度加以分析，更应该从人类实践本身的角度进行"好的考虑"，这同样是一种实践智慧的立场。人工智能到底会发展出怎样的能力呢？人工智能自然能发展出科学判断能力，它当然能够将自然规律的普遍性与特殊性形成良好的对接，并在其间作出恰当的判断。但人工智能是否会发展出价值判断呢？或者说，即便发展出了价值判断，那是否会形成恰当的价值判断呢？而如果它能够发展出价值判断，那么人工智能的价值判断与人类自身的价值判断会不会有冲突呢？如果人工智能有着作为"主体存在"的价值判断立场，那么会不会对人类产生巨大的危险？或许人也将失去自身的存在论依托。倘若如此，人工智能岂不是"人自身"的"异化"，人为自身创造了一个"敌人"并瓦解了自身的生活结构，则人工智能是否还有存在的必要呢？我们并不是在强调一种人类中心论的立场，相反实践智慧乃是一种大道融通的至高境界，它并不支持人本身所具有的"宰制"属性，而是主张人与他者的协调统一。

但人类实践毕竟是"人本身"的实践，它必须向着"人本身"而存在，这是实践智慧所具有的人学属性。一旦技术的普遍性主宰了人们的生活，人便会远离自身的家园，这便是人类要警惕技术发展的生存论原因。或许这会被理解为保守主义，然而谁敢去尝试呢？"大众"总是鼓励人们去尝试，社会被"大众"所掌控，有时便会自动地踏入陷阱。也许是"个别人"的"胆识"让人类陷入危险的境地。那么，难道我们要尝试着踏入陷阱？实践智慧要具有前瞻性，它要明辨事物的本相，有效地指导人类的实践活动。向着"人本身"的活动才能被称之为实践，这种活动滋养了实践智慧，但又需要实践智慧的范导。实践智慧是属人的智慧，它必须对人类行动具有牵引功能，在慎思明辨中为人类确立正确的发展方向。沉湎于技术化的迷途而不自知，其实正是人类自身的灾难。一切尚不明朗，但也许明朗之后便意味着人类自身的灾难。不要让利益牵引着我们的行动，利益会遮蔽我们的眼睛，处于黑夜中的我们要运筹帷幄，期盼曙光早日相伴。对这些问题的把握是基础性的，否则就不可能进行良好的法律设计，也不会有合理的伦理考量，也会影响政治决策的合理性架构。

在人类实践领域中有着各种各样的具体活动，它们是总体性实践的环节。众多的具体活动彰显了人类的主体能动性，扩展了人类的力量，但却让人类陷入迷途，茫然不知所措，无所措而失去自身。我们会在身边发现许多技术性工程建设，仰望摩天大楼我们不是感到人类自身的渺小，而是对自身充满了自信，甚至于发展出膨胀的心态，无限的期待在不断的延展当中拓展，人类的能动性让人本身缺乏了谦和的态度。没有了面对自然的谦抑，人类终将承受自然的报复。或许我们在理性上都已经明白了谦抑的重要性，但却无法培育真正的谦抑精神。谦抑是一种习惯，而不是一种理性认知。每个人都懂得谦虚是美德，但真正的谦虚却很难做到。我们固然无法让每个人都保持谦抑，但在法律设定、伦理考量和政治决策中却要真正领会贯彻谦抑的精神。我们在童年的时候，最重要的生活方式是仰望星空，那种神秘莫测使我们充满了诗意的想象。仰望星空让人类谦抑随和，诗化的生活让人类实践充满了快乐的想象，生活的和谐始终与我们相随。然而，长大了的我们却遗忘了自身的童年，与技术合谋宰制了人类自身的生活。现代人的异化与贪婪相伴，技术与人性深处的欲望合谋创造了一个冷冰冰的世界。毁坏了人自身存在依托的技术生产，难道还能被称之为实践吗？技术规则是可普遍化的，正因为如此它具有无限扩张的本性。有许多问题说到底还是个人性问题，不能让人性的贪婪控制了法的生活以及伦理的行思和政治的抉择，人类生活需要实践智慧的在场。我们必须考虑人性问题，倘若人类不能节制自身，我们必将深陷囹圄。节制是一种美德，它内在地属于实践智慧的范畴。节制是行动世界中的理性，是人类面向自身的智慧形态。

人类实践是不能离开价值牵引的，价值同样是实践智慧的内在元素。一旦实践活动没有了价值引领，实践就会背离自身，偏离人的存在论依托。人类总是面向问题世界的，这是个特殊性问题，人类的存在原本就是个特殊性问题。当然这并不意味着在人类的早期存在状态中就没有普遍性问题，特殊性永远都不可能和普遍性相分离，否则也就无所谓特殊性。我们只是在强调特殊性的逻辑在先，这也是我们将辩证法基点建立在特殊性之上的原因。但随着人类的发展，普遍性问题逐步展开，尤其是在面对各种疑难问题的情境下普遍性与特殊性的关系成为"急迫"的问题。人类把普遍性作为对待特殊性或解决特殊性的一种方略，这就产生了人类自身所存在的各种困惑，于是也就内在地要求着实践理性和实践智慧的范导，以保证人类不偏离自身的存在论依托，从而在正确的道路上不断前进。人类在面对特殊问题的时候，的确需要一个总体性或普遍性的考虑，这便是"好的考虑"的问题。"好的考虑"中贯穿了价值合理性问题，但又不局限在价值问题当中，然而价值问题是核心，是考虑一切问题的中心环节，它最为深刻地关切着人自身的存在。看上去许多特殊问题的决策只是个技术问题，但若仅仅考虑技术普遍性的运用原理，那就会让人的活动远离人自身，异化与分裂将是不可避免的存在与发展状态。

我们必须考虑其中涉及的价值问题，然后才可以作出法律上的普遍性设定和政治上的决策，而设定与决策的根据不仅是个合规律性问题，对人自身而言更为根本的是个价值合理性问题，这才是中心议题。中心议题与伦理学紧密相连，这样看来好像在法哲学、伦理学与政治哲学之间，伦理学居于枢纽地位，不过这需要对伦理学作存在论阐释，只知道发号施令却从不反思的伦理学不可能有任何建树。任何针对特殊问题的决策方略，都有一个价值的牵引问题，而这个价值可能是普遍法则，也可能是直接从特殊问题引发而以人类自身的生存论为依托的针对性价值。人类的价值问题，均与人自身的生存论的存在属性密切相关，不要遗忘自身正是实践智慧的根本议题。在现代世界，没有任何单纯性问题的存在，技术问题自然也不可能是单纯性技术问题，自然问题也不是单纯性自然问题，几乎人类的所有问题都与法、伦理及政治相关，而将实践智慧作为贯通三者的中心线索，便会有利于对问题本身的恰当解决。普遍性与特殊性的关系理论同样是处理人类众多问题的思想架构，它本身与实践智慧不是外分的关系，统合两者的理解是正确的理论运思方式。在对现实问题的恰当解决将最终消除理论与实践的矛盾，思想与现实的矛盾，实践智慧本身便是消融矛盾、实现融合的理论形态和实践形态的统一。实践智慧既是理论的，又是实践的，同时又统摄了理论和实践的复杂关系。理论实现自身，消灭在实践当中，正是实践智慧的操持。不操持，何以存在？

二、本体的力量

3

　　实践智慧包含了对人自身的本体论承诺，可道说的本体论是人的存在的本体论，而非外在于人的本体论。也可以说它本身就是一个生存论的概念，凡是由实践智慧所导引的领域必须体现对人自身的生存论关怀。实践智慧在世界中又引导着社会的发展，它不仅具有方向性，而且具有"解蔽"和克服"急迫"问题的品质，然而它解决问题的能力是存在论的，而非工具论的。实践智慧背后所依赖的是人的存在，而其所面向的则是各种问题域，它以人的存在为依托引导人类自身对各种问题的恰当解决。人类始终生活在各种问题当中，对问题世界的恰当判定和合理化引领是人的良好生活的基点。实践智慧不是解决问题的技术化操作，更不是在技术引领下对问题的格式化操控。实践智慧本身是反对技术化的生存论展开，它拒斥任何"套路"。依据普遍化技术规则对问题的解决只能存在于生产领域，而不可能存在于人类的生活世界。生活中各种问题的解决所依赖的法、伦理及政治法则，归根到底需要实践智慧的引领，实践智慧导引了法、伦理及政治实践，同时又通过法、伦理及政治导引了我们的生活。实践智慧来自于生活世界本身的锤炼，同时又在生活世界中实现自身。若是感受不到法律生活、伦理生活及政治生活中的实践智慧，便很难有意识地创造恰当的法律生活、自足的伦理生活和良好的政治生活。回到实践智慧，并不是向着儒学和古希腊的回归，而是回到人们的现实生活世界。

实践智慧不是一种单纯的知性操控，尽管它不可能没有丝毫的知性元素。它是真正的理性形态，是理性存在的成熟形态，然而这种理性从来都不拒绝情感和意志的精神。实践智慧所呈现的理性形态并非科学理性或纯粹理性，而是实践理性，是人类实践中生成的理性，具有合理性的总体风貌。科学理性是一种认知理性，它所追求的乃是一种客观性、普遍性、规律性和永恒性，这在人们对于自然世界的认识中是存在的，体现了人类自身卓越的创造性价值。

比如人类所把握的各种数学原理、物理学规律等，其所体现的是人类认识能力的崇高价值，同时是人类进一步探索对象世界的知识论前提。在这些原理和规律当中包含了客观性、普遍性，尽管这并非绝对的，它们也同样表达了科学理性的伟大价值。然而实践理性并不是认知理性，它也不以认识客观规律为目的，但它需要洞悉生活的真相，并引领着人类探求自然的行动过程，防止人类陷入自我扩张所可能导致毁灭的风险当中。尽管实践理性包含了某种合规律性，但这个合规律性是前提性的，而非目的性的，实践理性有着更高的追求。实践理性所面向的是人类生活，是人的行动世界，它是人类要在实践活动中所坚持的理性法则。实践理性的法则是合规律性与合目的性及情感合理性相统一的法则，它是法律、伦理及政治实践的指南，却不是一套技术化的方法。

实践理性是一种合理性，而不是面向外部世界的扩张，它与实践智慧一样引导着人们的生活。在概念的逻辑发展中，实践理性必然导向实践智慧，概念的逻辑是实践的逻辑的表达。人类理性是人的本质力量的体现，但理性中的扩张性往往与人相伴。科学理性看似温和客观，但其实充满扩张性，它与人性的结合使得自身趋向于利益化，而当功利化元素占据了操控的地位，便开始向世界掠夺，让世界变得面目全非。人失去了自身的存在论根据，开始变得彷徨，也表现出无奈的尴尬。科学理性并非存在论的理性形态，而是知识论的理性形态，它自身缺乏存在论的价值牵引。只有融入实践理性，科学理性才可能呈现出合理性的存在属性。当然，人类的理性或许并不是可以二分的，人类理性有一个整体的存在形态。不过这种情况下人类理性依然会表现出扩张的属性，当我们勘察自身所面对的外部世界的时候，能够充分地感觉到人类理性的问题。在归根到底的意义上，这或许还是人的问题。

在人类的行动世界中既包含了科学理性，也包含了实践理性。即便我们将对自然世界的把握理解为科学理性的掌控，而将法、伦理及政治行动理解为实践理性的操作，但在不同的行动世界中依然是科学理性和实践理性的共在。我们追求一种包含了科学理性的实践理性，用实践理性统摄科学理性，从而让科学理性符合人类自身的价值原理。概念的分化已经不可避免，我们不可能取消科学理性和实践理性的概念，只能在对两者的理解问题上表现出融通的取向。我们经常讲辩证法，但却并不能很好地掌控和操作辩证法，辩证法仿佛成为了外在于我们自身的知识系统。辩证法的要义是视域融通，而在理性形态的把握中实现实践理性对科学理性的牵引，从而使我们的生活呈现出中道的合理性，这其实是人类实践的辩证法的根本精神。辩证法是人类行动的辩证法，它具有主观性，主观性是辩证法视域中的某一个方面。我们可以使之与客观性融合，却不能抛弃它，抛弃了主观性便不可能存在辩证法。主观性是有灵魂的，它在辩证法结构中具有主动性。辩证法不是认识论的，而是实践论的，在单纯的认知世界中并不存在什么辩证法，辩证法是人类行动的智慧形态，实践智慧是辩证法的最高境界。如果我们非要寻找一个"范例"或"模型"，那么"中道"就是辩证法和实践智慧最完美的呈现。

那么，实践理性又是如何生成的呢？我们不可能知道在具体细节上是如何形成的，实践理性并不是一个具体事物，很多问题我们无从知晓。也许它仅仅是思想的存在，但作为思想存在的实践理性是生存论的。实践理性的根基当然是在实践当中，但它不可能在实践中存在所谓"原型"，不过它表现在人类的行动过程当中。人类的行动是先于认知的，同时也是伴随着认知的。人类在行动中会形成某种知识，也会形成某种理性，实践对于理性而言是生存论的前提基础。每个民族的实践活动并非都是同质的，因此才会有不同的文化类型，而在不同的文化类型中往往会出现不同的理性形态，或者说会强调不同的理性形态。中国文化是实践理性的文化，中国人的实践不是扩张性的，它追求的不是知识原理的增加，而是一种恰当的生活。西方文化充满扩张性，尤其在近代西方科学理性的发达催生了技术理性的泛滥，这又恰恰反向印证了实践理性的生存论意义。但这并不意味着欧美文明中就匮乏了实践理性，实践理性本就是西方哲学中的概念。亚里士多德的实践哲学传统是为了谋求一种恰当而幸福的生活，而在人类实践理性中对于道德实践的凸显则构成了德国古典哲学的思想传统，康德与黑格尔向我们呈现了实践理性与"道德"及"善"的内在统一性。我们将思想的视野放置到生活当中，则会发现生活实践孕育了人类对实践理性的需要，孕育了实践理性的道德价值。生活实践是本源性的，它是人类思考问题的基点，是思想展开的起点。而在人类反复的实践活动中人确立了自身的存在维度，彰显了自身作为人的生存论基础。生存论的立场是实践的立场，也是人本身的立场。我们在生活实践的基础上塑造了自身，生成了自身的理性形态，确立了人自身存在的合理性观念。

我们这里使用了三个概念，即实践智慧、实践理性和实践，这是三个概念从高向低的顺序，也就是说这种顺序体现了一种追本溯源的思维方式。而实际上无论是从发生学还是从逻辑上讲，其顺序应是从实践到实践理性再到实践智慧，然而我们的生活本身则是浑然一体的，只是在做思想探求的时候使用了这些概念而已。当然，在行动中则是理性与智慧的展开，这是个返回的过程。实践是人存在的本体，自然也就决定了实践理性和实践智慧都具有本体论的意义，然而由于实践智慧在最高层面上是与恰当的生活完美统一的，因此，它自身同样是一个具有本体论意义的生存论概念。当然，我们还是要强调实践的根基性，它是实践理性和实践智慧建基自身的前提。这三个概念都包含了一个基本问题，即特殊性与普遍性的关系问题，实践本身如此，实践理性同样如此，而实践智慧更是应对该基本问题的智慧形态。在对法、伦理及政治的理解中，需要确认三个概念的基石性地位，否则就难以生成法哲学、伦理学和政治哲学领域的合理形态。也许，我们可以从这组概念系统中建构一种与众不同的法哲学、伦理学和政治哲学形态。由于三个概念的介入，这三种哲学形态表现了实践转向的趋势，由此三种哲学的"对象域"、"思想域"、"勘察域"都将发生根本的变化，这意味着一种崭新的哲学思维方式的"贯通"与"渗透"。我们要追求一种面向"人自身"而谋划恰当生活的法哲学、伦理学和政治哲学，在对它们的存在论解读中甚至可以提升到审美高度。

4

与实践智慧相关联的还有一个重要概念，这便是实践世界观。一般在哲学中都存在世界观问题，传统形而上学是一种世界观，传统的唯心论和唯物论都是一种世界观。当然，普通人也有个世界观问题，只不过和哲学家的世界观存在差异，在深度和精致程度上都是不同的。把世界的本体看作理念，就是唯心论的世界观，把世界的本体看作物质，就是唯物论的世界观。而将世界的本体看作实践便是实践世界观。但实践世界观与唯心论世界观及唯物论世界观是不同的，唯心论世界观和唯物论世界观彼此之间是相互对立的，马克思对传统的唯心论和唯物论都作过批判，从而主张一种新的世界观，而这种新的世界观就是实践世界观。这种新的世界观在根本上把人类社会理解为实践的，人始终处于一种实践在场的状态当中，人本身就是实践中的"此在"。人在实践中展开自身的存在，在人类的实践中关于存在着的两个方面都处在一种中介化的状态，不能将任何一方面绝对化，因此实践世界观同时就是辩证法。要从存在论上理解辩证法，而不是从认识论理解辩证法，才能把握辩证法的真谛，才能将辩证法与人的存在及实践智慧放到一起加以理解，也才能在根本的意义上将辩证法理解为实践智慧，将实践智慧理解为辩证法。实践世界观是中介化的，是一种视域融合的世界观，是克服了对立而迈向融通的世界观。

如果说法有本体的话，那么它的本体便是实践，是人类的实践活动本身。而人类的实践活动本身包含了法的实践，但对法的实践的理解要从整个人类的实践出发才可能有更好的把握。法的实践不是孤立的活动，而是与其他各要素融合到一起的存在活动。给"法"下个定义，并进而对法作出规则论或权力论或权利论的理解，都不是一个本体论的问题，而充其量是个认识论或规范论的理解，认识论或规范论的理解如何能够被把握为本体论呢？法的本体是人类实践，是法的实践，法的实践关涉了人类的实践。这是一个生存论问题，是一个关于人本身的恰当的法律生活问题，不理解实践就不可能为人类自身谋划一种恰当的生活，不能谋划恰当生活的法律是有意义的吗？法哲学要以法律实践为研究对象，而法律实践的基本问题就是特殊性与普遍性的关系问题。普遍性与特殊性并不是一个简单的包含与被包含的关系，也不是一个机械的掌控与被掌控的关系问题，其错综复杂的关系需要实践智慧的登场。法当然是一种实践智慧，不仅从生存论的辩证法会作出此种判定，从普遍性与特殊性的关系实践和从事实与规范的关系实践都可以作出法作为实践智慧的判断。在实践智慧的视域下，法的实践是中介化的，而不是对立化的。考虑一下亚里士多德，想象一下马克思，思考一下加达默尔，我们便会觉得这样的理解法的方式不仅在理论上具有重要价值，而且在实践上充满了合理性，这好像又涉及实践合理性的问题，这还是一个与实践智慧相关联的概念。

无论是对道德，还是对伦理，人们并没有形成一种恰当的定义。尽管存在着各种各样的说法，但却很难有一个被人们所普遍认同的定义。我们当然不需要沉湎在定义的世界当中，与关于法的定义一样，人们关于道德伦理的定义也只不过是一个知识论的问题。我们抛开关于定义的表达，而直接追问关于道德伦理的本体问题，这是我们对道德伦理进行恰当理解的基本前提。道德及伦理的本体也是实践，是人类的生活实践，这是人的道德生活实践和伦理生活实践展开的更为广泛的存在语境。不能很好地理解人类生活实践，便不能恰当地把握人类的道德伦理生活，自然也不可能对道德和伦理本身有着更为真切的把握。伦理学当然要面对善恶问题，也要面对利益与道德的关系问题，但人们在伦理生活中真正要处理的恰恰是特殊性与普遍性的关系问题，这其中自然是糅杂了善恶问题、利益与道德的关系问题，但在特殊性与普遍性的语境当中善恶问题不再是一个抽象问题，利益与道德的关系问题也会转化为一个恰当的伦理生活问题。伦理学的使命不是为了给人们提供一套普遍性的伦理知识，而且要为人们提供解决道德伦理问题的智慧，在这个意义上伦理学就转化为了实践智慧的问题。伦理学并不能保障让每个人都成为好人，伦理学要揭示伦理生活的奥秘和意义，不需要为伦理学设定它根本就无法达到的目标。伦理学不是纯粹理性，而是实践理性，一套关于伦理学的封闭的知识体系，不管其有多么精致，终究是没有意义的。然而，伦理学的理论仍然是必要的，但它必须能够引领人们的生活实践。在伦理学中，我们同样要贯彻一种实践世界观的基本立场，这具有本源性的实践意义。把伦理生活说明白，分析透彻，但人们能够达到怎样的生活状态则完全依赖于自身。

那么在政治领域中是否也存在本体呢？其中有没有一个本体论的依托？或许有人会把权力看作本体性元素。权力的确在政治中是个根本性要素，但它并非本体，它不能构成理解一切政治现象并架构政治合理性的本体论基础。政治的基础依然是人类的实践活动，其本体论的存在根据依然是人的实践本体，是人的生存论的实践。政治要解决的是人的实践问题，是人类在实践中所面对的各种生存论问题。关于什么是政治的定义同样不是政治的本体论问题，那只不过是人们一种本质主义的思维方式所呈现出的知识样态而已。在人的实践活动中内在地蕴含了一种生存论关怀，这恰是卓越政治的标志。古代中国的政治蕴含了道德和民众两个重要维度，而在其根本上都是一种生存论的关怀。道德关怀使得生存论关怀中包含了重要的道德实践内涵，而民众维度则体现了政治实践中生存论的基本满足。政治哲学的背后也存在一个实践世界观问题，把实践作为本体去考虑各种政治问题，这同时意味着把政治看作一个实践的问题。不必设定某个形而上学的根据，最终我们会发现一切形而上学的设定可能并没有太多的意义，然而理论的前提假定却又是不可避免的。实践的逻辑会改变诸多教条，原本的预设都会在实践中发生改变。然而政治依然是要有理想的，政治理想中涌动着美好的道德实践，实践本身就包含了道德。也许可以短时间偏离道德，但绝不能长时间匮乏道德，这是实践合理性的问题。于是实践世界观又引出了实践合理性，实践作为存在论意义上的本体，它的展开蕴含了合理性维度。

把世界理解为实践的，意味着把世界理解为生成性的。实践包含了从既往的继受，传统与习性本就是实践的内在组成部分，传统和习性塑造了实践以及实践中的诸多元素并包括人本身。但这并不意味着实践只是对传统与习性的继受，它同样会有创新，继受与创新处在一种动态的辩证关系当中。生成性的实践当然不是没有原则的实践，人的问题始终都是实践的枢纽。但局部的实践也会匮乏原则，因此作为能动性的主体，人要呈现出一种有"原则高度"的实践。这就意味着实践自身要有理想，要有原则，要有价值前提，说到底实践本身其实是一种道德实践。人作为自觉的存在，自然要积极主动地构造我们所面对的世界，而任何积极主动的构造都不能离开道德价值的牵引，否则实践就会受到宰制而失去自身的原则高度，这样的结果使实践沦为一般的活动。有"原则高度"的实践才是真正的实践，我们所说的实践世界观追求的正是这样有"原则高度"的实践。无论是法的实践，还是伦理的实践，抑或是政治的实践，都是原则的贯彻，是原则的践行，是原则的展开，是原则的凝结。古代法的实践集中体现了儒家道德的原则性牵引，从而创造了一种良好的法律秩序，这同时是个合理性问题。而传统伦理世界结构自然也贯穿了儒家道德原则，故此才有了良好的伦理秩序。至于传统政治实践则同样是儒家道德的原则性贯彻，因此才有良好的政治秩序。我们并不否认某个时段的实践会出现各种问题和困惑，甚至会出现背离原则的现象，然而历史实践本身就具有一种自我调适的功能，它早晚会把失去的"原则高度"重新加以贯彻。这或许就是规律性，我们的确很强调偶然性，因为偶然性在实践中呈现出灵活性特质，但规律性是依然存在的，好像总有一个总体性的牵引。也许使用总体性的概念更为合适，总体性本身构造了人的"受限性"，谁能够抛弃总体性而另起炉灶，那一定做不出美味可口的"饭菜"。

三、实践与真理

—— 5 ——

在关于实践智慧的理解中，最为根本的还是实践概念，实践概念具有源始性。哲学史上有人把实践仅仅看作是道德实践，这其实是个基础问题，它预示着我们对于实践问题的思考要始终贯彻道德的原则高度，否则便会把一般性活动也看作是一种实践。实践是一种活动，但并非活动都是实践。然而在马克思之后探讨实践概念，我们便不可能抛开生产劳动而加以理解，而且生产劳动还是基础性实践，因为诸多形态的实践都是从生产劳动实践中引发而生成的，比如法的实践与生产劳动相比只能是次生性的，伦理生活的实践展开同样有个生产劳动的前提理解问题，至于政治实践就更加不能离开生产劳动而作彻底的理解和把握。但是，生产劳动作为实践的基本样态，同样要有一个道德维度的理解和把握。生产劳动产生了人的异化，生产本身成为了一种异己力量，而生产所创造的产品也反过来控制了人本身。然而异化是不可避免的，在生产劳动异化基础上同样让我们看到了法律生活和政治生活中的异化现象，然而这是不可避免的。正因为如此，我们才要超越人的异化，在实践中实现人对人本身的真正占有，从而克服人本身的异化现象。这其中就贯穿了道德价值的立场，这种道德价值是围绕着人本身展开的，人类实践活动必须贯穿道德价值的人学向度。

　　生产劳动作为实践的形态必须是为人本身而存在的，人要成为目的，而不能把人作为手段，这是人类实践的根本指向。这便对生产劳动产生了引导性功能，尽管存在着偏离人本身的生产劳动，但人要通过某种谋划最大限度地克服人自身的异化而占有人自身。政治和法都可以在某种程度上扮演这种角色，法与政治的谋制要以对生产劳动异化实践的认识为基本前提，从而才能在自身的实践中实现对生产劳动过程的导引。法及伦理与政治总是要有个高度，而这个高度便是人本身，尽管人的存在状况在根本上依赖于生产劳动，但其作为自由自觉活动的主体又的确需要具有引导性价值，"人"的高度在生产劳动中的贯彻正是其引导性价值的体现，缺失了人的引导便会使得生产活动失去自身的合理性依托。这在诸多法律规范和政治价值中都处在在场的状态，充分展示了人的超越性存在价值。比如劳动法的原则高度恰恰在于人本身价值的弘扬，环境法的背后更是体现了一种属人的精神立场。这都是对生产性活动直接的或间接的规范和导引。尽管这不能在根本上消除异化，但其的确为自由自觉的人的活动增添了某种卓越价值，这体现了普遍性法则对具体活动的引导功能。在人的沉沦中，我们更需要认真对待普遍性价值，但普遍性价值本身同样要有原则高度，而这个原则高度就是人本身。也许我们需要一部真正以人的存在为依托的"生产劳动法"，而其贯穿性价值则必须贯彻真正属人的立场。

在生产劳动中我们需要贯彻的法与政治的普遍性法则，而就生产劳动本身则同样需要有道德伦理价值的导引。并不是所有的生产活动都应该被看作理所当然的，当在技术的运用中生产呈现了违背人的原则高度的时候，则该种生产活动就需要接受普遍性法则的规训。某些生产活动对人自身是有危害的，当这种危害超过了自然与人的承载范围的时候，就需要限制或取消该种生产活动。人的欲望与人的生存论价值之间往往处于一种难以协调的状态，欲望往往会战胜美好价值的期待而让人成为自身的奴隶。现代技术的普遍性发展限制了人的类存在的自然属性，使得人失去了自身的源始性根据，人类必须用向着人自身的价值维度牵制人的异化，尽管这并不是一件容易的事情。欲望的扩张必须接受内在性价值的训导，当人们沉迷于欲望，便是向着单纯的特殊性的沉沦。不要以为能够满足人们的欲望的生产就是有价值的，因为还有更高的价值存在并可以引导人们的生活，这样自然就会出现不同价值之间的比较问题。满足物质欲望的价值只不过是初始的价值而已，而这种价值具有危险性。这个世界上有着更为崇高卓越的价值存在，而关于人本身的价值追求则更是衡量一切价值的基本原则，它是普遍性的核心，是在特殊性世界的发展中人们所生成的共识。不要让物质欲望成为一种引导性价值，物质欲望的满足与人类自身存在和发展的尊严相比，根本就不具有任何可比性。享乐主义者不会同意这样的看法，但享乐的价值怎么可以与人的尊严相比，人的尊严所具有的内在普遍性远高于享乐的满足。普遍性法则到底应该如何设定？在符合规则可操作性原则之下，我们要大胆地设计由人的尊严所贯穿的普遍性法则。即便我们从最低限度的生存论角度出发考虑问题，我们也不应该把享乐主义作为普遍性原则贯彻到生产活动的引导性范畴当中，然而我们好像很难控制自己的享乐欲望。对于生产活动的导引必须贯彻人学立场，任何普遍性法则的设定都不能离开该维度的牵引，以此为前提人才能成为人本身。

普遍性法则不是要杜绝人的欲望，而是要让欲望在一种节制的状态下获得良好的发展。道德法则的设定固然是有效的，尤其是在漫长的历史实践中演化而生成的习惯性道德，往往对人类的欲望有着一种自然而然的调节功能。性欲的泛滥对人类是有危害的，但由于特定文化群体中习性的贯彻和延续，使得性欲受到了节制。但随着社会的变迁，习性的作用力开始下降，性欲的扩张有扩展的趋势，这种扩张不仅违反了性本能自身的规律性要求，而且背离了人的普遍性法则。于是我们就需要创造新的普遍法则，道德上的合理性要表现在法与政治的普遍性谋划当中。当然任何普遍性法则的设定都需要慎重行事，切不可操之过急。我们需要从事物本性的合理性上加以考量，也需要从行动的可操作性上加以对待，否则普遍性便会脱离特殊性的牵制而陷入完全抽象化的孤立无援的境地。

在我们关于生产劳动中所要贯彻的普遍法则，同样需要在科学活动中加以贯彻，科学实验并不比生产活动纯洁。逐利的本能会演化为普遍性法则，那将是人类自身的悲哀。我们的确会把生产劳动看作实践，也会把科学实验看作实践，但它们之所以是实践，不是因为它们是一种活动形式，而是因为它们作为人类的行动贯彻某种道德法则，体现了某种普遍性法则，匮缺了普遍性法则的牵引就根本不能被称之为人的实践。单纯的被物质欲望和性本能所牵引的活动无非只是本能的呈现而已，根本就谈不上实践的美好称谓。缺乏了普遍性法则的牵引的生产和动物的本能性活动并无本质性差异，我们必须确立人自身的价值，在我们的活动中贯彻人学的立场。这是一种真正的关于人的存在的生存论立场，生存论的展开是有原则高度的。而人的行动世界中所有的普遍性法则的设定都要贯彻生存论立场，要有真正属于人本身的原则高度。也许对人类自身存在状况，会存在某种悲观的态度，但作为人的存在的主体性尊严恰恰在于其所具有的超越性。我们需要超越自身的有限性，在追求无限性过程当中展现自身的存在力量，那是人的本质力量。

—————— 6 ——————

现在我们已经不谈革命了，但这并不意味着以后就没有革命。无产阶级革命当然是一种实践，一种无产阶级解放自身的实践，更是一场人解放人本身的实践。对于人自身的解放便是无产阶级革命实践中的普遍性法则，是其中所贯彻的价值引导力量，缺乏了人类解放的维度便不能被称之为无产阶级革命。革命的实践必须有价值的牵引，这是革命之为实践的根据，阶级革命的实践伴随着普遍性价值的力量。历史上的无产阶级革命是有价值引领的，《共产党宣言》是革命的纲领性文件，也是革命的引导性力量，更是普遍性法则。具体到每个民族的革命实践，则革命活动中同时也要有着价值的普遍性介入，否则革命就缺失了引导性力量。中国革命走出的是一条农村包围城市的发展道路，农民的生活需求和价值期待构成了中国革命的普遍性法则，这是特殊性中的普遍性，这种特殊性中的普遍性同样是对人本身的关怀，而正是人本身的价值维度构成了中国革命特殊性中与他者相通的普遍性。革命是一种实践的形态，因为其中贯彻了实践的核心要义，即它使得价值本身获得了对象化的效果。革命的实践是一场深刻的人的革命。然而，人会再一次沉沦吗？理念的逻辑与实践的逻辑是有差距的，但我们始终都会将人类最美好的期待灌注到实践活动当中。

改革是一种实践的形态，但只有它具有了某种"原则高度"，才可能被称之为实践。改革作为实践必须有价值牵引，而不能成为满足人们欲望的工具。改革的普遍性在于它的内在精神追求，缺失了普遍性导引，改革会沦为欲望的奴隶。实践是检验真理的唯一标准。这是个非常重要的本体论思想，而不仅仅具有认识论价值。但对这句话一定要有恰当的理解，否则就会导致功利主义，甚至会成为教条主义者的借口。实践作为检验真理的唯一标准，并不能仅仅从结果的角度去考虑，因为单纯的结果主义思维的后果往往是功利欲望的满足，结果主义的理解会让实践失去其应有的价值内涵，而让实践沦为一个工具主义的概念。实践自身是要有价值引导的，价值是内在于实践概念的，实践在一定意义上都可以看作是道德实践。新时代的改革实践具有重大的思想突破，它强调了人民群众对美好生活的向往，尽管这种向往不可能远离利益元素，但美好生活之所以是美好生活，它是有原则高度的。这便是人的高度。新时代的改革是一种有原则高度的实践，普遍性法则在遵循美好生活的价值牵引的前提下呈现出良好的合理性。很多概念话语都需要再解释，在对其进行解释的过程中我们获得的是一种合理性期待的满足。不要拿特殊性作为借口去反对普遍性，不能把普遍性作为教条去掌控特殊性，特殊性内在地趋向于普遍性，普遍性在坚守原则的前提下实现对特殊性的导引。普遍性的价值导引要具有稳定性，人学立场的贯彻不可能朝令夕改，这是我们对于事物本性的理解和把握。因此，改革的实践不是为了改革本身，改革不应该是一个永无止境的过程，改革的目的是为人们提供一种向着人本身的目的性生活，而这种目的性生活是稳定的，这也就意味着改革的目的实际上是为了不改革。这同样是一个原则，是改革作为实践的内在规定性。在改革实践中坚持这样的原则，才会产生具有原则高度的实践，人们也才能过上一种自洽而又稳定的生活，"朝令夕改"绝非实践的法则。

人类的行动必须有一种确定性依赖，改革的实践同样是为了给人们的行动提供确定性，从而让人们过一种美好且充满稳定性的生活。美好生活的标志在于摆脱焦虑的状态，过一种确定性的生活。改革作为一种实践活动，必须始终将美好生活的确定性作为总的指导原则，使人们免于恐惧和担忧，同时也使得人们的预期能够在既定的普遍性法则下获得良好的满足。人类的实践活动往往是要有信念支撑的，而信念的生成意味着对焦虑的抛弃，在一种从容的状态中依据信念获得美好的生活。人们生活在世界上，会面对各种各样的焦虑、怀疑和恐惧，这些精神状态和知识、观念、制度等有着多样化的复杂关系。消除焦虑与恐惧，自然可以从知识上下功夫，从而确立行动的信念。也可以从观念上改造自身，为行动确立内在根据。还可以从制度上谋划，良好的普遍性法则可以为人们的生活提供确定性的指南。普遍性法则不能牵累于人，而必须是有益于增进人的幸福生活，所有与幸福生活相关的指标都是普遍性法则设定的时候所要认真对待的要素。改革作为实践活动，牵涉诸多普遍性法则的创建问题，其中一项最为根本的措施就是保持普遍性法则的稳定性。这是实践的内在规律，是内生于实践的基本要求。

教育领域的改革是由教育行政部门主导的，它拥有设定普遍性法则的权力，然而在该领域改革的到底如何站到人类实践合理性的高度进行评判呢？我们要善于观察，它是我们思考的前提。那么在教育领域不断改革的过程中，人们是否有焦虑和恐惧呢？在中小学教育不断改革的过程中，焦虑是个普遍存在的现象，不仅学生们充满了焦虑，而且家长也充满了焦虑。不断变化的普遍性设定甚至会让人们产生恐惧的心理。头些年强调了素质教育，认为它能够克服应试教育的诸多问题。于是就开始素质教育改革，各个层面的普遍性法则纷纷出台，但效果又如何呢？不仅没有消除应试教育的问题，而且强化了应试教育，增加了学生和家长的负担和焦虑。人们在强调不同领域的素质教育，于是这些领域都被纳入考试的范围，学生们没有了闲暇，家长也变得疲惫不堪。教育的本质是要有闲暇的，在闲暇的时间中才可能获得自由而全面的发展，这是教育的本性。教育要从存在论上考虑问题，设计普遍性，知识的过度泛滥对教育是巨大的损伤。普遍性法则的设定必须符合生存论原则，才可能形成有"原则高度"的教育实践。改革是一种实践，它是有"原则高度"的实践，它向着人本身的属性展开自身的合理性。

信念对于实践而言是极其重要的，信念不仅是实践的动力，更为根本的意义则在于生成某种习惯。实践与习性是一个统一体，这对于共同体的法治建设、伦理提升和政治改进都是有教益的。设想一下，由于人们对司法公正的信念，他们会形成一种习惯。他们绝不会轻易到法院里打官司，除非遇到了疑难棘手的案例，否则他们不会诉诸法院。这恰恰是法治的内在要求，是习性对法治的意义。过去我们进行公信力建设，其目的的根本点就在于生成一种信念，人们发自内心的对于法治的信念。而习性对于法治建设而言要远比立法所创制的普遍规则意义重大，它是基础性的，它既包含了普遍性，也包含了特殊性。信念本身具有普遍性价值，它把普遍性融入行动，而生成了各种惯习。这是行动的原动力，是行动的恒常性表现。由于我们对于坏孩子变好的信念，我们会对坏孩子进行各方面的训练，用自己的行动去凝结真善美的意义，久而久之坏孩子变成了好孩子。信念是根本的动力。正是由于信念，人们会持之以恒地行动，会抛弃任何外在的元素，而专注于事物本身，这是取得成效的关键。反过来，一旦人们对事物缺失了信念，那往往意味着行动的失败，这好像是实践的机制。在革命实践当中，若是对革命缺乏信念，那革命便很难成功。正是因为没有革命成功的信念，在敌人的老虎凳面前就会胆战心惊，这就很难养成忠诚于革命的习性。信念或许并不是知识论的范畴，它理应属于实践论的范畴，但良好的知识前提有助于使信念趋于合理化，充满合理性的信念会展现出自身更为强调的行动力，也能够使得实践本身具有某种"原则高度"的引导性价值。信念是行动论的，习性自然也就属于行动论的范畴。很多时候我们往往缺失对事物正确性的认知，但却有着对事物信念的把握，信念的支撑已经足以导引行动的展开。返向自身，塑造我们的信念结构，这或许是法哲学、伦理学和政治哲学都必须认真对待的问题。

7

实践本身孕育了实践智慧，实践智慧引导着实践的合理化。好的实践不仅需要价值的牵引，还需要各种品质的塑造，实践智慧是各种德性的总汇。不同人所塑造的实践形态是有差异的，其重要原因在于实践智慧的差异。回顾一下历史，当阮籍站在广武古战场想象着楚汉战争时，发出了"时无英雄，使竖子成名"的感慨。人们可以对这句话作出不同的理解，我们却不能忽略历史实践的主体性思考维度。在广泛的生活实践中，不同主体所塑造的生活样态是存在差异的，不同的主体所塑造的革命实践是有差异的，不同的主体所构建的改革实践是有差异的。并不是每个人置身于特定场域中就会造就相同的实践状态，承认差异性正是历史唯物主义的精神体现。毛泽东等老一辈革命家可以领导中国人民取得革命的成功，这是实践智慧的强大构造力的呈现。换作别样的人们可能就无法成功。蒋介石集团有着远超共产党的外在力量和手段，但结果却不能摆脱失败的命运？这是实践智慧的差异所造就的结果，实践智慧是有灵性的，但灵性对人而言往往天壤之别。实践智慧是要关涉个体的，不同个体参与的实践活动之表现样态存在着巨大差异。这便是我们应该特别强调人的价值的重要缘由，它是实践智慧的逻辑思考得出的自然结论。由于考虑了人的元素，便凸显了人类实践的复杂性，以至于难以对活动的结果作出预判。

无论是法的实践，还是伦理的实践，抑或是政治的实践，都是"主体的实践"，这和法、伦理及政治作为实践智慧的思想判断是内在统一的。这三大领域都涉及普遍性与特殊性问题，对于普遍性的生成需要在对特殊性深思熟虑的基础上进行架构，从而谋划一系列普遍性法则，而对于特殊问题的解决则又需要把普遍性放置到特殊场域中作出恰当的判断。这样的实践功夫并不是所有人都能够做到的，它需要实践智慧的登场。谁会否定对三大领域所作出的"主体的实践"这一判断呢？这是一个事实，根本不容我们提出质疑。正是由于实践是"主体的实践"，才使得实践活动充满了矛盾性，主观性与客观性、必然性与偶然性、能动性与被动性、普遍性与特殊性同时在场，实践的逻辑必须迈向实践智慧，才可能解决实践中的各种矛盾。正是在这个意义上，我们对法、伦理及政治作出实践智慧的判定也就显得合情合理。这在逻辑限定的前提下，是可以获得必然性的判断结果的。但由于每个人所看到的世界存在差异，或者虽然看到了这种现象，但却并没有将其确立为信念。其他信念顽固地占据了他们的心灵世界，这些顽固的信念会抑制某种合理性信念的产生，也会导致我们的理性判断出现各种差异性。

"主体的实践"作为一个基本事实，是我们思考法、伦理及政治诸多问题的重要前提，它同时具有一种思维方式上的革命性。"主体的实践"意味着，无论是对普遍性的掌控，还是对特殊性的把握，抑或是对两者的融合，都是主体的操作。既然是人的操作，那便不可能没有主观性、偶然性，人们对于客观性和必然性的期待固然美好，但却会遭遇主观性和偶然性的改造，因此"主体的实践"同时意味着主观性与客观性、偶然性与必然性、单一性与多样性的彼此融通。这本身就具有一种思维方式的变革价值。法、伦理和政治不可能按照普遍性的法度毫无遗漏地掌控特殊性，这也就决定了对法、伦理及政治的把握不可能遵循客观化的路线，也不能够抬高逻辑的作用，更不能按照技术化法则的模式用普遍性吞没特殊性。任何方法都是有限的，所有的措施都是要打折扣的，尽管它们并非不发挥作用。对法、伦理及政治的前提性把握是创建更好的实践形态的关键，对三大领域的实践智慧判定是本体论把握，而非知识性的判断。实践智慧本身就是融合性的，普遍性与特殊性的视域融合意味着主观性与客观性、偶然性与必然性、单一性与多样性的辩证统一。这里好像说了一个比较抽象的词汇，那就是辩证统一。其实这仅仅是在突出辩证法，而辩证法正是实践智慧，两者在根本上是一回事。四季更迭、日月星辰的运行变化是规律，而不是辩证法。我们不能把辩证法的修辞当作辩证法本身，四季更迭可以离开人而客观存在，但辩证法不可能脱离人的活动。

在纯粹的逻辑世界中，根本就没有实践智慧。一个人只要足够聪明，就可以按照既定的逻辑法则进行推导，从而得出其必然性的结论。因此，逻辑本身并非实践的，甚至可以说逻辑具有某种先天的属性，尽管在最早的逻辑起源论上亿万次的反复实践可能起到了建基性的作用，当然这个问题很难作出科学上的把握。法、伦理及政治都不能被归结为逻辑，尽管在前提既定的条件下存在有效的逻辑推论。人类实践领域中或许存在着某种必然性，也可以理解为总体性，但绝不能将其归结为必然性。实践在任何情况下都只能是"主体的实践"，因此我们要认真对待主观性、偶然性及多样性的法律现象、伦理现象和政治现象。作为人而言，自然首先就有主观性，主观性的差异往往会导致实践样态的差异。主观性本身并不一定就是坏东西，它也有某种优越性，强大的主观意志有利于实践效果的生成。但不可否认的问题在于，主观性有可能导致任意性，情绪化的扩张会让人失去合理性的掌控而变得难以节制，但实践智慧所包含的主观性是一种合理性的展开，它虽具有主观化的形式，但却拥有客观性的内容，主观性包含了客观性，就不会陷入浮躁的状态，自然就易于克服任意性的扩张，而保持自身存在的合理性意义。当然，我们必须能够克服主观性中所包含的任意性元素，因此这就需要实践智慧的美德。审慎与节制及好的考虑都会构成对主观性牵制的智慧美德，由此可见实践智慧并不缺少智识性要素，也不缺乏智性判断的能力，而节制则自然是一种道德美德。对于任意性的克服，既需要智性，也需要德性，而实践智慧包含了两个方面的要素。不过即便实践智慧已然彻底登场，我们仍然不可能完全消灭人类行动中所可能存在的任意性，这正是人的有限性的重要表征。

在我们的生活实践中，自然也包括在法、伦理及政治的实践活动中，人们经常会遭遇到各种各样的偶然性，这增加了人类实践的难度和困惑。对于必然性而言，是易于把握的。只要人们能够认识到事物的规律性，便能够对必然性采取合理的措施，普遍性法则也易于发挥作用。但面对偶然性则不然，偶然性的运行是没有章法的，它充满了情景化的特征。在这种情况下，普遍性往往是无效的，也就是说特殊性脱离了普遍性的掌控，于是人们往往不知所措，正是在这个基点上我们推崇实践智慧的卓越价值。我们认识到法、伦理及政治作为实践智慧的意义，不过这并不是定义化的把握，而是一种哲学化的理解。我们无法像"让主观性具有客观性"那样"使偶然性具有必然性"，但我们可以提升对偶然性的判断能力，进而增进我们对于偶然性的把控能力。这需要情境判断的智慧。也许，我们不会形成关于驾驭偶然性的普遍知识，或许根本就没有那样的知识，但我们可以生成把握偶然性的实践智慧。当我们恰当地解决了偶然性问题的时候，也许自身并没有意识到什么知识的立场，但在每次都能恰如其分地解决偶然性问题的情况下，我们便自然地获得了实践智慧。

实践智慧要善于把握人类生活中的多样性，并能够恰当地处理多样化的问题。人类实践不是单一的、线性的逻辑，而是多样化的呈现。这是基本事实。人们在法律生活中要善于识别多样性，在多样性中寻求共识性，从而生成良好的普遍性法则，而在运用普遍性的过程中，则又需要通过普遍性去应对多样化的杂多，克服人类生活中所存在的多样化遮蔽，使我们处在一种澄明的状态。人们在伦理生活中，同样会面对多样化的与伦理相关的现象和问题，如何运用普遍性的伦理法则去恰当地解决杂多的伦理问题，是实践智慧的基本使命，只有在实践中才能生成这样的伦理智慧。人们的政治生活是异常复杂的，如何在多样化状态生成普遍法则？依靠民主的机制？抑或是少数贤能的智慧？这或许都不是绝对的，其间也许不存在一个绝对的尺度。民主机制未必就比贤能者所创制的普遍性高明，反过来也是同样的道理。无论是民主机制本身所呈现的多样化驾控，还是贤能者对世界杂多性的辨识与掌控，都需要实践智慧的登场。无论是从特殊性到普遍性，还是从普遍性到特殊性，都有一个多样性的应对问题。只有经历了这样的双向实践并反复实践的人，才能够拥有把控和处理问题的实践智慧。实践智慧是生成的，而不是给定的。生成论的基础是实践论，实践的本体论是理解生成论的基本前提。我们都处在不断生成自身的过程当中，这同样是个实践智慧的存在论问题。

8

实践智慧如何对待真理呢？实践智慧是行动中的智慧，是普遍性与特殊性彼此融通的智慧。它并没有为自身"悬设"一个实在论的真理，而这个真理期待着被人们发现，并在行动中贯彻作为实在论的立场。实在论的真理观大抵是一种符合论，它属于形而上学的真理观，在现实生活中很难证明。我说"那是一条河"，我怎么知道我说的就是真理呢？我通过观察告诉我自己那就是一条河，形而上学要依靠这种观察加以证明吗？我自己对自己的判断的证明？那它的证明力又怎么衡量？别人都说那是一条河，于是我们就相信那是一条河？无论如何，在形而上学的逻辑内部都是无法进行现实性证明的，说到底只不过是个假定。但纯粹的实在论真理观与形而上学真理观还是有区别的，实在论的真理观就是符合论，但形而上学的真理观却未必就是符合论，理念的真理设定又何尝不是一种形而上学，但它并非符合论。形而上学与实在论存在重要差异。整个的形而上学又何尝不是一种假定呢？形而上学家相信这种假定的真理性，于是假定就成为了真理。形而上学是需要信仰的，真理也需要信仰，形而上学的真理观本身就是一种信仰，它永远都不可能获得现实性证明，而在逻辑范围中的证明则需要假定。但是，形而上学的真理观依然是重要的，它维护了人们对于确定性的依赖，人的生存需要形而上学的关怀。即便在当代世界对形而上学进行反对的呼声下，我们也不能否定形而上学的价值。不能总是用科学思维对待形而上学问题，形而上学问题说到底是人的存在论问题，是人的生存论问题。把科学问题形而上学化是科学家的信念，但把其他领域科学化却充满了危险，而将其他领域的科学化再形而上学化则会令人胆战心惊。

当我们从生存论的角度去理解形而上学真理观的时候，则实在论就发生了实践论的转向，真理也就成为了实践中的真理。即令是形而上学的真理在实践论的意义上也具有了重要的行动价值，真理的信念塑造了行动的力量。难道我们的行动世界就不需要形而上学的支撑了吗？当我们在法、伦理及政治实践中贯彻某种"人道主义"理念的时候，这难道不是一种形而上学的贯彻吗？我们无法在科学实在论的意义上证明人道主义的真理性，于是我们将其转化为一种形而上学的假定，这是一种理念的设定。其本身在哲学上便是理念论，而这种"悬设"的理念论就是一种形而上学思维的表现。然而，形而上学的真理在实践上依然是有意义的。如果我们把人道主义作为一种真理，人道主义就会在行动中得以贯彻。它会体现在法律制度的设计和规则的运用当中，从而表达对人本身关怀的真理观。它会体现在与他者相处的伦理关系当中，对于他者的关爱构成了人道主义的伦理价值。它会体现在政治共同体的制度设计和行动方略当中，会有更多的群体受到人道主义的眷顾。当我们这样表达形而上学真理观的时候，其实已经远离了符合论，自然也就不需要所谓实在论的证明。然而人道主义毕竟是一种理念论，它有可能导致教条主义，而教条主义的泛滥就意味着对行动的损伤。理念论的真理作为行动中的真理，必须考虑实践的情境，在实践的特定情境中决定自身的应用。真理是普遍性与特殊性的融合，在根本上具有生成论的属性。

从实践观点出发，真理呈现出实践智慧的重要属性，它涉及在特定语境中对真理本身的修正。修正之后的真理依然是真理，真理本来就处在行动当中，在行动中普遍性与特殊性必然会相遇。普遍性与特殊性的融合不是知识论的，而是实践论的。真理是一条道路，它处在向前发展的过程中，路标只是真理在不同境遇中的呈现形态，无数的路标之间既具有连续性，又具有断裂性。真理的实践运用需要深思熟虑，需要审慎明辨，需要权衡当下。真理不是固定不变的原点，而是要在实践的延展过程中不断丰富和完善自身，当然这也是真理所具有的修正功能。真理具有自我调适的基本属性，但这并不意味着稳定性的消失，而是体现了真理的辩证法属性。真理的确需要自我调适，但真理绝不能过度修正，否则人们的生活就失去了确定性。真理是一种信念，信念本身必须具有稳定性价值，否则就不能称之为信念。我们拥有法治信念，就是把法治看作是一种真理，而在实践当中加以贯彻。但法治绝不是教条，法治教条化的结果就是其真理性的消亡。很多人把欧美的启蒙法治观作为真理，并且认为是唯一的法治真理，并将其放置到不同的文化共同体当中展现自身的存在价值。但由于没有考虑到法治在不同国度的实践中所具有的差异性，而将欧美法治当作了教条，这是没有对启蒙法治进行修正的表现。从普遍性与特殊性的关系理论上看，这种思维是用普遍性统御特殊性，而不是实现普遍性与特殊性的视域融合。而实践作为法治贯彻的具体场域，它本身就具有修正普遍教条的功能，也只有在恰当的修正当中真理本身才能真正具有稳定性与灵活性相统一的实践价值。

真理固然是个普遍性判断，但却植根在特殊性并要在特殊性当中修正自身，否则真理就会转变为教条主义。离开了对于特殊性的考量，便不会存在任何形态的真理。欧美文明构建了一套关于民主的真理话语体系，对他们自身而言民主具有普遍性价值，但民主在欧美政治实践中也并非千篇一律的，在欧美不同民族国家中民主是有差异的，民主的真理是统一性和差异性的共在，是普遍性与特殊性的融合。这种民主的真理话语当中包含了共识，其中个人主义和多数制算是普遍性内涵，而个人主义和多数制是协调统一的，尽管它们看上去是一对矛盾，因为多数制包含了对于个人意见的否定性。个人主义的普遍性和多数制在不同国家的表现形式是有差异的，也是要被修正的。而至于民主话语在世界范畴内的实践发展中，修正就更是一个不可避免的现象。中国是社会主义国家，我们实行的是社会主义民主制度，民主在中国与在欧美就表现出了差异性，中国的民主必须建基在中国的特殊性当中，然而它同时又有普遍性，只有同时具有了特殊性与普遍性才是中国对世界的贡献。两种类型的民主都是民主，但民主在中国要接受中国传统的改造，这是实践的规律性。传统的惯习会悄无声息地构造民主的形态。在中国，人民性就是最大的民主，这具有根本性和普遍性，这与我们"保民而王"的传统有关，也与我们马克思主义的意识形态有关，这是最大的中国特色，也是最大的中国普遍性。我们的理念是要保障每个人的利益，脱贫致富便体现了中国特色的民主在整体发展实践中的落实。中国民主的"人民性"既包含了中国自身的特殊性构造，又具有世界意义。

实践观点视域下的真理观强调的是行动，是践行，真理只有在行动中才能彰显自身的存在意义，也才能实现自身的不断发展和完善。法治是一种行动，只有在行动中才能推进法治的发展，法治的普遍性与特殊性都凝结在行动当中。抱着一个关于法治的普遍性信念，但却从不让自身深入实践行动当中，那便不可能有现实的价值。单纯的普遍性构造并不意味着真理，真理不存在于普遍性知识当中。真理的存在意义不是面向知识世界的，而是面向行动世界的。我们掌握了道德真理，但道德更为突出地强化行动的意义，道德领域的实践真理观的要义存在于知行合一的操作当中。一个人掌握了大量的关于道德真理的普遍性知识，但却从不在行动中落实这些普遍性要求，那他就不是真正地掌握了道德真理。人们评价一个人是否孝顺，绝不会看他是否能够对儒家经义倒背如流，而是要看他在实践中对经义的贯彻，离开行动无法判别一个人的道德状态。只是在知识形态上掌握了所谓道德真理，充其量不过算是有文化的人，但绝不能是个有道德的人。有道德的人是用行动塑造的，而不是用知识显现的。在行动中实现道德原理并不是一件容易的事情，相比于立德，立言和立功都是容易做到的。政治领域的真理自然也是要依赖行动的，否则仅仅停留于普遍性教义的层面，是没有现实意义的。停留于文本的政治教义往往会演化成为教条，整天重复这些教义的结果是养就形式主义和教条主义的风气，这不能从根本上改变我们的生活。因此，政治真理也是要强化行动的，我们需要真抓实干的人。我们有一些话语典型地表现了真理的实践导向。"脚踏实地"，"撸起袖子"，"甩开膀子"，这些形象的话语正是一种行动精神的体现，是实践真理观的表达。在法、伦理及政治实践中行动的精神是根本性的，三大领域中的真理要在各自的行动实践中获得提升，这便是真理修正的意义。

所谓真理是不可能离开人而独立存在的，属人世界的真理问题具有鲜明的创造性特征，真理不是墨守成规而是开拓创新。真理不是固定不变的知识，但真理在调适与发展过程中要注意与旧有的真理的协调，这对于人类的行动实践是有利的，它不至于使得人类的实践活动产生断裂，从而会保持与旧秩序的协调性关系。而这样做在观念上也具有中和的意义，同时也有益于人们接受新真理，从而实现新旧真理之间的协调统一。这好像具有人为的属性，然而真理从来都不是与人相分离的，尤其是法、伦理及政治世界中的真理更是与人无法分割。谁掌握了关于法治的真理？我们关于法治真理的发展是在旧观念与新环境不断调适的过程中加以实现的。开始的时候我们叫作"以法治国"，后来我们才改为"依法治国"；开始的时候我们叫作"法制建设"，后来我们才改为"法治建设"；开始的时候我们只讲"法治国家"，后来我们又提出了"法治政府"和"法治社会"；开始的时候我们叫作"社会管理"，后来我们才提出"社会治理"。真理的发展呈现了与旧观念的良好衔接，因而易于为人们所接受。然而人类的发展必然会出现新经验、新问题，这就需要我们对其进行概括和提升，从而提出新的真理系统。新的真理系统适应了发展的需要，同时又保持了与旧真理、旧观念的对接与协调。当然，这并不是一个技巧问题，而是一个实践真理观的规律问题，当然也是一个实践智慧的问题。尽管真理具有人为的属性，但它在根本上还是要具有来自于"事实世界"的合理性。人们所创建的真理不可能是任意的，尽管难免会有些任意性的特点。真理要符合时代的要求，要具有真切的实践合理性。但真理作为实践智慧的存在方式，不能任意的扩张，更不能把某一个异域的理念当作自身的真理。

真理具有内生性，这是实践真理观的基本要义。有段时间有些人特别宣扬自由主义，把自由主义奉为神明，简直就是真理中的真理。然而自由主义并不是真正地内生于中国实践的，中国的"实践"根本不可能将自由主义转化为一种行动的真理。那些自由主义者用自由主义的真理标准评价中国社会的方方面面，自以为把握了关于事物的真理性，但其实只不过是一种外在论的真理观而已。愚蠢的人总是善于"外部反思"，卓越者却是要深入事物的本性当中，沉下去而后浮出水面。不是中国人无法接受，而是自由主义在中国实践中无法生成为真理。真理是在实践中不断生成的。尽管它不是固定不变的，但它的变化的根基同样是在实践语境当中，逃离了实践论视角对真理的把握可能是没有意义的。外在于实践的所谓"真理"只不过是一种外部立场的知识，而根本不是什么真理。真理永远都是内在性的，这一内在性理解与实践立场是结合在一起的，伟大的思想要以彻底的经验存在为依托。在这个意义上的真理本身就是实践智慧的呈现，它体现了"中和"的价值与适度的品格。实践智慧的真理是对"知识论立场"的反对，它反对任何外部视域的批评与指责，主张从内在视角理解人类的知识发展和思想变迁。实践智慧与我们的生活是统一的，实践智慧不是一种知识，而是一种生活方式，是人自身呈现自身的存在方式，是人自身超越自身的创造性力量。这在总体上表达了一种生存论的维度。

在实践智慧的思想前提下，在法律实践中有法律真理，在伦理实践中有道德真理，在政治实践中有政治真理。在历史实践的发展中，法律真理、道德真理和政治真理是逐步生成的，而非某种先验的预设。情理法在传统中国是一种法律真理的形态，它是在中国法律实践变迁、发展的基础上逐步生成的，在其生成过程中自然渗透了中国历史上多学派的思想理论，同时融入了人们的文化心理结构，也契合了古代社会的结构性需求。情理法并非先验的真理形态，而是实践智慧的真理形态，是主体实践的智慧结晶。儒家伦理自然是古代中国历史实践中的道德真理，它保持了与儒家理论的统一性，同时又体现了生活世界的内在要求。儒家伦理是情感主义的真理形态，或许与人类社会早期氏族文化有着内在关联，而儒家哲学强化了这种真理的形态，而历史上的道德实践则反复验证了其在古代社会的合理性。儒家伦理是实践性的，而非知识化的。并不存在一种预先设定的知识形态的儒家伦理，儒家的道德真理要与儒家实践智慧结合到一起才能理解。

在古代中国形成了"礼法并治"、"德法兼用"、"人法兼重"的政治真理，它同样不是某种先验的理论预设，而是在历史实践发展过程中逐步生成并随着政治实践的发展而不断完善。在人类生活实践中的真理不是某种理念的教条，任何教条的理念不管其理论形态如何精美，也不可能成为放之四海而皆准的真理。真理只能是逐步生成的，比如科学发展观是一种真理，它是历史实践发展的结果，是人类对自身社会实践反思凝练而生成的真理形态，是实践智慧的充分展现。这样的话语方式不是空洞的抽象话语，而是实际的历史实践的规律性在人类思想中的真理性表达。它是一种理论，同时又是一种实践，是中国社会发展中理论与实践的统一。真正伟大的真理都是理论与实践的视域融合，它体现了人类在对现实性把握的基础之上的理论超越，而这种真理性理论又会返向实践本身，真正实现自身与实践的高度融通。真理是实践智慧的表现形式，真理生成于实践而又面向实践，它在实践中不断实现自身，又不断生成自身。向着实践的真理又是向着"人本身"的真理，抛开了"人的维度"就不可能真正理解真理的存在意义，世界上没有一种"悬设"在外部空间而与人无涉的真理形态。理解人的存在状态是把握真理的前提。

真理不是一个物化的形态，它始终与人的存在密切相关；真理不是一个千古不变的标准，它会发生历史的变迁；真理不是一个预先的设定，它处在不断地生成状态当中；真理不是一个目标，它根植于心灵而不断向外拓展；真理不是一种知识，它超越了知识而面向生活本身。当我们这样重述真理的时候，绝不意味着对符合论真理观的否定，科学的真理观是无法否定的，但它需要被超越。伟大的科学家把握到了真理，符合论或许可以被理解为科学家的真理观。但是，他们所把握的真理也可能处在不断生成的状态，当牛顿被超越的时候，我们看到了真理处在生成的过程中，但这个过程不能过于夸张，真理永远都会具有一种稳定性价值。符合论真理并非绝对的客观性，真理不可能抛开主观性。主观性并不是一个贬义词，只要是思想便不可能离开主观性。"存在就是被感知"，"感觉的复合"，"相对论"中的"相对"，难道不是恰好体现了科学中的主观性吗？把真理放置到生存论的立场中加以理解，那真理自然就是实践智慧的一种存在方式，它是实践智慧"上手"的一种状态。那么，怎样的人才可以说是把握了真理呢？那些拥有实践智慧的人便可以把握真理的人。一个对案件驾驭得心应手的法官，一个能够应对变化并力挽狂澜的政治家，一个能够让村民们心服口服的村长，他们便是实践智慧的主体，同时也是真理的主体。真理是"有人"参与的，卓越者往往与真理统一在一起。若他们不是真理的掌控者，难道一个夸夸其谈的专家是真理的把控者？若他们不是真理的掌控者，难道一个纸上谈兵的大学生是真理的把控者？若他们不是真理的掌控者，难道一个整天坐在办公室发号施令却无效果的长官是真理的把控者？若是他们掌握着真理，那便是天底下最大的笑话。但是，世界上并没有人可以垄断真理，只有洞悉实践的人才是真理的把握者，他们坚持生成论的真理观。真理并不存在于文本当中，只有深入实践当中才能把控真理。把真理和实践智慧结合到一起加以理解，这是一种对真理观的拓新。不要以为我们过去的认识都是正确的，我们要不断突破知识对自身的限制。

四、本体性经验

—— 9 ——

实践智慧是真理的存在方式，真理是实践智慧的表现方式。实践智慧并不是某种预先设定的知识，也不是事后形成固定知识。

实践智慧是一种本领，是一种品质，它和一个人长相厮守，相伴终身，不弃不离。在生活世界中的人们总是要与各种事物和事件打交道，这打交道的过程就是一个普遍性与特殊性对接与交融的过程。在法、伦理及政治领域中存在着大量的普遍性规则，它们以静态的方式存在，遇到具体问题的时候便力图发挥自身的作用。有的时候普遍性会包含特殊性，在简单的事件中往往就是如此，这固然不需要高妙的实践智慧，但无疑在对简单事件的处理中也有益于实践智慧的塑造。有的时候普遍性不会包含特殊性，或者说特殊性不适合于任何普遍性，那自然就不能简单地运用普遍性法则去囊括特殊性，而必须通过具体分析恰当地解决其所面对的复杂问题。生活中处处都是如此，法律职业中存在大量的复杂纠纷，政治活动中存在众多的疑难问题，伦理生活中同样有棘手的难题，在此种情况下特殊性不能被包含在普遍性当中，但人们面对问题必须给出恰当的解决方略，于是这就生成了实践智慧。然而，这仅仅是从抽象的意义上讲述一个道理，谁都会说出这样的大道理。但实践智慧到底如何生成的呢？也许这是个心理学问题。或许我们只能说出一些最为基本的元素，复杂的机理并不容易说得清楚。这就要过度到经验的问题了。

实践智慧的生成与经验密切相关，实践智慧作为本体性的存在状态，其最为根本的存在基础却在经验的本体之中。只有在经验的磨练中才能逐步生成实践智慧，经验相比实践智慧是本体存在。这并不排除对于人类历史经验的吸收，然而人们是否能够驾驭和运用历史经验，并不是一个外在的知识论问题，而往往是一个存在论问题。只是对于历史经验的存在论掌控也是要有天赋的，面对相同的世界人们的收获是存在差异的。有的人天然善于驾驭历史经验，而有的人则拙笨到放弃摆到眼前的历史经验的地步，人的差异性远比我们想象的要复杂许多。无论如何，经验对于实践智慧都是本体性的存在。一个人在生活实践中会遭遇到各种各样的问题，其间必然牵涉普遍性与特殊性的问题。在一个人开始处理普遍性与特殊性问题的时候，他可能是生涩的，对于问题的处理也难以真正"上手"。然而，随着经验的累积，问题得以进入"上手"的状态。"游刃有余"与"上手"等同，"恰到好处"与"智慧"相连，这个时候的他再也没有了生涩和困惑，但他却是从生涩走向成熟，从困惑走向明朗。现代人总是习惯于依赖科学技术，喜欢把知识作为把握事物的普遍性前提，这固然是有道理的。但这难免遗忘了实践智慧，而遗忘了实践智慧，便容易使教条主义变得兴盛。我们总能看到这样的现象，有的人看上去很有知识，总是能够说出一大堆的普遍性话语，"神乎其神"，"夸夸其谈"。处理一些简单的问题还算勉强，而一旦进入复杂领域则往往毫无应对之策。当然，问题总会解决，但实践智慧的解决方略又怎能是教条主义的解决方略所可能相比？没有经验存在论的"摸爬滚打"，怎么可能塑造"得心应手"的存在状态？也许开始会犹豫不决，这是远离教条主义的开端，也是思想的开启；然后或许还会"彷徨"和"煎熬"，这是在仔细地思量，也可以看作是深思熟虑。这自然可以被理解为实践智慧生成过程中的挫折，是对"上手"状态的追溯，没有痛苦的煎熬便没有"得心应手"的智慧。它是艰难的，但却是有益的，也是必需的。最后是"从容起步"、"笑谈人生"，这自然是一种美好的"上手"状态。实践智慧已经彻底地登场，当然彻底是个相对的概念，彻底本身也处在不断生成之中。卖油翁的故事，还有庖丁解牛的故事，都是重要的修辞方式，是理解和把握实践智慧"上手"状态的最好注解。

存在论的经验作为本体具有怎样的意义呢？它是对于二元论分裂思维的克服，它意味着二元化和多元化的视域融合。经验是一种连续性的生存状态，它是整体性的人的存在方式。我们每个人都是生活在经验当中，看上去人们是生活在一个物质世界，而物质世界其实不过是一种生存前提，人是生活在自身与他者打交道的经验当中。其间有"惊骇"、有"恐惧"、有"快乐"、有"痛苦"、有"舒心"、有"惆怅"、有"激动"、有"屈服"、有"坚韧"，所有这些在根本上都是经验性的，在这种生存境况中人才能不断超越自我，实现自身"得心应手"的智慧状态。我们不可能摆脱自身的经验，摆脱了经验就等于失去了自我，自我在经验中挣扎与超越，超越并不是摆脱，而是面对困惑的新生，在此之后自我进入一种解放状态。主观性与客观性是对立的吗？在经验中两者是融合的。主观性与客观性的融合，意味着主观性超越了自身的有限性而具有了客观性内容，同时意味着客观性摆脱了自身杂乱无章的状态而进入有序的状态。在与生活世界的关系中，主观性中往往包含了普遍性期待，人们习惯于运用主观性"掌控"生活世界，而在主观性与客观性的关系中同样包含了普遍性与特殊性的关系。只有具有了客观性内容的主观性所包含的普遍性才具有合理的价值，而其对生活世界的"掌控"便会呈现出积极的价值和意义。客观性本身类似于特殊性的杂多，自然需要主观性的导引，但主观性绝不能是任意性，而必须拥有来自于客观性支撑的合理性。如果主观性被理解为任意性，便失去了自身的普遍性，而沦为自我欲望的特殊性。在经验本体论的视域下，并没有什么概念的偏见，它并不认为主观性是恶的，也并不当然地认为客观性就是善的。无论是主观性还是客观性，都是经验存在中的内在组成部分，都对人的生存活动产生各种各样的影响和塑造。我们生活在经验世界中不会对主观性和客观性抱有任何偏见，作为存在的环节它们融合到了我们的生活当中，以经验为依托的实践智慧"掌控"了主观性和客观性的运行机理，从而实现了对两者对立思维的超越，而达到了一种自洽的生存状态。生活中并非没有对立，但在经验的流动世界中我们融合了对立。

我们好像已经无法摆脱概念对我们的构造，正是在知识论的把握中概念的对立成为了一种常态，而概念的对立却又构造了生活的对立。难道不是这样的吗？难道是生活本身存在着对立，而概念只不过是反映了这种对立？或许并非如此。知识论的概念构造有着它自身的特殊性，对立是人类自我创设的观念元素，在原本的经验世界中事物是融合的，生存论的经验不会扩大对立。也许是生存世界中人的存在本身助长了对立的产生，因为人自身有分裂自我的倾向。如果说人们经验的生存世界中存在对立的话，那便是人为的结果，而知识论的扩张助长了这种对立与极端的产生。二元论是一种非常简单的思维方式，它易于人们掌握，故此有很多人"乐此不疲"。莫非符合了人"斗争"的本性？然而，人其实是个复杂的统一体，他自身既包含了主观性，也包含了客观性。而我们面对的世界同样是既包含了主观性，又包含了客观性。同时我们也看到，主观性中包含了客观性，客观性中包含了主观性，事物原本就是主客观相统一的存在。没有绝对的主观性，也没有绝对的客观性，绝对的主观性和绝对的客观性是人类概念抽象的结果，而在对概念的理解中又进一步地把概念本身绝对化。从经验世界出发克服主观性与客观性的对立，正是克服两极思维的最佳路径。沉入经验当中，为主观性正名，才能真正地理解经验的本体论意义。背靠大地，仰望星空，真切地感受自身的存在状态。

遵循着经验本体论的思想理路，普遍性与特殊性共存于我们的经验世界当中，普遍性当中包含了特殊性，特殊性当中包含了普遍性，特殊性与普遍性的视域融合就是我们的经验世界的生活状态。如果普遍性没有呈现出特殊性，普遍性就不会具有合理性，如果特殊性不在任何意义上受制于普遍性，特殊性就会游离于世界之外而成为与人无关的存在。这种对于普遍性和特殊性的关系把握，并非任何人在实际上都能够做到，它需要人们思维立场的转变。无论在任何情境下，思维视角的转换都可能会对知识产生重塑的功能，同时自然也会对生活本身加以重塑。观念是可以改变世界的，这是心灵的意义。不要小看人们的观念世界，它往往具有决定性意义。将自身的思想视域放置到生活经验的立场上，使我们能够看到不一样的世界，能够体会到事物不同的存在意义。我们的思想转变并不是为了获得某种知识，在根本的意义上我们的目的在于实践的谋划与变迁，站到经验本体论的立场上所导引的实践活动将不会分裂自身，实践中的人们也不会走向极端。"从容中道"，这恐怕才是真正的实践智慧。中国古人的智慧是卓越的，它虽然勘察到了"两个世界"的问题，但却要融通"两个世界"，从而使得它们能够融合对方而不至于有大的偏颇。当然，我们必须承认，不同的人的经验是不同的，不同的人对于经验世界的感受也是有差异的，因此不同的人所操控的实践也会呈现出不同的面貌。这便是经验的差异性，也是实践的差异性，然而这仅仅是一种现象。从根本上讲，这或许是由于人的天赋的差异性所导致的结果。我们并不是"先天论者"，但人对自身经验存在的理解是有差异的，其所掌控的实践便不可能相同。当然，这好像还是个实践智慧的问题，但实践智慧不可能离开人的自然禀赋而获得正确的把握。好像一切都会发挥作用，不要小看任何一个元素。谁又能说不是呢？我们必须明白，在这个世界上有很多复杂的机理是难以把握的。

对于经验的理解，我们同样会有不同的角度。过去人们习惯于从认识论的立场理解经验，把它看作人类认识的基础性环节，于是出现了感性认识和理性认识的判断，而在德国哲学传统中则有感性、知性和理性的不同划分类型。当我们从认识论的角度理解经验的时候，很显然是把经验看作一个较低的认识阶段，经验便成为了一个无法与理性相媲美的概念环节。然而当我们从"存在论"的角度理解经验的时候，则经验就自然地变成了一个本体论的概念，理性同时是存在于经验当中的，并不存在与经验相对立的理性概念。于是我们完全可以说"经验理性"，这是个混合了经验与理性的概念，不过这仍然有二元论的嫌疑。对经验的恰当理解应该是生存论的理解，理性内在地属于经验，它是经验的一个环节。这样的经验其实和实践智慧是等同的，实践智慧当然是经验的，但同时也是理性的，只是由于知识论的过度干扰，让我们对自身的思想产生了诸多困惑。我们还是要确立实践论的立场，实践论的立场和经验论、存在论及生存论都是统一的，这同时也是一种生活化的立场。不要陷入概念纠缠的套路，把握其主旨才是思想的大义。不要让生活陷入对立化的泥潭当中，在实践智慧的导引下我们的生活将会日益澄明，摆脱旧有观念的束缚，彻底实现自身存在方式和思想方式的转变，这样便真正切入了我们人自身的存在当中。

人在自身的经验流动过程中，一方面需要稳定性的满足，对于确定性的追求就成为了人们自然的冲动，另一方面人们则面临着纷繁复杂的多变世界，世界的灵活性便是实际的存在。从经验主义出发，我们定然会支持多变性、具体性、特殊性等人类生活的各种特质，从这样的思维出发我们自然也会对绝对性和永恒性持有怀疑的态度，已经有哲学对传统形而上学进行了严厉的批判。我们在这里并不是要否定形而上学，而是要对其有限性进行反思，在一个生活合理性的空间上去理解和把握。我们反对知识论上的形而上学，但我们却需要在生活上具有形而上学的终极关怀。形而上学追求本质和绝对，其中自然蕴含了普遍性追求，不管人类如何站到今天的角度加以批判，形而上学都是卓越的思想呈现，在人类思想史上扮演了重要的角色，它满足了人们对于稳定性和确定性的需求，在理念和心灵的维度与人们生活的期待保持了良好的契合。问题在于，我们在肯定形而上学的时候，不能忽略生活的具体性，因此我们期待一种在流动的、整体的经验理解的基础上对普遍性与特殊性、主观性与客观性、永恒性与暂时性、绝对性与相对性、确定性与灵活性的双重把握，由此诞生的必然是实践智慧，它是辩证法的最高境界。辩证法永远是属人世界的产物和人类实践的表达，在纯然与人无关的世界中没有辩证法，辩证法是一种生活追求。

——— 10 ———

经验作为本体的存在会融入实践智慧当中，从而构成实践智慧的内在环节，而这样的经验往往是"亲历的"。人作为此在总是处在不断的亲历当中，"勘察"是亲历的范畴，亲历的经验作用于人本身，生成人的存在状态，人处在不断地生成当中。"亲历的"经验强调的是"这"，是一个人用心灵和身体感受到的事物，这些事物在经验的整体中转化为人的存在内容，构成实践智慧的技艺，这是一种"游刃有余"地"把控"事物的状态。我们知道那里有座山，但却未曾经历，掌握了许多关于那座山的知识，却无法自己写出一篇关于那座山的美文。当我们从山脚下攀登到了那座山的最高峰，"那"座山变成了"这"座山，于是我们就可以写出一首关于"这"座山的美文，或者一首诗。经过"亲历"之后，"那"座山变成了"这"座山，山还是山，但对我们却已经发生了变化。"亲历"使得"那"座山变成了我们自身的组成部分，成为了我们存在的一个内在环节。知识性的存在不能形成一篇美文，它只能作为知识生成一篇论文，美文是内在的，论文是外在的。美文是经验的凝结，是实践智慧的呈现，是自身存在的表达。我们亲历了童年的"战斗"，便能深切体验这"战斗"的快乐，这快乐是经验性的，是本体性的，它融入自身的存在当中。"亲历"了一个时代，写出了关于时代的文学。尽管写出的文学看上去是虚构的，但它依然是经验的，依然是本体性的，这文学便是实践智慧的呈现，便是那个时代人的存在方式的表达。"那"在亲历之后便是"这"。

一个对于社会的特殊性缺乏"亲历"和洞悉的人，是不适合做普遍性的立法工作的，经验的"亲历性"对于好的法典的产生具有十分重要的意义。拿破仑在驾驭法国民法典的时候，他没有从大学里找专家进行立法，而是找了几个"亲历着"法律实践并深切感受着法国社会的实践工作者构成了起草委员会，从而创制了堪称经典的民法典范例。这自然是经验亲历的意义，法律所具有的经验属性是非常突出的，亲历性自然是经验属性的内在要求。法官也有同样的状况。一个优秀而卓越的法官一定不是个年轻人，而是一个"亲历着"法律的实践过程并感受着时代变迁的成熟个体。同时法官在"亲历"众多案件过程中生成了有意义的经验，这些经验构成了法官的本体性存在，是法官喷涌而发的智慧的前提。法官是手拿着"法槌"，戴着"法帽"，"亲历着"案件审判的法官，在这个过程中他们养就自身的卓越智慧，累积各种处理问题的技艺。一个从未经历案件审理过程的人，尽管也有着法官的美名，但却难以用实践智慧的概念包含他的一切，除非他是个绝对的天才。法律是讲求职业化的，而职业化则需要亲历经验的登场，否则就很难真正"把控"案件的决断。无论是法律操作的哪个环节，都会涉及普遍性与特殊性的问题，对于特殊性的体验是个经验问题，从特殊性向着普遍性的生成也存在经验问题，运用普遍性解决特殊性问题也是个经验问题，这都需要"亲历"的经验的"在场"。我们面对的是一个流动的世界，在流动的世界中我们要把握确定性。我们要"亲历"这样的矛盾运动过程，从中生成我们自身的实践智慧，"亲历"是实践智慧的内在环节。只有在"亲历"中，我们才能变得成熟，成熟与实践智慧是统一到一起的，成熟是实践智慧的品质。

生活中存在诸多的道德难题，对于诸多道德难题的"把控"需要实践智慧的登场，而道德实践智慧的养就同样需要经验的亲历性。一个生活在村落社会中的个体，"亲历着"村落社会的各种惯习，生成了村落社会的道德经验。而一个外来人一旦进入村落社会往往会遭遇诸多道德难题，由于他缺乏对村落社会道德经验的感受，当问题呈现在他面前的时候，他往往"不知所措"，"无从下手"，那种"道德惶恐感"遍布周身。道德并不是抽象的教条，而是惯习的普遍性表达，其本身的生成也是经验性的。我们不可能用一种知识化的模式"把控"其操作流程，深入体验问题本身的"道德亲历"是理解道德难题和解决道德困惑的基本根据。不了解一个群体惯习的人，可能很轻易就会得罪另外一个人。得罪了长辈的最好解决办法是什么？是从现代社会"人人平等"的普遍性出发讲述一种大道理吗？是按照对等的普遍性原则去解决问题吗？可能这些解决方式都是有问题的。在众人面前，向长辈鞠躬道歉，或许才是解决问题的最佳方式。当然这并不是绝对的，这种模式或许仅仅对部分人有效。这里没有什么普遍的理性表达，只有各种为人们身体所"践行"的惯习。惯习就是道德，它具有深厚的客观性基础，因而具有深刻的合理性。一个伦理学家拥有大量的道德知识，但却往往并不能解决其所面对的各种道德疑难，道德的问题需要在亲历中体验其解决的策略。这在根本上是经验的，而非理性的。一个有道德的人是要坚持原则性的，但对于原则性的坚守却是不能刻板的，刻板地坚持原则性的结果往往是不仅得罪了许多人，并且也难以良好地解决问题。这便涉及原则性的运用问题，原则性的运用要看特定的场景，要考虑问题本身的复杂性，而运用原则性的主体却还需要在自身的"态度"、"情趣"、"言语方式"等诸多方面表现出恰到好处的"把控"，否则便不能获得人们的认同，自然也就无法恰当地解决问题。道德的问题当中还牵涉很多非道德的元素，对于诸多非道德元素的运用同样是需要"亲历"的。非道德元素自然也会具有良好的道德意义，一个微笑本身是非道德的，但它却可能发挥比道德元素更高的道德意义。

我们从书本上学到了很多关于政治的普遍性知识话语，但却未必真正理解政治的运行机理，也未必能够真切把握处理政治问题的技艺。政治哲学中包含了"多样态"的政治理论，自由主义政治哲学、儒家政治哲学、社群主义政治哲学，这些都是普遍性的政治话语，从知识的角度很容易掌握这些元素，但却未必能够真正的理解和消化它们，更难以在实践上有个良好的操作。儒家政治哲学主张"贤人政治"，这种政治本身就要求经验的"亲历性"，一个对社会特殊性及普遍性运用缺乏通达的人很难成为"贤哲政治"的良好主体。诸葛亮是个怎样的人呢？"贤哲政治家"的典范。尽管他治理蜀国尝用法家，但依然是贤哲政治家的"不二"人选。他固然有着超越于常人的智慧，同时也具有美好的道德品质，还具有丰富的政治经验，他是实践智慧的典范。然而实践智慧的主体也总是有缺憾的，诸葛亮并非绝美的个体，他对于川蜀地区还是缺乏深层的体验和把控。也许是他的原则性太强，他并不能很好地处理川蜀地区各集团的矛盾。然而，他毕竟堪称楷模，实践智慧对他而言绝非妄言，而是内在的存在状态。他对于多种情势的判断恰当而深刻，当刘备准备攻打东吴的时候，诸葛亮是不同意的，但却无法劝阻刘备。那么，不能劝阻刘备，是否表明他不具备实践智慧呢？也许是我们对他的要求太高，杰出的政治家也不是万能的。在政治领域中，我们的确看到有的人能够轻易地解决其所面对的问题，而有的人则一筹莫展。我们也能够看到为了解决某个领域的问题而更换人选,新的主体往往对类似事件有着更多的"亲历"。古代中国有一句话,叫作"纸上谈兵",说的就是缺乏"亲历"的教条主义者。他们掌握了很多知识,但却并没有什么实践意义。政治的实践智慧是需要"亲历"的。我们现在选拔干部的时候,往往很重视基层经验,这种经验自然是"亲历"的。掌控大局的卓越智慧不可能是书本教育的结果,而是在实践中"摸爬滚打"的塑造,这是我们必须明确的实践智慧的主题。当然,我们从不否认卓越者的天赋力量,他在一定程度上可以超越"亲历"的匮乏,但却不能彻底地背离对经验世界的依赖性。

当然,人是存在差异的,"亲历"与"亲历的结果"也往往是不同的。一个人审理了一辈子的案件,也未必就能成为一位出色的法官。一个人做了一辈子的警察,却不能成功地破获一起案件。一个写了很多文字的伦理学家,却不能成功地解决有些道德纠纷。一个做了一辈子行政工作的官员,却不能良好地处理人们所面对的一些基本生活问题。我们"亲历着"一个时代的主题,我们感受着时代的命运,这是我们进入时代的关键。只有当我们在"亲历"中进入一个时代,才能掌控我们自身的命运,用法律、伦理和政治掌控我们自身的存在而不至于使我们沦落。亲历我们的时代,我们才能真正地进入现代世界。

第四章 理论观察

DISIZHANG LILUNGUANCHA

你们不使哲学成为现实，就不能够消灭哲学。

——马克思

一、理论的本性

—— 1 ——

什么是法哲学？法哲学是什么？这是两个不同的问话方式，其所映现的思想方式是存在差异的。大抵而言，"什么是法哲学"是一种本质主义思维，总是企图给法哲学下个定义，好像这样做就可以解决人们关于该问题的各种困惑。它企图通过普遍性追问而一劳永逸地解决法哲学的知识判定问题。尽管我们并不否认这种法哲学追问的理论意义，但却并不认为这种普遍性设定可以解决一切问题，法哲学的发展历史似乎证明了这一点。这是在知识论上对事物的普遍性追求，但这种法哲学的普遍性恰恰又是法哲学区别于他者的特殊性，它使得法哲学区别于伦理学和政治哲学，也使得法哲学相异于民法学和刑法学。那么，"法哲学是什么"的追问就不能起到法哲学自身区别于他者的功能吗？"法哲学是什么"则是一个解释性的表达方式，它不具有传统形而上学的定义特征，不具有任何终结知识的企图，其回答方式也是开放式的，我们可以作出多样化的回答，同时也不会损伤人类思想的针对性。它在对法哲学的解释性回答中同样可以使得法哲学区别于任何一种知识系统，它的独特性中蕴含了普遍性，而它的普遍性却又与它的特殊性融通。

法哲学是个思想系统，它既包含了哲学的普遍性，又包含了法哲学的特殊性，其本身呈现出普遍性与特殊性的融合性特质。在关于"法哲学"的理解中，考夫曼有一个十分精道的诠释，这便是所谓"法学家问，哲学家回答"的诠释方式。法哲学的问题一定是真正的"法的世界"的问题，而其回答则是一种哲学的思考方式。由此我们也能够看到，法哲学家既是一个法学家，又是一个哲学家，不是法学家就无法提出法学的问题，不是哲学家就无法给出哲学的回答。那么有人可能会追问：难道哲学家不能直接回答法学家提出的问题吗？这是很难做到的。尽管单纯的哲学家也可以回答法学家的问题，但那种回答是缺乏内在性的，缺乏法学体验的回答很难切入真正的法律问题本身，因而其回答的结论也往往不是令人满意的。但如果哲学家能够对法的世界有着深切的体悟则另当别论。法哲学家必须兼具两个身份，作为法学家的哲学家与作为哲学家的法学家从来都不是对立的，法哲学家必须同时为法学家和哲学家。法哲学家是一种思想操作的工作，他的工作方式是前提性的、根本性的。法哲学家的思想必须具有对法律世界的解释力，但又不能停留在解释的层面，它必须与实践融通，构成实践操作的一个内在组成部分。

法哲学是一种世界观。通常所理解的世界观是人们对世界的总的看法和基本观点，若是扩展开来理解的话，则人们看待问题的方式方法也都可以看作世界观，最起码也是个世界观问题。法哲学当然是一种关于法律的世界观，是法哲学家对法律世界的基本看法和总体性观点。世界观的普遍性问题汇聚到法哲学的具体问题当中，展示了法哲学所具有的世界观意蕴。不同的哲学家所具有的世界观往往是有差异的，这便有了学派的差异，古今中外都是如此。张载和朱熹的对立在根本上是世界观的对立，马克思和青年黑格尔主义者的对立同样是世界观的对立。尽管世界观的表现形态存在差异性，但世界观还是世界观。法哲学的世界观也是存在差异性的，凯尔森把法律世界看作规范序列，他的世界观是规范主义世界观，他的法哲学架构自然会围绕规范展开。自然法学家把法律看作价值，他们的世界观是一种价值立场的世界观，其世界观当中隐藏着某种二元论的倾向，即实在法及高于实在法的价值的二元论，这是一种二元论世界观或价值主义世界观。

从这样的理解出发，则法律世界观并不是唯一的，但这是否意味着正确和错误的区分呢？二元论的世界观就是错误的？规范论的世界观就是正确的？那么国家主义的法律世界观又当如何理解呢？这里面并没有正确与错误的问题，但这并不意味着其中就没有合理性的问题，尽管有人认为在世界观问题上并没有什么高低之分。世界观的高低要通过实践的展开加以验证，这本身便是一种世界观，即基于实践立场的世界观。这其中或许存在一个是否与时代需求相契合的问题，某一种世界观应时代需求而产生，同时又承担了重塑时代的基本使命，霍布斯的利维坦主义是一种强化国家权力的世界观，是在对时代及自身经验的深刻感触基础上的理论表达，同时又承载了时代所需的自由主义精神。在特定时代的世界观判定中，它具有深刻的合理性。人们对法律世界观依然会有各式各样的评价，不必太在意评价的结论。当然，即便单纯从时代角度考察，世界观还是有个合理性的问题，但合理性问题在根本上并不是一个理论的问题，而是一个实践的问题。深入时代的特殊性中，反而可以勘察清楚普遍性的存在意义。

但凡能够称得上一种法哲学理论的，则应该都有自身的世界观，即便法哲学家本身并不使用世界观的概念。我们曾经强调了一种叫作"实践法哲学"的理论，它自然属于一种法哲学形态，当然也包含了自身的世界观，这个世界观可以称之为实践世界观。实践世界观是从"实践"角度看待法律的世界观，但这个"实践"又不是单纯的活动所能够涵盖，"实践"内在地趋向于实践理性，是向着自身的一种善的行动，它同时又内在地要求实践智慧。人类在历史实践的发展过程中，的确是在不断地趋向于理性和智慧，尽管这并不是一个纯粹理论的问题。把"法看作实践理性"及把"法看作实践智慧"就如同把"法看作规范"都蕴含了某种世界观立场，只不过看待法律世界的方式存在着重大差异而已。法作为实践理性的法哲学判断包含了一种内在善的立场，孕育着一种行动主义的精神。法作为实践智慧的法哲学判断包含了一种中道主义的世界观立场，它融通了普遍与具体、主观与客观、偶然与必然的对立，是一种辩证中道观。无论把法看作实践理性还是实践智慧，都是法的实践本性的内在驱动。概念好像是流动的，而不是静止的，实践理性和实践智慧的根基存在于实践本身的合理性欲求当中。"实践"概念是充满活力的，它具有"运动"的本性，它建构了自身的理性智慧。法的实践世界观是有内在冲力的，它向着实践理性和实践智慧的驱动正是实践内驱力的自然表达。实践世界观是一种行动主义世界观，法哲学的思想操作融入具体的法律行动之中。实践的法哲学并没有特别的体系化冲动，在它看来，只有在行动中消灭自身，才能真正地实现自身，在法律实践中最终实践智慧的生成意味着实践法哲学的彻底实现，而实践智慧并非理论形态的存在，在根本上它是一种实践的形态。普遍性要将自身消灭在特殊性中，才能彻底地实现自身。

　　法的实践世界观对科学采取了一种敬而远之的态度。实践法哲学当然不是一种科学，法学也不可能是科学。实践主义的世界观并不否认科学主义世界观的价值，人类必须有自身的科学冲动，否则就难以实现所谓的进步，也不能解决自身所面对的各种困境和问题。人类已经踏上了一条科学技术的发展道路，我们不可能开历史的倒车，但我们需要对科学技术作出实践论的诠释。对于法律世界中的科学主义和技术化倾向，同样需要有一个实践论的切入，否则便会偏离"法律实践"的本性。在法哲学形态中有一种法学方法论的研究值得关注，它自然属于法哲学的范畴，它同样隐含了一种世界观，即科学主义世界观。科学世界观充分地体现了人类自身的高度自信，认为人类的理性可以把握世界的客观性，即所谓的真理。而在科学主义世界观基础上，方法论的法哲学力图追求一种客观主义的方法论系统，并通过这个系统的运行实现法律的客观性。而法教义学是一种规范主义世界观，但它同样是科学主义世界观的一种形态，其所隐含的客观主义倾向是十分明显的。科学立场的世界观在我国法学界的盛行或许是数十年唯物主义科学教化的结果，最起码应该是受到了这种教育模式的影响，尽管其间的关系未必是必然性的。科学主义或方法论的世界观是对法律普遍性的"放大"，而忽视了对于法律特殊性的深刻洞悉。而实践世界观所坚持的是一种合理性的立场，它虽然并不否认科学的意义，但对待科学则采取一种较为慎重的态度，而实践世界观视域下的人类理性也自然是有限度的，绝不可能无限地扩张，否则那就是理性的僭越。至于社科法学则基本上算不上什么法哲学，也很难说包含了什么哲学层面的世界观，更多的只是一种研究方法的多元化而已，但这种方法与方法论形态的法哲学又是不同的，后者不是研究方法，而是切入法律内部进行思考的理论形态。中国社会历史实践提出了诸多新问题，而实践哲学在中国方兴未艾，实践法哲学正是在这样的时代背景下兴起的一种法哲学形态，认真研究这种法哲学形态的世界观，是回答法治发展新时代诸多问题及用行动开创法治新时代的理论前提。

在此对于法哲学作为一种世界观的概括，并不是什么定义，但它同样具有普遍性，这是一种建基在特殊性之上的普遍性。如果我们对于法哲学给出了一个定义，那也是一种普遍性表达。然而在人们对于法哲学普遍性的把握中会存在一种差异性，这是否意味着普遍性就打了折扣呢？有人将 A 看作是法哲学的普遍规定性，有人将 B 理解为法哲学的普遍规定性，或者还有别的什么诸如此类的普遍规定性，这是否意味着普遍性是多样化的呢？也许并不存在一个供我们去认识和把握的普遍性"客观"，那么这是否意味着普遍规定性是生成性的，而不是固有的？我们从自身的特殊性出发把握了法哲学的普遍规定性，但那并不是一种绝对客观性。"我的哲学"的"特殊性"生成了关于法哲学的"世界观学说"，而"我"把它理解为法哲学的普遍规定性，尽管在他人看来只不过是一种特殊类型的普遍性。法哲学就是哲学，哲学若是世界观，那么法哲学也就是世界观。人们往往不是在否定世界观问题，而是要对世界观的内容进行争论。于是各种特殊性都可能登场，而我们要把握的是特殊性的融合，我们要从中解读出一种合理性，它最大程度地满足了对普遍规定性的期待。

—————— 2 ——————

法哲学不是什么？这是个很重要的理论问题，也是个必须认真对待的实践问题。法哲学既是理论，也是实践，法哲学必须在实践中实现自身，这是法哲学的使命。将不属于法哲学的思想元素排除在外，使得法哲学自身的面貌获得澄明的解释，是法哲学自身品格生成的保障，也可以避免人们对法哲学的滥用。用"不是什么"的方式进行思考，是一种哲学化的思想方式，是避免实践困境的有效方法。如同我们现在思考大学，我们说"大学不是官场"，"大学不是标准化生产车间"，这都是对大学的否定性判断，对真正理解大学具有重要的意义。在对于法哲学知识的清算活动中，我们也同样需要否定性思维，这样才能更好地理解法哲学的品性。这种否定性思维自然也牵涉了普遍性与特殊性的关系问题，只不过是揭示了"特殊"与"普遍"之间的否定性关系。但它同时也表达了两种普遍性之间的关系，或者也可以说是两种特殊性之间的关系。用一个极端的事例作个说明，"老虎不是人"，"人"本身自然就意味着自身规定的普遍性，"老虎"也有自身的普遍性，"老虎"不是"人"的判定实际上揭示了两个普遍性之间的关系。然而，"老虎"和"人"相对于"动物"自然是特殊性，那么"老虎"不是"人"的判断便是揭示了两类特殊性之间的关系。尽管我们使用了否定词，但这并不意味着"老虎"和"人"之间就没有相通性关系，其内在的关联性是毫无疑问的，两者有着上位概念的普遍性，即便是单纯的特殊性也存在比较勘察的必要性。正如我们说"哲学不是科学"，但在"哲学"和"科学"之间还存在重要的比较意义，否则就难以勘察清楚两者的分界。

法哲学当然也不是科学。那么，科学是什么呢？科学是研究事物的必然性、普遍性、客观性和永恒性，它是要发现客观世界不变的规律性，它具有摆脱人事法则的纯粹性。亚里士多德曾经将人类知识分为三个类型，即科学知识、实践知识和技术知识，其中科学属于知识的一种类型。那个时候并没有法哲学的概念，甚至也还没有法学的概念，但从亚里士多德在伦理学和政治学中所探究的命题来看，他的思想中包含了重要的法哲学元素，但需要通过阐释才能够生成法哲学形态。而在对伦理学和政治学中相关法律思想的勘察中，我们则发现亚里士多德法哲学思想所具有的"实践"维度，而在"实践"概念视域下则揭示了人类行动法则的普遍性与特殊性的关系原理，这样的法哲学运思不是科学思维的表达，而是人类实践原理的阐发。法哲学当然地不属于科学知识，因为法哲学并不是要把握事物的不变法则，相反，法哲学必须洞悉事物的变动性，游刃有余地解决其所面对的各种问题。法哲学不是规范论的，而是实践论的。法哲学不是如同几何学那样依据必然性逻辑进行严密的推导，法哲学所揭示的法律世界中的推理是复杂性推导关系，它远比必然性逻辑要艰深晦涩得多。

我们看必然性问题。所谓必然性大抵可以理解为，当前提 A 存在的时候，那么结论 B 就会必然地出现，也就是逻辑学中的这种符号表示：$A \vdash B$。这种必然性在科学领域和数学领域中是一个非常普遍的现象，而在人类生活世界中则并非那么普遍，或许仅仅在总体性的历史实践中才可以做这样的理解，至于说法律生活中的必然性则绝对是不存在的。生活世界原本就没有必然性，生活是可能世界，将生活必然化和逻辑化是一种极其糟糕的现象。但这并不意味着人类众多形态的世界中就没有必然性，只不过逻辑的必然性则仅仅存在于知识化的符号世界当中而已。但我们却经常论及法律中的必然性，也能经常听到人们说"那是必然的"之类的话语，但必然性的言说并不意味着必然性的实际状态。无论是立法领域，还是司法领域，都不存在科学意义上的必然性。当然，法律领域或许也可以理解为存在必然性，比如在一个设定了"杀人者死"的绝对命令的社会中，只要一个人杀了人，就必然地要被判处死刑，但这种必然性并非客观世界本身的必然性，而是人类自身设定的必然性，这种必然性充满着变动不居的属性。规范世界的推导必然性，并不意味着生活本身的必然性，尽管它会对人类的生活产生重要影响。而面对一个非必然性的法律世界，法哲学又何以能够做到必然性呢？或许人们会看到法哲学中"永恒性"的话语，但那只不过是一种追求，比如对正义价值的追求。但即便是正义也是有变化的，它有一个历史性的维度，就像判例充满着语境化的特性是同样的道理。

然而，法哲学仍然是要有追求的，但作为实践理性的法哲学不会去要求事物的绝对性和必然性的呈现。必然性当然具有普遍性价值，但却并不能被运用到某些特殊领域当中，科学的必然性在法律世界是无效的。其实，在绝对的必然性面前，人类是没有什么自由的，自由属于实践的范畴，而不是科学的范畴，既是科学释放了自由，在科学必然性中依然没有自由。那么自然法哲学就不能追求自由吗？法哲学中对自由价值的追求在自然法哲学中是首要的，但自然法哲学只能从实践理性的角度加以理解，而不可能从科学理性的角度加以把握。究其根本而言，自由是实践理性的，只有实践理性中才可能有自由，实践理性是对人自身的尊严加以确立的理性形态，作为实践理性的法哲学当然可以将自由确立为自身的属性。不要让法哲学超越自身的边界，痴迷于必然性的理解，是对法哲学精神的背离。法哲学不是科学，它也不可能是科学，法哲学不需要追求必然性，否则就是法哲学的僭越。法哲学的确要追求普遍性，但普遍性并不等同于必然性。我们也要学一下康德，为法哲学划定自身的边界，这样就不会有思想的偏离，人们就可以正常地从事法哲学操作工作了。

科学世界是不变的，科学领域中的变化也要被纳入规律性和必然性当中加以理解。科学家要对不变世界的规律进行永恒性的把握。尽管自然世界也会发生类似于"原子的偏斜运动"，但那种自由的偶然性对于科学而言并不是主导性的。但法律世界却是完全不同的，它到处充斥着自由的"偏斜运动"，而法哲学家必须对这种"偏斜运动"作出自己的判断，并拿出处理问题的方略，这也就是法作为实践智慧的重要缘由。法哲学不可能是科学，它的对象与科学对象所具有的属性有着根本性差异，其解决问题的方式也是迥然相异的。科学解决问题的方式是可以不断重复的，而法哲学处理问题的方式则是充满差异性的。即便在遵循先例的判例制度中，差异性也是一个必须认真对待的问题，突破先例的限制也是时有发生的现象。支撑判例法运行的合理性基础定然不是科学理性，而是实践理性。判例本身就是实践智慧的凝结，而判例制度则是在一个经验之流中实践智慧的恰当运用所构成的整体。英美的判例法实践及其经验论哲学，哺育出了世界上最为经典的经验主义的法哲学形态，即美国的实用主义法哲学。这当然是一种基于实践智慧的法哲学，甚至也可以叫作"实践法哲学"。曾经有人问美国实用主义哲学创始人皮尔士：为什么使用的是实用主义的概念，而不是实践主义？在皮尔士看来，在他所开创的这种哲学形态中，运用实践主义概念好像也是可以的。只不过由于他对康德哲学的精神把握，使得他在运用实践概念的问题上比较迟疑，因为康德那里的实践概念是特定指向的，即包含了道德指向。霍姆斯及卡多佐等人的法哲学是基于实用主义哲学的法哲学，当然也可以被理解为"实践法哲学"的某种形态。

人们在生活中或许需要一些科学，并因此要考察科学问题，但在法律生活世界中不必然去研究科学，过度地接受科学的规制，或许会背离法哲学的正常轨道。当然，严格来讲，科学和技术并不是一回事，我们这里只是强调了科学领域中的必然性问题与法哲学的生活建基是根本不同的。但近些年人工智能的发展推进了法律世界中计算法学的兴盛，但这并不意味着必然性在法律世界的全面胜利。人工智能在法律实践中的运用，必须能够做到处理复杂案件，也就是说它会面对大量的偶然性、杂多性、变化性。在纷繁复杂的情势下，人工智能能够有所作为吗？复杂案件中并没有什么必然性，即便是设定的必然性也少得可怜，除非人工智能能够拥有将"普遍性"与"特殊性"融合创新的能力，否则它同样会一筹莫展。到目前为止，实践智慧的"主体性"品格依然是属人的，技术的宰制意味着人的异化。也许在未来的发展中，技术会发生"向着人"的存在合理性的转化，但现在我们还看不到曙光。我们所需要确立的依然是一种有限性思维，而不是毫无节制的夸大其词，这会给人类的法律行动造成损伤。还有很多人在研究法律的时候，运用科学的概念，诸如科学的、科学性、科学精神等，作为一种语言使用的习惯，这种运用是没有问题的，如果将科学精神理解为一种实事求是的精神，那便恰恰符合了实践的精神，但若让科学的必然性和不变性控制了我们的思想方式，那则会构成对于法律世界的错误解读，在这个基点上对于法哲学问题的把握也不可能是真切有益的。

法哲学是哲学，它自然就不可能是科学。早期哲学承担了很多科学的工作，但它并不就是科学，只是对科学的发展起到了推动的作用而已。哲学是关涉思维方式根本问题的，它同时要探求思维方式本身，而科学则不然，它其中包含了某种思维方式，但它并不对思维方式本身进行探究。法哲学是哲学，不是科学。法哲学研究"范式"的转变，实际上是法哲学思维方式的转换，"范式"的转变是人们看待法律的思维方式发生了重要变化的结果。当"权利法哲学"取代"阶级斗争法哲学"的时候，那是一种研究"范式"的转换，更是一种法哲学思维方式的变迁。而现在勃然兴起的"实践法哲学"同样是一种研究范式的转换，当然也是一种思维方式的变革。这都意味着我们有着看待法律世界的方式方法，看待法律世界的方式不同，则我们所面对的法律世界也存在差异。而法哲学思维方式的变化，则是我们看待法律世界的方式方法发生了重大变化的缘故。不同主张的法哲学家所看到的法律世界是存在重大差异的。从一种思想宽容的角度而言，不同的法哲学应该是没有高低之分的，但的确有一个"何者更为合理"的问题，这当然与时代相关，也与法哲学自身的思想状态有关。此处所支持的是一种"实践法哲学"的思想方式，这在行文中已经作过解释。在很多情况下，理解的问题未必需要繁琐的论证。哲学并不必然要求论证。法哲学也是哲学。深陷繁琐的论证当中，便是陷入知识的牢笼，它会遮蔽思想的卓越与伟大。简单化的思想进路是在把握了事物的本性之后才可能做到的思想操作模式。

----- 3 -----

在中国，大凡研究法哲学的人，多数是喜欢理念论的，对于经验问题往往采取一种漠视的态度。比如，法学家大多喜欢自然法学，畅游于自然法学设定的价值世界中悠然自得，以为自己把握了法律世界的真理，从而所有的法律问题都要以这种先在设定的真理为前提才能够获得良好的解决，充斥着自由主义倾向的法学家基本上都可归入这样的类型当中。自由主义与自然法学是一脉相承的。然而，这种思想进路是有问题的，用某种自以为是的真理作为标准，同时也将其作为论证的基点，并以其推导的结论为正确答案，这种思想论证的模式乃是观念论者的推理常态，实际上是"主观主义"的法哲学思维。它把一种"特殊性"的观念强化为"普遍性"的前提，而没有理解"特殊性"与"普遍性"的复杂关系，这可能会滋长普遍构造主义的泛滥。如果从哲学上作个判定，则这样的法哲学进路可以看作是本质主义哲学在法律中的一种表现形态，而如果按照维特根斯坦的语法哲学，则其正是语言误用的结果。在对法律问题的思考中，我们还是要多看看自身所面对的世界，错误使用语言使得我们陷入主观性当中，动辄就"想"的结果把我们先行导向理念论，再导向主观论，这种思想模式在法学领域中具有更多的危害性。

"不要想"，而是"要看"，维特根斯坦给予了我们很多启示。我们看到了一个怎样的世界呢？何止是语言滥用的世界呢！我们的确忽略了对经验世界的勘察，法律思想的探求应该更多地关注经验世界的"流动"与"变化"，感受经验世界的固有法则，这种法则就如同维特根斯坦所说的那种语言的"用法"。经验是整体，若将其某个方面加以抽象，被抽象的那个方面就可能成为主观论和教条主义的生长地。面向经验世界，便是面向经验的整体，也是面向生活本身。用一种思想"勘察"的功夫整体地把握流动的经验世界，而不是把经验分析得"七零八碎"，然后将某个方面无限放大，这不是一种思想的功夫，而是学术操作的某种"捷径"。妄图从中找出某种"本质"的经验分析同样已经远离了真正合理的经验主义形态，合理的经验论形态应该是生存论的，而非知识论的。"整体性"地把握需要实践智慧的登场，它与我们的生活统一在一起，"普遍性"与"特殊性"也融合在整体性的经验世界当中，认真地感受生活，我们会发现"融合性"而非"分裂性"。

对于"实践法哲学"而言，经验主义的切入是摆脱理念论的重要方法，但"实践法哲学"所坚持的经验论并不是单纯认识论意义上的经验论，不过"实践法哲学"并不否认认识论意义上的感性杂多，经验世界中不可能离开感性的杂多，知识不可以将经验单纯片面地归之于认识论。"实践法哲学"中有一系列的概念，"实践"、"实践智慧"、"实践主义"等，这些概念本身都具有经验的维度，缺乏了经验维度的深思熟虑，就不可能对这些概念进行更好的理解和运用，而问题的关键则在于"运用"。亚里士多德曾经谈到过人类行动的普遍原理，但他旋即认为这个原理只能是粗略的，而不可能是精细的。经验世界的复杂性不支持一种普遍原理的指导和规训，人们所面对的经验世界处处充满着偶然性，没有任何普遍原理可以在缺乏"经验"本身支撑的前提下解决所面对的经验世界的诸多复杂问题。也许，经验世界自有一套解决问题的策略，就像我们的语言自有一套固有的阐释方式，缺失了经验内部的视角便难以洞悉问题的属性，自然也不可能对问题的解决拿出恰当的应对方略。一个缺乏经验但却拥有着众多法律原理的法官，在实际问题的应对中或许无法和一个经验丰富却没有太多法律原理的法官相提并论，对于偶然问题的判断和复杂难题的解决并不是某一个普遍原则的简单运用过程，其复杂性超过了人们的想象力。经验是一种切入问题的方式，经验是实践智慧的基础性维度和生存论前提。没有经验的漫长累积便难以形成实践智慧的诸种品质，无论是慎思，还是好的思考，抑或是良好的判断，缺乏了经验的磨砺，便不可能真正地构成实践智慧的内在组成部分，最终只不过是一个概念的形式而已，完美的形式会取代丰富的内容。经验是前提性的，它是一条流动的长河，实践智慧的各种品质都有赖于经验的训练。不下水便不可能学会游泳。实践智慧需要经验的切入，它可以保障实践智慧免于空泛而使其言之有物且行之有效。如果我们将法看作一种实践智慧，那么认真地对待经验，才可能保障"法作为实践智慧"的法哲学判断的合理性。

能够作为实践智慧的一个根本性立场，经验不可能仅仅具有某种认识论的功能。康德哲学认识论早就深刻揭示了经验在认识论中的有限性，但近代经验论的局部判断却也包含了某种突破性元素，经验对必然性的瓦解值得我们认真对待。经验具有超越于狭隘认识论的更为深层的哲学意义，经验还具有某种本体的意义，这是对经验的根本性哲学理解。但是，这里所说的"经验"的本体，并不是传统哲学意义上的本体，而是一种存在论的本体，是人的生存论意义上的本体。也只有在生存论意义上将认识论的经验转化为本体论的经验，经验才可能是整体的、流动的、多元的，正是这种经验才是人的存在本身。法律的一切问题在归根结底的意义上都导源于经验世界，这是一个整体性的经验世界，一个没有过任何经验世界的整体训练的人不可能切实理解我们所面对的法律世界，包括对关于法律理论的理解，也包含对法律现实运行的理解。法的问题以及对问题的解决策略，在归根到底的意义上都蕴含在经验世界当中，经验世界构成了法的合理性的基本前提。"归根到底"的意思并不意味着"归结论"，只是强调了其前提性和基础性。在这个意义上，合理形态的法哲学需要有一个经验的立场，"实践法哲学"内在地包含了经验的立场。这当然与我们对实践智慧的理解是一致的，"经验作为实践智慧的维度"与"经验作为实践法哲学的维度"具有大抵相同的意蕴，只不过在法哲学话语中经验会比在实践智慧中具有更为重要的理论价值。我们讲经验具有理论价值，但不能把理论误解为一般意义上的理论，我们论及的理论本身就具有经验的维度，因为理论本身就是实践的，而实践是不可能没有经验的，在这里理解问题的关键是不要掉进"定义主义"的陷阱当中。我们在运用概念，而对概念的理解只能在概念的使用当中理解，不要给概念一个先定的"定义"，那一定会限制我们的理解，从而继续制作虚假的知识，那种知识是毫无意义的。

　　"法作为实践智慧"所看重的经验在法哲学中有着重要的方法

论意义。法是一种事业，也是一种行动，这种事业和行动是个性化的，这就使得法的行动过程充满了创造性的特征。法的行动不是规则的简单运用，而是一种充满智识性的活动，经验智慧的立场构成了理解法作为法的内在属性的方法论前提。在法的行动中，"普遍性"与"特殊性"是共在的，但根基是"特殊性"，"普遍性"只有返向"特殊性"才具有现实性，但"普遍性"向着"特殊性"的回归并不是对"特殊性"的"吞噬"与"宰制"，而是彼此融合、相互渗透，共同谋划合理化的现实行动。"看"的过程是个经验的问题，"做"的过程也是经验的问题，这个时候的理论并非不在场，经验的"看"与"做"柔化了理论的刚性，使得普遍的原理与具体世界相亲近。同时，与法相关的制度的谋划也需要考虑经验的维度，理念论者的行动总是充满着教条主义的特征，他们善于裁剪生活的现实，他们的目的就是改造而罔顾现实生活世界的合理性。抽象的教条主义者对法律事业的危害是难以估计的，直到现在依然有人天天"诵读着"关于法治的理念教条，而不注重从现实生活世界挖掘经验的素材。回归经验，也是回归生活世界，其中蕴含着法的合理性检讨的问题。我们也支持那些"亲历的"经验，它"作为实践智慧的维度"同样是某些制度设计的合理性前提，规范性设计需要经验的切入。詹姆斯所说的"意识之流"乃是经验的纯粹整体，对我们法律经验主义的建构具有重大意义。即便整体性经验会被理论"骚扰"，甚至"侵入"，但它依然是重要的，甚至理论也会融入经验的整体性中而构成经验的环节，但这里依然会存在"主体性差异"。整体性的经验是一切法律创造性的基点，是避免陷入教条主义的源头活水。

—————— 4 ——————

　　法哲学是一种思想操作的事业，而不是知识的堆积。一个真正的法哲学家不是要对他人的法哲学思想进行学术研究。学术研究的结果是知识，而思想探究的结果是思想本身。法哲学必须是面向现实的，思想都是面向现实的。一个法哲学家必须对法律生活中的各种问题加以明辨慎思，洞悉问题的根由是法哲学家的基本功，他必须具有整体性的、全面性的思想穿透力。法哲学家往往是冷酷的，他要撕破法律世界的遮羞布，虚伪的情面下隐藏着肮脏与丑陋。任何卓越的思想操作都不必留有情面，思想的快刀必须"直击"问题的症结。沉迷在惯性世界中的人们已然沉沦，思想者又何必客气地隐藏自己的睿智，即便是直接的冷言批判也无丝毫过分之处。只有那些不负责任的法学家才无动于衷。伟大的时代不允许我们沉沦，觉醒的人们必须超越自身的存在而与时代同呼吸、共命运，直面现实的冰冷中不包含任何冷漠，冷漠的面孔下泪水横流。满含热情期待的法哲学批判呈现了思想的卓越与伟大，批判中的犀利与关怀并在，冷冷的声音有时也会颤抖。

　　法哲学一旦丧失了批判的风格，就失去了自己的魅力。批判的法哲学有着自身的立足点，它建基在"特殊性"之上，而非从"普遍性"的律令宰割现实世界。法哲学的批判是前提性的，它不是从某种普遍性价值出发，对各种法律问题进行指责，那是愚蠢的法学家最为拙劣的批判，或者根本就不能叫作批判，牢骚和抱怨绝不是法哲学的风格。当法哲学成为一种学术的时候，便同时意味着法哲学的凋零。学术批判最多只是观点之争，而思想的批判则是前提性的，它可以切入事物的本性。当法哲学成为诸多学者研究对象的时候，法哲学便匮乏了实践的意义，看上去为现实谋划了"方案"，却只不过是想当然的设计，主观性比比皆是。法哲学就是一种"实践"，一种"行动"，法哲学是"哲学实践"意义上的"行动"。"行动"本身就具有一种批判的力量。法哲学也是哲学中的一种，它具有哲学所具有的美好品性。马克思说，以往的哲学家只是在解释世界，而问题在于改造世界。法哲学作为哲学的一种，当然也具有解释世界的功能，这是它作为理论的自然功用，而这种理论本身又是实践的。实践的法哲学必须面向现实的改造，在这个意义上法哲学的功能不是要创造知识，而是"诊断"和"治疗"，诊断和治疗正是"普遍性"与"特殊性"的视域融合。

人们整日生活于其中的法律世界，其实是充满问题的，而人们对于法律世界中问题的判定也往往是有问题的。不要用某种普遍性作为恒定的标准，去判定现实法律生活中的问题，这样的把握方式不可能勘察问题本身。法哲学要透视现实法律生活中的问题，但这仅仅是法哲学诊断的一个方面。对于法律生活中出现的问题，法哲学家或许会有一个良好而恰当的诊断，他们准确地揭示了法律问题的症结所在。然而，真正难以诊断的问题是人们在法律生活中对自身智性的把握与反省。对于自身的反省与对问题本身的把握是结合在一起的，匮乏了清醒的反思又如何可能切入问题的要害？法哲学不可能是没有立场的，不同立场的法哲学对法律生活及人类自身智性问题的诊断是不相同的。"实践主义"立场的法哲学对立法活动采取一种慎重的态度，进而对其所融入于其中的实践便没有那种漫无边际的构造冲动。想象的理论活动是一种可能的"实践活动"，其复杂性远非必然性的知识可以解释，其间的偶然性本身就是一种复杂性。面对法律生活中的问题，我们同样需要清算自身的智性，这是法哲学对人类自身智性的诊断。人类的智性是会犯错误的，稍有不慎就可能夸张自身的价值。不要以为创设了普遍性就会一劳永逸，不断超越既有的普遍性是生活世界给予我们的使命。至于那些缺乏了程序合理性的智性选择更是对智性本身的僭越，法律实践的内在规定性包含了程序性。至于程序是否为刚性，则在不同的法文化传统中有着不同的对待方式。然而，无论如何，对于程序的坚守恰恰是对人类智性具有清醒的自我认识的表征。

人类有很多欲望，有许多外在于事物自身合理性的期待，满足这些期待的过程正是人类智性迷失自我的过程。明确了自身存在的有限性，才可能有着恰当的行动。人们在日常生活中的迷失是一种常态，智性在每个人身上绝不是平等分配的，每个人对智性自身的把控能力也存在巨大的差异。法律实践中同样存在着智性的迷失，这不仅会造成实践的损伤，还会制作出虚妄的知识，这种知识会以理性的形态影响和塑造人们的心智结构，其对现实所造成的后果状态是很难预料的。让自身沉入生活世界中，细心体悟"特殊性"与"普遍性"的复杂关系，才可能对问题有着清醒的认识与把握，而不至于陷入迷途。在法学家把自己作为立法者的前提下，我们所形成的法律知识一定是有问题的，法学家要培育自身一种法哲学的前提批判能力，慎重对待自身的智性。法哲学的诊断也是有差异的，不可能只有一种法哲学。不同法哲学的诊断结果也是存在差异的，就如同不同的医生会有不同的诊断，判断的差异性是不可否认的事实。实践智慧的登场是法哲学不可忽视的一个重要维度，它或许会导引出法律知识界的一场革命。

医生的诊断和治疗是连为一体的，甚至它们根本就不是分开的两个环节，而是同一个活动。当然，这是一个理解的问题，此处是在强调行动本身的内在融通性。法哲学的诊断本身就意味着法哲学的治疗，诊断的状态本身就意味着某种治疗的合理性。诊断的智慧显现了法哲学的水准，并不是所有的法哲学都具有相同的诊断能力，法哲学的水准是有差异的。不同的法哲学具有不同的诊断能力，也决定着自身掌握"群众"的可能性。"群众"所期待的是能够作出精准诊断的"理论"，这样的"理论"将与"实践"合二为一。不同的法哲学会有相应的治疗方略，这显示了法哲学的"层次"，也印证了法哲学家的智慧状态存在明显的相异性。法哲学必须具有治疗的功能，否则就失去了其自身的存在意义。治疗本身就包含了诊断，诊断本身就预示着治疗。道家法哲学对时代症状进行了独特的诊断，开出了"无为而治"的法哲学药方，即令是现代社会也具有重要的启发价值，过度的作为或可侵犯人们的自由空间，这与诺齐克多有契合之处。"做事"固然是"诊断"之后的"治疗"行为，但"不做事"并能以"恬淡"处事，又何尝不是一种"治疗"？在"做事"之前，首先要明确哪些事是不能做的，这是"治疗"的极致。道家和儒家结合到一起的法哲学是最为重要的法哲学融合，值得我们认真把握。

法哲学家开出的药方未必就是合理的，而药方本身却要求具有合理性，否则随意地开具药方岂不是"庸医"？道家法哲学的药方固然珍贵，甚至具有超越性价值，但却与那个时代"开疆扩土"的现实需求不相契合，从而自身难以构成意识形态中的某种"权力中心"的要素。但这并不意味着道家的药方是错误的，实际上秦汉之后的统治者很好地吸收了道家的法哲学。法家是没有法哲学的，但却有着契合时代需求的法政治学，在知识与权力的互动中构造了中国历史，法家的"功利主义"渗透到了政治社会的诸多方面，直到今天依然顽强地"宣示着"自身的存在意义。然而法家缺乏一个价值合理性的牵引，这使它终究难以发展为一种能够为中国社会开具良方的法哲学。与道家和法家相比，儒家法哲学既没有放弃理想，也没有忽略现实，它在现实与理想之间创造了一个"共识世界"，这是人类行动合理性的评判标准。也正是基于这样的"共识世界"，儒家法哲学为中国古典法治开具了切实合理的行动方略。这个"方略"是能够为人们共同认可和接受的，它甚至不需要言说，人们便在其生活实践中自觉地"践行"该"方略"。比如，古代法官在审判活动中总是能够做到既不偏离法典的要义，又保持着与儒家经义的契合性，同时还与生活世界中人们的期待保持了良好的融通性。法哲学是要开出药方的，这是法哲学家的工作本分，而这个药方的合理性，乃至有效性存在于法哲学家所属时代的"共识世界"当中。然而法哲学并不能由于强调了与时代的融合而丢弃自己的理想，卓越的法哲学必须有着自身的理想追求。

法哲学的治疗功能与作为实践智慧的法的法哲学诠释是密不可分的。实践智慧自身在哲学上关涉的是普遍与具体的关系问题，普遍与具体之间必然牵扯出"问题意识"，这便需要"诊断"和"治疗"的能力。法哲学家必须能够做到"对症下药"、"顺水推舟"，就像亚里士多德所说的那样"看情况该怎么办就怎么办"。这自然是实践智慧的立场，法哲学的"治疗"功能在基于实践智慧的法哲学那里具有更为真切的合理性。世界本身就是存在差异的，法哲学也是分层次的，在思想操作的过程中不必要回避这个问题。实践智慧是向善的，它自身就包含了一种善的合理性，法哲学家必须认真体悟、领会并把握这个善的世界，同时要掌握善的运用的艺术，在不同的场景中对问题作出恰当的判断，开出切实有效的治疗方略。有效的"治疗方略"就植根于"共识世界"当中，"共识世界"与善的世界相契合。当然，在一种更为广阔的意义上讲，法哲学在把握我们所属的时代精神的同时，要为改造我们的时代状况做出应有的努力。既然是"改造"，便同时牵扯出了法哲学的"理想性"，"理想"作为普遍性追求必须返向特殊性，将自身的存在建基在现实的生活世界当中。这就必须深入挖掘法哲学的批判与反思功能，更好地发挥法哲学的诊治功能。然而，法哲学的批判不是为许多人习惯化了的"外部批判"与"外部反思"，而是在充分把握事物本性基础上的"内在反思"与"内在批判"。"切中肯綮"之后便是改造，在行动中不断反思与调适，创造一种恰当的法律生活。

二、法律哲学观

—— 5 ——

我们可以把法官作为法哲学的分析对象。法官要有自己的哲学，这也是个法哲学问题。尽管那种哲学不必是一套体系，但一定要包含对法律世界的看法，哪怕只是零散的看法中也会包含哲学命题。在法官的哲学中自然也需要包括对法本身的看法，同时也孕育了某种法治观。法官的哲学不是指那种与人相处的"哲学"，更不是明哲保身进而发财致富的"哲学"，而是实实在在地要对审判活动及审理结果产生某种影响乃至构造的哲学，甚至它在关键的时刻还能够决定一个案件的发展方向。只要我们看一看美国联邦最高法院的大法官，就能够真切地感受到哲学立场对案件会产生怎样的构造。霍姆斯和卡多佐的实用主义哲学观塑造了案例在经验世界的合理性，从社会整体性而不是从某个抽象的理念出发构造了案件的发展方向，从而使司法实践在总体上呈现出一种实用主义的风格。这里没有"普世"的"绝对"，有的只是在对经验世界合理判定的基础上而生成的合理性结论，这种结论的根基存在于生活世界当中。

哲学观是内在的，仅仅学点哲学知识是不可能形成哲学观的。法官的哲学观内在于法官的心灵世界当中，我们也能够从法官的行动中"观照"到法官的哲学观。它是法官在"学"与"习"中日积月累的结果，"学而时习之"的结果便会形成自己的哲学观。古代儒家化法官正是在"学而时习之"的过程中塑造了自己的哲学观，那是一种儒家中道哲学观，在今天也可以说是一种实践理性的哲学观。尽管对多数人而言这并不是一个有意识地塑造的过程，但任何主动性的介入无疑会加快哲学观的生成过程，而系统的哲学训练甚至会决定哲学观的基本方向。古代儒家化法官在做法官之前的训练是有针对性的，充满着"全民教育"的自觉性，个体的自觉也同样鲜明。霍姆斯的哲学训练是有方向性的，他是实用主义哲学俱乐部的重要成员，与皮尔士和詹姆斯相交甚好。当代中国的法官基本上都是学过哲学的。即便是没有受过专业化教育的复转军人也都知道某些哲学的教条，尽管他们很少运用这些教条，这使得他们少了些"法条主义"的色彩，当然这或许是知识缺乏所导致的结果。而当前的大多数法官都是受过专业训练的，也都学习过某种哲学，然而真正的哲学对他们的影响却有限。他们的哲学观当中隐含了某种教条主义的元素，于是法条主义的盛行也就是自然而然的事情了。

法官群体中有法条主义者，法条主义当然算不得一种哲学理论。但毫无疑问它包含了一种哲学立场，甚至其中还蕴含了一种法律世界观。当然这是在一种较为宽泛意义上所理解的哲学，而不是哲学理论角度的判定。法条主义是一种科学主义哲学观的呈现，它对人类理性所达到的科学境界是非常有信心的，其在确定性的追求中又包含了某种绝对性，但这种绝对性由于缺乏了辩证法的柔化而显得有些僵硬。在法官们的哲学教育中，辩证法也被作为重要的内容加以讲授，但有时辩证法在讲述中却被教条化了，它可能融入不到法官的思想内部而构成其世界观的有机组成部分。被教条化的哲学运用并不比经验的运用高明，那些乡土社会中的法官解决问题的智慧恰当地说明了这个现象。"八股式"的哲学知识如何可能塑造人们内在的世界观？它只不过让辩证法成为了人们的"嘴上功夫"而已。对于某些人而言，与其说学点辩证法，还不如不学。不学习辩证法，还不会教条化，学习了辩证法反而陷入了教条主义。一旦辩证法成为"说辞"，便是彻头彻尾的"教条"，这样的辩证法会成为人们为自己辩护的工具。

辩证法必须与生存论、实践论相结合，才可能被很好地理解，其最高的形态是实践智慧的呈现。教条化的"辩证法"一旦被法官掌握，便会有一个十分严重的后果产生，那便是法官群体的集体无责任。教条主义在司法中的表现自然就是法条主义，唯法条至上和教条主义在哲学立场上看是一致的，将一切"事情"的缘由归之于某个教条或规则，貌似一个守规矩的人，实际上却是对责任的规避。从经验世界的实际状态看，也有法官对法条的信奉是真诚的，但这恰恰又是另一种无知。他们笃信某种科学主义和理性主义的逻辑，坚定地认为人们可以达到对普遍性的把握。这样的法官并非不愿意承担责任，他们或许认为忠诚于法条本身就是一种责任。然而，这仍然是教条主义，只不过是"真诚"的教条主义。他们的可爱乃是由于某种固执，而司法实践拒斥任何形态的教条主义。只要司法本身趋向于合理性的展开，教条主义就没有自己的"市场"。在一个儒家化的文化传统中，法条主义居然得到了如此"残忍"的发展？为什么呢？法家的缘故吗？不好确定。但这一定与传统有关，传统中国同样存在教条化的现象，只做表面文章的人大有人在，这与面子文化有关？或许吧。无论如何，总有某种关联性，我们是说不清楚的。我们需要告诫自己，千万不要武断地判定事物之间的关系。

古代中国的法官是有哲学观的，甚至也有个别的法官有自己的哲学理论，比如董仲舒、王阳明。古代法官都是要接受教育的，但他们的教育不是接受"法条化"训练。尽管考试中也有明法科，但那不足以构造法官的文化心理结构，而真正塑造法官心理结构的乃是儒家的经典。儒家的经典中自然是包含了哲学观的，长期的训练就会生成儒家哲学观。尽管不是每个法官都是哲学家，但在儒家化的漫长训练中他们获得儒家的哲学观是一件十分正常的事情。一旦一个人的观念世界被某种哲学观所塑造，则其行动世界自然就会呈现出与那种哲学观相契合的做事风格及行事方法。儒家的哲学观不是教条主义的。当然也有人在学习儒家思想的时候将其教条化，这些人往往将"礼教"绝对化，甚至用"礼教"压人，并且摆出一副"唯我独尊"的面孔，好像在自己和儒教之间是可以划等号的。然而，真正儒家化的法官绝不是教条主义者，他们是实践主义者，在具体情境中自觉坚持善的引导，使善的引导与特定场景之间形成了恰当的"视域融合"。对于法官的哲学观的生成而言，学习与训练有的是非常重要的，但关键是"学习什么"及"如何训练"。如果法官们学习的内容本身就充满了教条主义色彩，而训练方式则是由教条主义者操作，那又如何能够塑造良好的哲学观？自然也就没有办法让哲学观发挥积极的作用了。现代法官的哲学训练有的是有问题的，将哲学教条化与将哲学趣味化，都不可能培育人们真正有益的哲学观。法官哲学观的训练要求法官必须沉浸到哲学家的经典当中感受自身的存在，并将自身融入历史实践当中去思考时代的命题，久而久之就会生成合理的哲学观。当然，这并不是必然的，事实上只有一部分卓越的法官会"践行"可以通达万物的哲学观。他们将与时代的发展及人类的命运紧密地结合在一起，历史需要一批勇于承担责任的法官。而真正的勇者往往也要是"仁者"，正所谓"仁者无敌"。面对困难，百折不挠，勇往直前。不要被固有的思想套路压抑了自身的精神，创造性只能展示在人们的行动当中。

我们赞美古典时代法官的哲学观训练方式，并且钦羡那训练的成效。我们同样可以做到，不能以群体的方式完成历史的重任，就先以个体的担当承受那不能承受之压。我们的意识形态是马克思主义，而马克思主义内在地包含了丰富的实践哲学思想。毛泽东讲实践论，邓小平也谈实践论，习近平同样强调实践论，马克思主义者就应该是实践主义者，应该坚持实践哲学的思想原理指导自身的行动实践，将实事求是的思想原理运用到各自的实践当中。因此，中国法官理应培育一种实践主义的哲学观。由于实践概念自身向善的追求，法官的审判活动自然会贯彻善的原理，而实践本身又包含了场景化特质，这自然就意味着普遍性与具体性的融合，这正是司法活动的内在机理。实践论的立场本身就是反对教条主义的，实践哲学观是一种辩证哲学观，是一种中道哲学观，其所追求的是在具体场域中对问题的恰当解决。在实践场景中"普遍性"与"特殊性"迈向了融合，各自消灭了自身，同时又各自实现了自身，而真正地融入历史实践当中，成为了塑造历史实践合理性的一个环节。然而，这样的哲学观并不是每个法官都可以"实践"的。我们需要一批精英法官，历史需要他们承担更为重要的责任与使命，这又会与实践智慧相统一。实践智慧是可以克服教条主义的，这不仅是个理论的问题，更是个实践的问题。

6

在人们对法律世界的探究中往往存在着某种稳定性的立场，它可以被看作关于法律问题的世界观，也可以被理解为法律世界的思想牵引系统。比如说汉代中国儒法合流背景下的道德主义法律观，近代启蒙时期西方国家的自由主义法律观。它们是引导着特殊性发展的普遍性，这种普遍性生成于特殊性当中，同时又返回特殊性。不同时代的法律观作为总体性的思想原理贯穿在其所属时代的法律世界当中，牵引着法律文本的创制，引导着生活世界中法律问题的解决策略。法律观作为一个时代总体性的法律世界观，人们往往会有各式各样的概括，但无论怎样的概括，我们都可以从中既看到普遍性，又看到特殊性，否则这样的世界观便是有问题的。由于人们看待问题的视角和方法的差异性，于是对法律观就会有不同的理解，从不同的角度也会概括出不同样态的法律观。法律观中有共性，也有个性。比如在如何看待法律的问题上我们曾经坚持过"斗争主义法律观"，而在如何进行法治建设方面则有人大力主张"构造主义法律观"。不管采取怎样的思想前提和类别标准对法律观的样态加以概括，每种法律观往往会在某种意义上具有自身的合理性。从实践合理性的角度对法律观进行勘察，则并非所有的法律观都是合理的，只有契合于事物自身的法律观才具有内在的合理性。"实践"自身就包含了评判事物的基本尺度，站在"实践"立场上可以展开对法律观的合理性评判。比如"构造主义法律观"固然有其自身的合理性，但同时也有着"主观化"的偏颇，它往往对生活世界表现出某种"宰制"的欲望。这种高高在上的姿态扭曲了现实世界自身的内在规律性欲求，过度的"移风易俗"恰恰使法律缺失了自身赖以存在的生活基础。在实践视域下，这种法律观中的"主观性"占据了上风，而"实践"本身同时是有客观性，主客观统一是实践的固有属性。

在中国法律实践发展过程中内在地贯穿了某种法律观。在法律意识形态的方向性上我们坚持了正确的法律观，但在如何有效地进行法治建设方面我们还需要反思自身的法律观，确立能够切实有效推进法治进程的法律观。我们要坚持马克思主义法律观，但对马克思主义法律观也存在一个理解的问题。我们当然需要认真把握现有的对马克思主义法律观的重要理解，比如人民至上的法律观。我们同时需要在理论上对马克思主义法律观做一个深度勘察，并能够做到用这样的法律观牵引中国社会的法律实践，使得中国法治建设日益具有自身的内在合理性。马克思主义法律观是实践主义法律观。实践主义法律观深刻地蕴含在马克思的经典文本当中，贯穿在马克思、恩格斯等马克思主义者的现实行动当中。"实践观点"是马克思主义的基本观点，它同样包含了"普遍性"与"特殊性"的关系问题，但它的立足点是"特殊性"。深刻理解和诠释实践主义法律观是对马克思主义法学思想的继承与发展，同时由于实践主义法律观对现实中国法治的理论价值和现实意义，因此它也是马克思主义中国化的一种具体理论形态。中国法治建设可以说在实际上坚持了实践主义法律观，但仍然缺乏在思想理论上对这种马克思主义法律观的高度概括和理论升华。法学界已有学者提出并论证了"实践法律观"、"实践主义法治观"、"实践法哲学"，这意味着实践的法律观已经成为诸多法学家的共识。这些理论探讨都是我们认真挖掘马克思主义法律观的知识前提，是我们丰富和发展实践主义法律观的智识源泉。

马克思主义所讲的"实践"不是一般意义上的活动，而是一种自由自觉的创造性活动。实践活动既不能单纯地从客观的角度去理解，也不能单纯地从主观性的角度去看待，其创造性的展开是一种主客体交互作用的活动过程。实践概念意味着一种中道思维，它终结了唯物主义和唯心主义的对立，客观主义和主观主义的对立，普遍性和特殊性的对立，这是马克思实践观给思维方式带来的彻底革命，具有重大理论价值。这一伟大思想深刻地表现在马克思《关于费尔巴哈的提纲》的简短论述当中。在法律生活中同样需要这种实践主义的基本立场。认真贯彻实践主义法律观是克服法律世界中两极对立思维的理论基础，又是纠正构造主义主观性的思维前提，同时也是防治"因循守旧"保守主义的思想基石。按照实践主义法律观的逻辑理路，法律实践的展开是普遍性与特殊性、主观性与客观性、偶然性与必然性、传统与现代、国家与社会、本土与西方等多种元素交互作用的结果。这个过程是预设性与非预设性的现实统一。法律实践是法律领域中自由自觉的创造性活动。实践自身是趋向于完善的，法律实践的日趋完善将趋向于法治。然而这个过程并不会自动地获致，它需要创造性的展开，这便要求实践智慧的登场。"法作为实践智慧"的法哲学判断还需要我们认真对待，这个判断与实践主义法律观是内在相通的。我们扩展了"实践"概念的解释，这是理论趋向完善的需要，其根基在马克思主义实践观当中。回到马克思，我们会更加深刻地理解现实。中国法治发展道路需要根植于现实性当中，而现实性包含了普遍性和特殊性的统一，现实性不是媚俗的低级趣味，而是意味着合理性的展开，这在恩格斯对黑格尔的现实性诠释中得到了明确的说明。现实性与"实践概念"内在统一，密不可分。

"实践"概念是一种创造性活动，它是自身向善的创造性活动。实践内在地包含了价值的牵引，这会让人的生活变得更加美好。法律实践同样包含了自身的善，每个时代的法律实践都有那个时代对善的追求。传统中国的法律实践将儒家伦理作为自身的价值引导，牵引了一种伦理化的法律生活，古老的"灋"原本就具有伦理的意蕴。"灋"与"仁"本就是统一的，它们与善的生活息息相连。早期中国文明的实践样态中已经蕴含了某种善的机制，善内在地属于实践，实践内在地构造了善。在人类的各种生活中均生成了对善的追求，法律生活和政治生活都不可能例外，在这个意义上伦理恰恰发挥了牵引的功能，好像伦理生活成为了法律生活与政治生活的导引，普遍性的伦理追求谋划了人们恰当的生活状态。当代中国的法律实践同样包含了我们所属的时代的"善"的牵引，社会主义核心价值观构成了人们普遍的共识，它是当代中国法律实践中的"善"，引导着法律实践的价值方向。它们是普遍的，也是特殊的。它们的普遍性意味着与世界的融通性，它们的特殊性则意味着真正的中国性。当代法律实践的最高善是人民的幸福生活，相比于人民幸福生活的"总体善"，社会主义核心价值观则是"具体善"。这里的人民不是一个抽象的集体，集合概念不能掩盖人民中"具体个人"的善，普遍性不能将特殊性吞没，特殊性恰恰是普遍性的存在目的。只有关怀人民中的个体的幸福生活的善，才是我们应该追求的善，也才有资格成为牵引着法律生活方向的善。马克思主义的"实践"不是一种单纯的活动，它是一种"革命的"、"批判的"活动。革命的活动与批判的活动是真正的实践，是价值牵引的现实性活动。马克思的"实践概念"超越了亚里士多德和康德的道德哲学范畴，而扩展到了一切人类生活领域，但依然保留了实践概念本身的道德维度。实践主义法律观必须认真对待实践概念，坚持马克思主义的理论方向，在具体的法律活动中创造更加美好的法治生活。

实践同样是自由的，是人向着可能世界的无限延展，这是实践的固有属性。对实践自由的暂时阻碍，永远不可能阻挡人民自由的实践发展。在马克思关于法律的论述中，法律乃是人民的自由圣经，没有自由我们就不可能理解马克思主义法律观，也不可能理解马克思主义的实践概念，因为实践自身就是自由的。马克思生活于启蒙时代之后，启蒙时代所积累的一切优秀的思想文化成果，他是不可能抛弃的。启蒙时代的自由经过马克思的创造性转化之后构成了伟大的共产主义的一个内在环节。马克思主义认为，未来的共产主义社会必然是自由的，每个人自由而全面的发展正是那个社会的前提。社会主义是共产主义的储备，它必须为共产主义积累自由，养就自由的德性。社会主义法律实践同样要趋向于自由，这是实践本性的内在要求，也是社会主义人民幸福的题中应有之义，任何人都不能背离社会主义的自由精神。社会主义的自由要不断地趋向于共产主义的自由，共产主义的自由是真正的自由，是摆脱了一切财产限制和天赋限制及资格限制的自由，是真正地实现了人对人本身占有的自由。社会主义核心价值体系中同样包含了自由，我们要自觉地把自由融入伟大的社会主义法律实践当中，让自由成为法律实践乃至一切社会主义实践中的内在要素。合目的性包含了对自由的合目的性需求。然而，共产主义实现之前的一切人类社会的自由都还不是真正的自由，以法律为前提的自由也不可能是纯粹自由，自由同时也意味着责任，不懂得责任便不可能理解自由。共产主义的自由代表了自由的最普遍形态，但这种最具普遍性的自由恰恰是对人的"个性"的全面占有。只有在每个人能够真正占有自身的社会中，自由才是可能真正实现的，而那样的社会就是共产主义社会，共产主义社会中没有法律。

三、人性与自由

———— 7 ————

　　法哲学分析当然是一种哲学分析，也算得上一种哲学操作。不要总是从理论上或知识的角度理解"分析"，"分析"是一种实践活动。我们对人性作个分析，一种尽量摆脱成见的分析。关于人性问题并没有什么固定的判断，直到今天人们也无法在人性问题中找到一个绝对的定论，人性的分析依然是敞开的。人性的特殊性和复杂性不允许作出一个标准化的普遍判断，对于人性问题只会存在某些形而上学的假定，这并不是对人性的客观性判断。过去人们对儒家人性论持有一种所谓的定论，即人性本善论，这一普遍性判定并不是人性现实图景的反应。这或许并非早期儒家的本意，无论孔子，还是孟子，他们都没有明确地说过"人性本善"的判定。儒家本性善的学说应该是理学之后的事情，不管它最早出自何时，人们的确有着"性本善"的普遍认定。孔子生活于乱世，面对人们相互计较杀戮的事实，他又怎么可能作出人性善的判定呢？难道他是在无顾"现实"而给人一种心灵的慰藉吗？可那不是思想的骗局吗？孟子又何尝认识不到人性的丑陋，他对人性的分析可谓入木三分，但他依然对人性充满期待。孔子与孟子对人性充满着信任，正是这种信任让我们看到了人类的希望，于是从他们的思想中我们感受到了人性向善的意向。这与人性本善是完全不同的，"性本善"具有独断论的嫌疑，而人性向善则是向着可能生活的展开。人性向善是一种生存论哲学的表达，它揭示了人不断地成为自身的哲学意蕴，这也就意味着人是处于一种可能性当中，人在向着可能性世界的状态中成就自身。这或许就是孔子讲求"为己"之学的人性前提，正因为人性向善，方可成就自身。关于人性的分析，需要有一个现实的立场，不要总是面对文本，更不能面向对文本的注疏，那样得不到人性的真谛。我们需要面向生活世界，即便是对那些思想家人性论的理解也需要面对我们自身的生活世界，否则就会被文本"牵着鼻子走"而迷失了自我的探求方向。

法哲学应该如何分析人性呢？过去人们有一种成见，认为从"人性善"出发导出的是道德之治的治国方略，而从"人性恶"出发则导出法治的结论。这个思想逻辑一直控制了人们的思想观念，现在有人开始反思其合理性。有些"逻辑"只是因为习惯而成为"逻辑"，但其实其中所涉要素之间并没有什么内在的关联，更不用说什么"逻辑必然性"了。把心理习惯当作"逻辑"，是法学界常犯的错误，习以为常的东西未必是合理的。我们看一下政治法律道德的历史实践，就会"看到"真实的历史风貌并不是人们"想"的那样，人们将其所"想"当作了所"看"。"想"取代了"看"，这正是维特根斯坦批评的现象，恐怕也是他主张"不要想，要看"的理由。"想多了"是什么意思呢？就是主观化的意思，因此一定要"多看"，"看到的"是真实的世界，它既是思想的渊薮，也是实践谋划的合理性根基。任何普遍性的谋划都要从"看"处建基，人们所看到的是生活世界的整体。从人性善到德治，从人性恶到法治，这都不是必然的，是人们习惯于"归结论"的两极思维在作怪。然而，对人性论中两极思维的反对并不意味着否定人性考察对历史实践的影响。即便是错误的普遍性人性判定，也会对人类的现实生活和历史实践产生各种影响。从人性的"善"与"恶"出发的确会对治理实践产生某种塑造，当然也会对理论产生构造。但在实事求是的意义上看，某种治理举措的出台往往是看到了人性的局限性，有时甚至是利用了人性的弱点。比如历代统治者用功名利禄的牵引加以治理的措施，便是认识到了人性中的"欲望"的缘故，这应该看作是法家思想的影响和塑造吗？似乎并不能这样说，即便没有受过法家影响的人也可能采取这样的治理举措，然而人性判定对统治举措的影响的确是不争的事实。至于将何种元素看作影响事物的根本要素，那似乎并没有那么重要。在人们对柏拉图思想转变的探求中，关于他为何从"哲学王规划"转向"法治"的问题，人们的回答往往是因为他看到了"人性恶"的缘故。这里的关键的确是"看"，"看"的对象是政治法律实践和日常生活中人性的表现形态，是在"看"的基础上对人性的反思而形成了柏拉图的所谓法治观念。原本的政治法律实践状态到了柏拉图那里便成为了理论，他用理论的方式强调了法律的意义，尽管他仍然认为哲学王统治是最佳方案。柏拉图关于法治的运思当然是一种法哲学，法哲学是一种"后思"，其根基落实于历史实践与生活世界当中。然而，作为后思的法哲学是否就没有任何引领性的作用呢？

考察现实生活是我们得天独厚的优势，相比历史我们对现实更有发言权。法律事业当然是一种实践，而这种实践在某种意义上讲就是规则的实践，规则的实践需要美善的引导。如果只是用名利引诱人的行为，便谈不上"良法善治"，自然也就不是我们所期待的法治了。我们去"看"法律实践，在刑法与民法这两个基本法律当中，同样贯穿着利益化机制，然而利益被更高的价值所牵引，便使得在这些基本法的运行中呈现人类最起码的良善追求。刑法之善和民法之美是令人津津乐道的，因为在它们利益的运行中充分蕴含了正义的美善价值，利益的互动与美善的融通并不损害这种基本法律所具有的人性导向。

然而，现代法律世界中存在一个膨胀的系统，这便是行政法规、规章的普遍性系统，它渗透到了社会生活的方方面面，牵引着人的行动。有的行政法规、规章侵蚀着人们的生活世界，抑制着人们对于美善生活的向往，使社会深深地陷入利益的泥潭当中。有的行政系统的"立法者"缺乏人文关怀，更无卓越之思，将庸俗化的"实用性"贯彻到了其所涉及的社会生活，自以为众多普遍性规则的出台是在为法治大厦添砖加瓦，实际上却是在颠覆法治大厦的根基，它们破坏了自身需要返向的特殊领域，即生活世界。某些行政法规的膨胀上演了人性最为卑微的特质，让追逐名利成为了时尚，而使那些勤于养心的人被冷落，这样的规则系统便不能引导向善的人性，而是将人性中的欲望发挥到了极致。行政领域中普遍性的肆意扩展正在吞噬着特殊性，行政权力的扩张是法治事业的损伤，更是对人性之良善的抑制，让真正的"立法者"限制行政权力的扩张，在我们的体制中或许需要对行政权力进行严格的限制。当然，社会权力的兴起可以让行政权力养就一种谦抑的美德，无疑能够推动人性向着美善发展，尽管这并不是一种必然性。"自治"在国家治理体系发展中扮演着重要角色，要实现行政系统与自治系统的协调发展，人民才能获得幸福。良好人性的培养需要某种机制的配合，好的机制养就美德。法律必须有对人性的期待与向往，更需要通过规则与机制的完善牵引人们向善的人性，"立法者"的审慎是必要的美德，实践智慧的登场乃是一种必须，除非我们根本就没有向善的冲力，一切事物的功利化只能抑制人性中的审美属性。人性固然有差异，而"立法者"同样是有差异的，这便是实践智慧登场的意义。

也许根本没必要对人性作出任何形而上学的把握。无论是"性本善"的判定，还是"性本恶"的认知，它们不过是人类知性的一种冲动，并没有多少积极的价值，反而有诸多消极的后果。把普遍性绝对化，正是人类知性的误区，放大了人性某个侧面的结果会对实践造成危害。如果从思维方式上讲，则关于人性的"本善"与"本恶"正是两种极端化思维的表现，并且要通过极端化的思维为人性确立一个形而上学的根基，这种思想方式并没有什么生活世界的意义，它是"想"的想当然结果，而不是"看"的"勘察"性结果。至于"法律的布局"更不需要从"性本善"或者"性本恶"的角度加以考察，法律当然要看到人性向善的追求，但同时也会看到人性的"难免之恶"，甚至是"自然之恶"，其后的普遍性设计才会具有合理性。或者我们也可以按照马克思主义的观点，将人性分为自然属性、社会属性和精神属性，以一种现实合理性的态度对待基于人性的现实性，以及在此基础上的法律布局。但无论如何，法律必须有向善的牵引，这是对人类长远的意义。"良法善治"是我们的普遍性追求，但其根基却在人民群众的生活世界当中，它是普遍性与特殊性的内在统一。人性固然有恶，然而人性终究向善，因此法律亦必向善。儒家"人性向善"的判断使人充满了希望，它会促进"善"在可能生活中的贯彻，法律行动中"善"的贯彻将为我们营造一个

"良法善治"的法律世界。我们在其中过着恰当的生活，这也是一种良好的生活，良好的生活是普遍性与特殊性的统一，是现实性与理想性的结合。恰当生活所营造的不是一个必然性的世界，而是一个可能性的世界。

——— 8 ———

我们需要专门以自由作为法哲学的理论分析对象，它是法学领域中盛行的概念，也是相当数量的群体津津乐道的一种理论形态。自由到底是个什么东西呢？自近代以来自由便成为了一个受人赞美的话语，人们把自由与诸多价值相连，从而揭示了自由的意义。在自由的话语极度扩展自身的境况下，人们对自由的理解难免有多种偏颇之处，权利意识的觉醒固然可贵，但忽略了公共理念的牵引，则恰恰是主体自我意识的沉沦。很多人动辄在要求权利，却不去认真对待责任，自由内在地蕴含着责任。那些真正追求自由的个体，一定是个勇于承担责任的个体。自由是需要代价的，古今中外许多仁人志士用对自由的追求完成了自身的使命。在社会生活中人们追求多种多样的价值，但自由是最为高贵的价值，它是确立人自身尊严的基本前提，它比平等更值得珍视，比正义更需要关怀，因为没有自由便不可能有平等，没有自由也难以实现正义，自由是基础价值，是保障其他价值合法性的"源始性"价值。这意味着自由是立足于特殊性的，而普遍性则是为了满足特殊性的需求，但这并不意味着特殊性的恣意妄为，特殊性必须接受普遍性的导引，这同样也不意味着普遍性的肆意扩张，它必须返向特殊性，为特殊性的实现保驾护航。自由是一个社会充满活力的根本保障，这是罗尔斯政治哲学的思想意蕴，也是社会体系的实然状态。自由一旦被压制，就会激发起人们心灵的抗争，对任何社会秩序都是充满危险的。那些采取各种手段压制自由的人，实际上是对国家和人民的不忠，是对人自身的亵渎。不要一谈到自由就"谈虎色变"，自由是面向人本身的价值。现代性价值是个内在相通的系统，而自由乃是所有价值中的"本体"，它对其他价值具有衍生和奠基功能。自由价值已为现代性法治所认同，也是社会主义核心价值观的重要内容，那些亵渎了自由的人，同样侵犯了人作为人的尊严。认真对待自由，是社会主义法治建设的重要维度，更是马克思主义思想的内在要求。

自由概念在马克思主义理论中占有重要地位，它甚至可以被理解为共产主义的思想起点。共产主义社会是真正的自由的社会，是人实现了对自身占有的社会，人本身获得了真正的自由和解放，也正是因为人在共产主义社会中占有了自身，共产主义才是真正的人类社会的开端。在共产主义社会中，自由的普遍性与特殊性不再是一种对立的关系，而是真正做到了融合。这是一种高度自觉的融合，人的自觉与普遍性实现了现实的统一，共产主义社会并不是"无人"的社会架构，而是实现了人的高度自觉又依赖于人的高度自觉的社会形态。在马克思主义产生之前，启蒙思想家高扬了自由的旗帜，洛克在政治哲学意义上对自由的弘扬，康德在实践理性上对自由的充分肯定，都使得我们加深了对自由的理解。洛克式自由是英美思想家理解的典型形态，在政治哲学的意义上推动了现代政府的建立；康德式自由则与责任相融合，是典型的思辨哲学的表达方式，在更为深刻的意义上确立了人自身的价值和尊严。马克思的理解包含了近代思想家的合理内核，但同时又超越了近代各式各样的自由学说，将自由放置到了历史唯物主义的伟大思想中加以理解，赋予了自由以实践的本性和历史性的特质。马克思主义自由学说当然包含了政治哲学的维度，在马克思早期对德国制度的批判文献中这种自由的呈现是充分的，在共产主义理论中论述的自由同样具有重要的政治哲学的意蕴，同时还具有社会前提性意义。而在他对历史三形态的划分中所展现的自由是整体性的，具有法哲学及伦理学上的重要价值，自然更具有政治哲学的理论价值和现实意义，没有政治上的彻底解放，人便不可能有占有自身的自由和尊严可言。无论在价值论上如何鼓吹自由，缺乏了政治解放便是空谈，当然真正自由的实现还需要社会解放。坚持马克思主义自由观，是当代中国法治建设政治正确的切实保障。

人有思想和言论的自由，这已经是现代政治哲学的共识，也是社会民众的共识。思想自由是一切创造力的保障，无论是科学研究，还是艺术创造，都不可能离开思想自由而获得任何长足发展。对于任何社会而言，钳制思想是很难做到的，即便在"黑暗"的状态下人们依然会思想，法律也很难对那些有思想却并不表达的人加以定罪，历史上的"腹诽罪"是小人利用了"政治"和"法律"的结果，各种美德由此败坏。马克思主义的产生正是思想自由的结果，是思想自由创造性的卓越表现形态。思想自由的钳制在法律上是不可操作的，若是非钳制不可，便一定是操作不当，它将会对人类的道德系统造成颠覆性的影响。其所损害的将不仅是自由本身，而且还有人性的尊严。然而，言论自由却是可以控制的，事实上有些社会就是这么做的。限制言论自由的政治危害是不言而喻的，"皇帝的新装"绝不是一种良好的政治生态。而在法律上限制言论自由则会激起人们更多的抗争，法律也将失去尊严，由于限制自由而造成的危害潜藏在社会的内部，一个偶然的机会都可能会造成严重的问题。自由，可以造就好的政治，能够塑造真正的法治精神。中国法治仍然需要一个政治哲学的深度研究，基础性工作的缺失会给日后造成更大的麻烦，为了中华民族的伟大复兴，我们有责任承担起推进自由发展的使命，但我们必须在特殊性与普遍性的辩证关系中把握自由，而不是从任意性理解自由，那些把自由理解为任意性的人及其行为损害了自由的价值和尊严，同时也侵犯了人本身的尊严。

言论自由正是美德的表现，但凡说真话者，才可以被称之为有品质的人。中国文化特别推崇"诚"，"诚"具有某种本体论的地位。言说不仅要自由，而且要真诚，真诚必然预示着自由，没有自由便不可能实现真诚。《礼记·中庸》中尝言："诚者，天之道也；诚之者，人之道也。""唯天下之至诚，为能经纶天下之大经，立天下之大本，知天地之化育。"可以看到儒家元典中对待"诚"的态度何其珍贵。"诚"于天地之间袒露一切，无所保留；"诚"于人世之间坦诚相见，绝不隐瞒。"诚"固然是具有伦理学价值，在法哲学中也充满着对"诚"的期待，那么"诚"具有政治哲学的意义吗？当然，"诚"为"大道"，乃是治理的极致，政治品德的制高点，非大智大勇之政治家莫能为也。在中国文化中言论自由的哲学依据，恐怕可以说在"诚"，说真话是一种权利。如果一个社会对说话的自由进行限制，其危害性是深层次的，短时间之内根本就无法得到正确评估。缺失了"诚"，就不可能实现真正的和谐，生造的和谐无非是作茧自缚，隐藏着更大的危机。一旦限制了言说的自由，则必然是小人当道，谎言满天飞，道德堕落，腐败横行，虚伪则成为人们的心理习性。周敦颐曾经谈到："诚，五常之本，百行之源也。"这就是说，说真话乃是道德的基础，言论自由才能培育良好的德行。社会有社会的内在规律，历史的车轮没有任何人可以阻挡。"诚"之大德令人高山仰止，坚不可摧，势不可挡。我们愈是陷入泥沼，愈是珍视那些卓越的价值。社会需要价值上的牵引者，一个人在不经意间或许就会成为英雄，而那些高喊着豪言壮语的人，却不过是势利小人而已。真诚地喊口号，则是幼稚的表征。为民族负责计，为国家负责计，为人民负责计，任何人都没有权利拿走人民的自由。

认真对待自由，这不仅是个认识论的问题，更重要的是个实践论的问题。普遍性与特殊性共生于实践当中，只有从特殊性中长出的普遍性才具有切实有效的意义，不能用空洞的普遍性干预自由的特殊性，自由本身就是特殊性和普遍性的统一。无论在认识论上，我们获得了多么精致的关于自由的理论，如果不能让自由切入行动，那自由无非只是个理念而已。马克思主义讲自由，其着重强调的乃是实践的自由，是改造世界的自由，是在行动中人自身幸福的自由，缺失了行动，就没有任何自由可言，因此我们说自由是一种行动，正如我们说法治是一种行动，只有在行动中我们才能够拥有自由。中国人民经过反帝反封建斗争，早在数十年前就已经觉醒，这是一个不争的事实。以毛泽东同志为主要代表的中国共产党人让中国人民迈向了觉醒的道路，这是一条不断趋向于自由的道路。中国人民的自由是中国人民在实践中努力争取的结果，是斗争的结果，我们必须保护自己的胜利果实。如果有谁侵犯了人民的自由，那就一定会激起人民的反抗，尽管有时那只是一种无声的抗争。"不在沉默中爆发，就在沉默中灭亡。"许多现象再次印证了自由的意义，言论自由是其他一切自由的基础，这是马克思主义自由观的应有之义。

四、法哲学观察

9

信念是个实践问题，也是个理论问题。我们需要在理论上对信念作出思想的勘察，这不是为了信念本身的完善，而是为了人类的行动世界。信念固然具有普遍性价值，但它同样生长于特殊性当中。信念是一个很平实的东西，可以被看作期待的满足，可以被理解为确定性的追求。信念本身是生活化的，它并不是一个形而上学的理念，但它却具有对人本身的真切关怀。那么信念是怎样形成的呢？是教育的结果吗？是学习的结果吗？我们并不否认教育和学习及培养信念的可能性，但那仅仅是一种可能性。那些从来没有受到过教育的人，可能依然充满了信念。信念或许就是生活中日积月累的结果，是人们在行动中习得的某种确定性。不要认为信念是一个玄而又玄的概念，它也是一种习惯的表现方式，信念与习惯在行动中统一。一个传统社会中的农民，从没有接受过任何教育，但他是个种田的能手。他也有多种形态的信念，而信念支撑了他的行动，帮助他作出了决策。他为什么相信今年大豆会丰产？在别人都忙着浇地灌溉的时候，他为什么却在做着采摘棉花的工作？当然是信念的帮助，是在漫长的农业生产的实践过程中生成的信念使他做出了决策，可靠的信念有益于合理化的决策。信念在根本上是实践的训练过程，不要将希望完全寄托在教育培养上，那样会让所谓的教育者很失望。现代教育把信念演绎为单纯的普遍性，失去了特殊性的生存论教育难以塑造心灵深处的信念结构。有信念的生活是一种充满确定性的生活样态，生活质量的高低与人们是否有信念是直接相关的。把信念理解为生活的属性，而不是高贵的追求，更能够窥得生活的真谛。所有生活领域都是和信念相关的，信念是我们观察生活、探究生活的一个视角。我们在生活中养就了自身的信念，我们也生活在信念当中，感受信念无非就是在感受我们自己的生活形式。我们在教育之外原本就拥有信念，信念和生活同在。信念对于大众而言，它不是反思性的，它自然地构成了人们的生活。

法律生活当然属于生活的组成部分，其中各样的信念是十分重要的，没有信念法治便不可能维系，看似与法律遥不可及的信念恰恰是支撑法律生活的支柱。如果在法律生活中缺乏信念，那便是生活出了问题的表征，需要反思我们整体的法治状态。有人到法院里打官司，无论在证据还是法律理由方面，他都是占理的，但他总是提心吊胆，不断地向朋友打听咨询，最后实在忍不住了，还是通过关系找到了法官，在和法官见面沟通之后，他才放心了。可以说，从他的行为上看，他不相信法院的工作，他没有必胜的信心，也就是说在打官司活动中他缺乏信念。他对法律没有信念，他对法律生活没有信念，这样的问题不能依靠法律加以解决，我们要从生

活的深处谋划解决问题的策略。那么，这说明了什么问题呢？法院
没有公信力，人们不相信法院会是公平的，而宁愿相信它是腐败
的。这其实是法治危机的一种信号。我们要真诚地面对这种境况，
否则我们就没有希望走出困境，羞羞答答地遮掩只能使问题变得更
加糟糕。真诚本身自然也是一种信念，相信通过真诚可以实现社会
的改变，向着美好世界的行动深深地植根于我们真诚的信念当中。
我们正在行动。

我们可以看看诉讼到法院的那些案件，多数都是简单案件，
而简单案件实际上是不需要打官司的。在一个司法昌明的社会中，
那些明知道自己不占理的人，是不会把官司弄到法院里的，而只有
在司法腐败的社会中人们才产生了投机心理，这难道不值得我们警
惕吗？从治理的深层结构中寻找解决策略，而不是从法律本身找寻
答案，这是我们治理体系完善的意义。可以说，将简单案件诉讼到
法院的数量的多少是衡量一个国家法治状况的重要标准。对司法的
信念是个养成的过程，不可能通过信念教育让人们对司法审判充满
信心，而塑造人们的司法信念则是一个十分艰难的过程，毁掉的信
念是很难在短时间内得以建立的。那么这样的信念又如何建立呢？
只能通过法院的公正审判活动，在时间累积的过程中确立自身的公
正形象，而后人们才可能有对司法的信念。不可能有别的方法，毁
掉的形象只能自己去拯救，而拯救不是依靠说教，而是依靠清廉的
行动，并且这是以时间为代价的。不要遮掩，而要真诚面对。千万
不要设计出与"行动"不相关的解决方略，那都不过是搞形式主义
而已。只有那种深入特殊性中的普遍性设计，才可能具有重要的现
实性。多种现象都显示了社会民众心中对法律的失望，这当然是缺

失了信念的表征，让人们充满希望的拯救措施便只有依靠"行动"。用"行动"显示公务员招聘的公正，用"行动"表征司法的清明，用"行动"表达政府的公信力，用"行动"体现官员的执着，用"行动"塑造美好的形象，时间久了也就生成了信念，这只能是一个自然而然的过程。我们已经开始"行动"，各方面的状况都在发生悄无声息的改变，我们正在迎接黎明。

"法治"这个词在中国是被普遍使用的，但人们对它的理解却是存在差异的。而我们则愿意把"法治"看作一种生活，生活中蕴含了生活形式，这种形式是稳定性的，确定性的，这才是"法治"最为朴实而真切的属性，远比那些对"法治"的宏大定义有着更为重要的意义。人们到食堂吃饭，每个人都会排队，为什么呢？因为每个人都有一种其他人也会排队的信念，正是这种信念维持了秩序。那么，这里是排队的规则发挥了作用吗？表面上是规则起到了效果，而实际上是信念维系了秩序，若是人们没有信念，规则便很容易被破坏，信念启动了内在的心理机制。心灵与世界秩序密切相关。人们在遵守规则的时候，其实多数情况下都没有想着自己是在遵守规则，就像维特根斯坦说的那样：我们都是在盲目地遵守规则。当我们意识到自身遵守规则的时候，则往往是出了问题的表征。遵守规则只不过是一种习惯，但习惯也许会被破坏。人们在排队的时候发现，经常有人加塞，时间久了，排队的人就不干了，越来越多的人开始加塞，稳定的秩序被破坏了。为什么呢？人们已经没有了信念，他的期待无法得到满足。然而这种情况下，秩序好像依旧是可能的，这便是大量的维持秩序人员的出现，这正是缺乏信念的结果，信念的缺乏同时也意味着成本的无限提高。在法律生活中，我们需要更多的信念，缺失了信念的法律生活，便不可能有法治可言，当然也不可能存在恰当的法律生活。信念当然意味着一种信任，彼此的信任正是法治状态的根基，没有信任的社会往往危险重重。人与人之间的信任，人与政府之间的信任，社会民众与公务人员之间的信任，民众与法院之间的信任，这些才是法治最可宝贵的表征。信念是确定性的保障，信念的获得即是确定性的实现。我们相信：太阳明天一定会升起。不要把它理解为一个逻辑必然性判断，它只是一个经验判断，生活的确定性正是在经验中不断生活的结果，而经验是实践训练的结果，它在行动中逐步生成。尽管信念中包含了普遍性，但信念并不以普遍性为教条，恰恰是由于对特殊性的深切感受和体悟，人们逐步养成了信念体系，而这个信念体系是特殊性中的普遍性，是普遍性中包含了特殊性。从经验和习性的角度理解信念，则信念必然是特殊性与普遍性的统一。

"法治是一种行动"，那么信念呢？信念也是一种行动。这可以从两个方面理解：一方面信念的形成是行动的结果，外在的灌输很难生成信念。即便一个人在理论上高度认识到了信念的重大意义，他也依然可能是没有信念的，不能把信念的塑造寄托在认识论的基础之上，只有从实践论的角度理解信念的生成，才能把握信念的原本存在状态。另一方面，信念本身也是一种行动的力量。一个拥有着信念的人会自发地在行动中表现自身的信念，维护确定性的生活，这种生活也包含了法治生活。在每个人对规则的遵守中隐含着人们的信念，挖掘其中的信念是我们理解法治的基本切入点，也是我们进行法治谋划的合理性前提。打牌是一种很好的游戏，如果参与者之间彼此信任，大家就会遵循规则，而如果有一个人捣乱，便破坏了信任，规则就会被破坏，游戏也就无法进行。其间参与游戏的人是很重要的，如果少数人有了投机心理，那整个游戏就会失去公正，于是要么停止游戏，要么大家一起投机。把法治想象为一个游戏，习惯、信念、心理、参与者、约定俗成、遵守规则，考虑清楚这些元素在游戏中的呈现方式，或许我们就会加深对法治的理解，正确的法治发展道路才有生成的可能。不要总想着构造，人类的理性没有那么大的能量。考虑一下法治游戏的现实操作，不要把希望当作现实操作的蓝本。我们到底该怎么办？沉入生活世界，认真的体悟会给我们良好的教益。

10

　　教条主义在人们的社会生活中是一个需要进行反思的普遍现象，它渗透到了生活世界的诸多方面。教条主义往往是将某种普遍性放大扩张，并且加以绝对化，用绝对化的普遍律令裁剪现实生活，其可怕性在于对生活世界的残忍践踏。有人对教条主义的运用十分娴熟，就像是训练了很久的技艺，也如同天然地属于自身的一个技能。这是一种怎样的可怕呢？这意味着有人是在社会化成长的过程中，就已经习得了教条主义的应用艺术，甚至达到了炉火纯青的地步，这是一个自然而然的过程。这就意味着教条主义是一种文化，是人们的一种存在方式，是人们的生活习性。然而，正是因为它是一种习性，才显得如此可怕，这意味着在我们的文化共同体中充斥着大量的不负责任的个体，而他们在口头上却打着"责任"的旗号，因此教条主义者的内心一定是丑陋的，是文化塑造的"人性"的丑陋，这样的人大多都是"说谎者"。当然，我们也不否认天真的教条主义者的存在，"天真"助长了教条主义的泛滥。法律生活中同样充满着教条主义者。法条主义便是教条主义的一种，貌似忠诚于法律，但实际上却是摆脱自身责任的一种有效方式。即令是法律中的那些自由主义者，也往往会呈现出教条主义的特点，作为"外部反思"的自由主义本身便是教条主义。教条主义遍布生活世界，其危害自然是十分明显的，然而克服教条主义却又是如此艰难，盖因为它已经成为了人们内在的心理习性。教条主义似乎成为了一种无意识的生活方式，无论如何我们都需要对其进行思想的勘察，揭示其存在的真相。

教条主义在哲学上是一种观念论，或者用过去我们常用的话语贴个标签的话，那就是"主观主义"。为什么这样说呢？我们会发现一种现象，所有的教条主义者都是理直气壮的，他们很善于批评人，而且好像是很有"高度"的批评，而他们最为经常使用的话语则是"假话"和"套话"，听上去绝对正确，实践上却毫无建树。教条主义者习惯于给人们贴标签，每个标签都能把人吓倒，使人惶恐不安，不得不沉入教条主义的陷阱当中。教条主义者在谴责他人的时候总是振振有词，但自己却从不需要承担责任。我们现在要做个前提分析。教条主义者都是有前提的，他们思考问题、理解问题、把握问题、处理问题都是有前提的，并且这个前提被视为是非常"正确"的，甚至教条主义者的思想前提被他们自身看作是"绝对真理"，至于其内心世界到底是否将前提当作绝对真理，那我们不得而知。若是不将"绝对真理"放置到具体语境当中，人们似乎也难以指责。教条主义的前提，是某个理念，是某个原则，是某个观念，是某个法则，是某种精神，但这些前提都是抽象的，一句话，它们是普遍性的极端化。教条主义者高度认同这些前提，赋予前提"绝对真理"的地位。然而，马克思主义早就讲过，这个世界上根本就没有绝对真理，那又怎么能够将某个"观念"当作"绝对真理"加以对待呢？这样的人是口头上忠诚于原则，而实际上却经常破坏原则，原则成为了他们推卸责任的保护伞。我们再一次强调维特根斯坦所说的道理："不要想"，"要看"。看到的一切就是我们生活于其中的世界，看到的样态就是真正的存在。不能听教条主义者的话语，要看教条主义者的行动，他们大抵都是没有担当的，这好像不需要论证，看都能看清楚的事情，还需要什么论证？哲学不必非要进行严密论证，法哲学同样不必沉迷于论证，"看透了世界"便能够理解"看透了世界的哲学或法哲学"。人类在发展的过程中，的确会形成规则、原则、观念和理念，但这并不是教条主义的存在理由，"不负责任"才是教条主义者的心理疾病。人类所形成的理念，并不是一个孤立的"客观存在"，它存在于我们的生活中，与生活中的诸种事实相互融通，这样的理念也就成为了我们生活的内在组成部分，但却不是一个抽象的存在。教条主义并没有真正理解我们的生活世界，他只是理解了他自己，理解了围绕教条主义而滋生的各种利益，教条主义者大多是功利主义者。

教条主义者并没有认真感受生活的复杂性和多样性，他们把抽象教条当作他生活的灯塔。他们早已经在普遍化的世界中沉沦，却自以为把握了真理。他们修正了普遍性的根基，将普遍性建基在抽象的理念当中。他们破坏了普遍性运用的情境化特质，妄图借用普遍性的虚假真理构造自己的利益王国。教条主义者也不愿意动脑筋，他不想对原则将要运用于其中的"语境"进行认真研究，他不思考"原则"和"语境"两者相遇后发生的"故事"。在教条主义者看来，普遍性的"原则"就像是一个无需反省的自明真理，"语境"的特殊性被弃之不顾，普遍性吞噬了具体性。然而，语境是不得不思考的一个领域，我们必须认真对待那个特定语境下"事实"的存在状态，它的特殊性是"原则"运用的土壤，理念的僭越必然会破坏现实生活的复杂性，将"多"统一到"一"之下而泯灭了"多"的个性，这是教条主义的"拿手好戏"。对于法律问题而言，它的基本问题是普遍与具体的关系问题，避免教条主义的有效方法是实现普遍与具体的"视域融合"，不能单纯地从某一个方面出发，更不能将那个方面绝对化，抽象的律令并不是永恒的，法律语用学的考察让我们看到了多样性和复杂性。不要沉迷于某个教条，但这并非不允许坚守理念，只是要懂得理念的运用乃是一个实践智慧的展开过程，教条主义者远离了实践智慧。法律世界中同样存在诸多理念，并被许多人奉为神明，自由就是这样的理念，然而自由若是离开了中国语境，就会让自由变化为教条主义。从抽象的教条出发解决问题，并不是一项艰难的劳作，而不过是一种类似于工厂的简单生产，教条主义歪曲了人类的智性，将人类智性导向了一种"不负责任"的状态，是对人类理智的嘲弄与亵渎。法乃是一种实践智慧，而实践智慧本身就是反教条的，它主张特定情境下的操持，即便是"烦"了，也要"操持"到底，深刻地洞悉特殊语境下的原则运用的技艺，克服教条主义的扩张，使得法律世界日益合理化。伦理生活和政治生活中存在同样的问题，教条主义的泛滥正是缺乏道德责任和政治关怀的表现，道德教条主义和政治教条主义罔顾现实生活，在各自的普遍性架构中颠覆了自身的存在根基。普遍性与特殊性的关系场域是我们的生存状态，在生活实践和制度谋划中处理好普遍性与特殊性的关系，使两者呈现出恰当的关系图景是我们可以"谋制"的策略。

教条主义的流行也许与某种哲学的耳濡目染是有关系的，过去很长一段时间我们从 18 世纪法国唯物主义和苏联哲学教科书的角度理解开创了现代哲学之先河的马克思主义哲学，结果导致了将"物质"绝对化的教条主义，这种教条主义对我们社会生活的许多方面都产生了消极影响。法律中有一个原则，叫作"以事实为根据，以法律为准绳"，人们认为这是一个基于唯物主义的原则，但实际上却是教条主义哲学的一种呈现，无形中滋长了法律世界中教条主义、形式主义和法条主义的兴盛。什么是事实？司法中运用的事实并非案件发生的原始状态，而是经过了证据法的价值论构造的"事实"，而并不是什么客观事实，所以才有了"法律真实"的概念；而法律则总是要被解释才能运用，未经解释的法律是不可能运用的，法条主义根本就不能理解这种解释学的运用，更不懂得法学其实就是解释学，而不懂得解释学也就不可能理解法学。只有在行动中消解原则，才能够实现原则，这与理论和实践的关系是同样的道理。普遍性的实现不是普遍性的嚣张，而是它与特殊性的融合。我们需要认真思考理论和实践的关系，其实理论和实践原本就是一回事，但自从有了人类的理性智识，便创造了这样的两个概念，于是就制造了两者之间的矛盾，或许就如同维特根斯坦所说的那样，这只不过是人类语言的误用的结果而已。人类智性是一个探索的过程，不要总是讲"认识"，因为"认识"便会把主观和客观分开，于是两个世界的矛盾对立也就出现并加剧，而探索则是一种行动，只有在行动中人类才能彻底地消灭理论和实践的对立、主观和客观的对立，也才能够真正地克服教条主义的僭越，然而这仍然需要实践智慧的登场。

——————— 11 ———————

当人们还处在恋爱状态的时候，他们是充满自由的，因为爱情本身就是自由的。即令爱情所要遵循的普遍性道德法则也是道德的自由法则，自由意志尚未升华为普遍的法律意志，任意性仍然在扩张自己的傲慢。对这种判定依然不能作绝对化理解，爱情中的自由法则同样也有着普遍性的规训，但它相比婚姻的普遍性法则则拥有更多的个性。也正是由于爱情的自由本性，爱情所具有的审美价值是令人愉悦的，沉入于爱情状态的人们创造了美，又充分地享受着审美的快乐，这种快乐是以"亲历"的经验为基础的，爱情之外的审美者并不能真正理解那切实的美感。然而，爱情是易于消失的，永恒的爱情需要卓越者的塑造，但卓越的人毕竟只是个别的"在者"，只有那个别的卓越者才能在无限的可能生活中创造永恒的美。既然人多数是俗人，那就会用俗人的"游戏规则"对待爱情，然而即便是俗人的"游戏规则"也有着自身的底限，不过很多人并没有坚持底限，从而在爱情活动中使得一个人的任意性毁灭了另一个人的"可能生活"，爱情走向了沉沦。也许对于某些人或多数人而言，爱情一开始就是沉沦的，沉沦好像是爱情的宿命。

但是，不管爱情的沉沦是一种怎样的状态，爱情依然是自由的。一个人爱上了另一个人，他们彼此幸福地相爱着，但是随着时间的推移，一个人不再爱另一个人，那么他必须大胆地说出来，然后与对方快乐地分手，这便是爱情的自由法则。他不需要做一些碍于情面的事情，任何违背心灵自由的行动都只能是对爱情法则的破坏，同时也是对道德的破坏。在爱情世界中，道德必须以"诚"为基础，隐藏或躲避的情感貌似为他人考虑，但却只能在更深的意义上伤害他人。我们不必为爱情"悬设"一个形而上学的本质，自由的规定性并不是形而上学的，而是爱情实践的现实图景。爱情是简单的，也是复杂的。那些在爱情中游刃有余的人，往往是爱情的破坏者，他们坚持了自由的法则，却将自由的法则随意玩弄于掌上，他们在根本上破坏了自由的尊严，从而失去了人的尊严，"诚"的缺失让一个人变得毫无原则并践踏底限。爱情是美丽的，但并非所有的人都能塑造美好爱情，其实爱情同样是残酷的。没有谁总是林荫路上牵手的情侣，爱情会在行动中迷失自我，尽管这并不意味着必然性。爱情或者会向着任意性沉沦，或者会在婚姻中沉沦，个别人对沉沦的避免或者是虚假的构造，或者是圣徒的自我拯救。

尽管并不是所有的爱情都能迈向婚姻的"围城"，但凡是走进"围城"的人就必须明白爱情和婚姻的根本性区别。任意性是爱情的特权，自由的属性是其不变的法则，尽管它不是绝对的。然而婚姻却是对任意性的限制，尽管婚姻并没有否定自由的价值，但却深刻地包含了对于自由的扬弃。爱情中更突出特殊性，婚姻中更显现普遍性。自由在爱情和婚姻中表现为不同的特性：爱情的自由遵循道德的法则，其所显现的是爱情的主体"自己为自己立法"；而婚姻的自由在结婚的一刹那就受到了根本性限制，那种法律中规定的所谓婚姻自由自然携带的任意性成为了破坏婚姻稳定性的天然杀手。婚姻当然是充满自主性的，它应该是两个个体的自主性结合，是自身自由意志的表达；但婚姻中男女双方的自主性结合是克服了任意性的结合，男女双方各自的暴戾必须在婚姻中受到根本性限制，否则那暴戾与任性就会时常破坏婚姻的稳定性。婚姻也可以是充满审美价值的，但那种具备良好审美意蕴的婚姻一定是男女双方消解了自身的暴戾和任性的婚姻。婚姻是需要经营的，它需要理性的投入，情感的柔化。爱情中或许不需要顺从，但在婚姻中顺从是一种美德，无论男人对女人的顺从，还是女人对男人的顺从，都与"不平等"没有任何关系，千万不能运用"平等与自由"的形而上学教条钳制婚姻的实践。在中国社会中很多人为形而上学的教条主义遮蔽了心灵，他们的固执已经达到了近乎蒙昧的状态，教条化的心灵强化着蒙昧，平等主义的歪曲理解助长着"暴戾"。我们无所适从。形而上学成为了心灵世界的教条化元素，自以为坚持了所谓正确的理念，却由于缺乏对理念用法的把握而损伤了理念的实践理性。百余年间将家庭内部的顺从美德作为封建渣滓加以批判抛弃，彻底暴露了文化共同体内部的丑陋。自以为对顺从的抛弃是革命般的胜利，却不知演绎出了多少离经叛道的荒唐事。认真地对待婚姻，便是要复归婚姻的常态，让被抽象教条污染的婚姻为人们创造一种和谐而惬意的生活。

如果说爱情的法则乃是自由的道德，则婚姻的法则必在于伦理。一旦某人在爱情当中不再喜欢另一个人，他／她则一定要告诉对方，否则就是不道德的，和一个自己根本就不喜欢的人谈恋爱，到底是什么居心呢？然而婚姻与爱情不同，婚姻中所要坚持的法则是伦理，婚姻在根本上具有伦理的属性。婚姻是对道德的纠偏，需在伦理的世界中展现自身的卓越价值。生活在婚姻中的个体，当他不喜欢对方的时候，却并不意味着离异。现代婚姻法把婚姻自由作为基本法则，而对离婚自由并不作根本性限制，这无疑助长了离婚现象的泛滥。现代婚姻法中隐含的对婚姻的理解是有问题的，人们并没有很好地消化和理解婚姻的属性。现代人所理解的婚姻自由包含了所谓的结婚自由和离婚自由，这看上去是没有问题的。然而，对于一个并未很好地理解自由的文化共同体的成员而言，自由便会向着不受控制的方向发展。现代婚姻实践的事实是，只要一个人想离婚，那么迟早就一定能够离成婚，这是一项十分荒谬的事情。我们看到在当代婚姻实践中，某些人为了利益的实现和满足而追求假离婚，假离婚都能够获得批准，那么离婚还有原则和标准吗？现代婚姻法有一个重要的前提，婚姻应以爱情为前提，那么自然的结论就是：一旦婚姻没有了感情，那么就是可以离婚的。这是一个十分荒谬的逻辑。这个逻辑推理的前提本身就是错误的，婚姻怎么能以爱情为前提呢？这或许是一种理想的说法，那么婚姻法又怎么能够把某种理想作为推导的前提呢？婚姻在本质上是伦理的，它具有某种不可离异的属性，这是对于婚姻共同体内在精神的捍卫，是对于人类伟大而卓越的伦理精神的维护。当然，婚姻并非是不可离异的，但必须坚持严格的原则和标准，原则必须是可理解的，而标准则需要具备可操作性。任何法典的前提必须接受法哲学的批判与反思，设置高难度的离婚游戏法则正是我们对婚姻法反思而生成的预期结果。一旦我们陷入单纯的普遍性泥潭，便会不知所措，无所适从。抽象的世界中没有真理，只有自以为是的普遍性，而普遍性的肆意妄为必然湮没特殊性的丰富多彩，然而它同时堵塞了通向真理的道路。

　　我们必须认真地反思存在于各个领域的自由问题，更要深入剖析存在于自身头脑中的自由理念，同时还要看看自身的一切自由行动。在对自由的勘察中，我们或许会发现自身并没有很好地理解自由，自由绝不是独立存在的权利扩张，自由本身就是一种责任，自由和责任在根本上就是不可分割的。在众多人的话语行动中，自由就意味着单方面的自由，自由被利益化，自由的高贵品格依然扭曲。自由在法律中成为了实现欲望的法权，而不是承担责任的精神理念；自由在伦理中演化为教条主义的普遍性，却在同时成为了教条主义者批判的对象；自由在政治中被歪曲为"外部反思"，站在中国之外对中国横加指责。自由不仅是责任，它还意味着不自由，我们只有在不自由中才能实现自由。在现代婚姻法的实践中，我们同样存在着各种样态的错误理解，对于自由的错误理解是众多形态中的一种。自由不是满足欲望的手段，而是承担责任的前提，自由必然意味着责任。不同人对待自由的态度和方式是不同的，这意味着不同的人所达到的自由状态同样是有差异的，正如不同的人会拥有相异的生存境况和生活状态。

第五章 恰当生活

DIWUZHANG QIADANGSHENGHUO

　　从分离到异化，再到相互解构，这是一条让所有意义毁灭的路。恢复生成意义的对话实践极其重要。同样受到尊崇的还有这样一些实践，它们把人类及其所处的环境联结成一个彼此维护的世界。

——肯尼思·J.格根

一、幸福的追求

1

人们都在追求一种所谓幸福的生活，这就有了幸福主义的问题。不过幸福主义与对幸福的追求又有差异，幸福主义好像具有某种快乐主义的色彩，就如同马克思在《论离婚法草案》中批判的那样，而对于幸福生活的追求则无可厚非。幸福自然是植根于特殊性当中，但若离开了普遍性也同样不会有幸福。对于幸福的追求是生活在现实世界中的人们之常态化目的，然而人们对于幸福的理解却是存在差异的。有的人把某些外在目的的实现看作是幸福的元素，吃喝玩乐的"充分化"被他们理解为"幸福实现"的指标，这是快乐主义和享乐主义，它把特殊性放大而忽略了普遍性追求。这对于大众而言好像是无可厚非的，自然也不能严肃地加以指责，善意的劝导好像也无济于事。这自然也是个生活方式问题。好像只有家长在教育孩子的时候拥有对这种生活方式指责的权力，尽管学校也有规训的权力，但却并不能对吃喝玩乐的幸福追求进行否定。毕竟，有人为了一种"吃喝玩乐"的生活目的而努力学习，他顽强拼搏的背后是功利化的诉求，好的成绩本就是学校的追求，他们不会在意学生的目的"究竟是什么"的问题，而且他们也经常使用这些功利化手段进行教育，教育的功利化助长了享乐主义的流行。然而，这并不是一种好的生活，尽管它是一种无可指责的生活。"无可指责"只是意味着追求快乐是他的权利，只要他没有损害他者，人们便不能对这种生活方式加以指责。当然，这样的生活方式蕴含了侵害他者的可能性，但我们却不能把可能性作为惩罚的理由和根据。

沉思是某些人所喜欢的，但并不是多数人所喜好的，大多数人都过着一种平庸的生活。沉思的生活当然也是一种幸福，追求沉思的生活自然也属于幸福的范畴。沉思是至高无上的幸福，但它只是少数人可能达到的境界。在宁静的夜里，看着满天星斗，苦思人类的命运，这难道不是一种幸福吗？遥望远山，沐浴阳光，在优美的意境中让思想成为一种快乐，自然是至高的幸福。即令是生活在贫民窟，沉思的习性依然可以让人获得幸福。但这并不是所有人都理解的现象，陷入自我特殊性当中而不知疲倦，自然不可能理解他者沉思的高贵。沉思的幸福当然不是一种功利化的幸福，拥有不同幸福观的人们可能会相互指责和鄙视，但只要没有相互妨碍，自然也可以置之不理。尽管可能有人会认为沉思的幸福高于吃喝玩乐的幸福，但这依然只是个人化的见识，很难将其普遍化。不可能每个人都过一种沉思的生活，沉思是少数人的生活状态，甚至只是个别人的生活方式。沉思是充满个性的，但它却又包含普遍性关怀，否则沉思便不可能具有高贵的品性。沉思当然不是每个人都能理解的，但它必须具有可理解性，否则沉思便没有意义。"我"的沉思与"你"的沉思固然不同，"我"在沉思"特殊性"与"普遍性"的存在论思想，尽管这或许具有鲜明个性，但它必须能够被他者所理解，当然我们并不要求理解的数量。

幸福的生活是多种多样的，差异化自然是其本有的属性。这其中充满了特殊性原理，也预示着某种对于权利主张的合法性，追求幸福或许就成为了一种权利，这是没有人可以进行谴责的权利。

无论是法律，还是道德，抑或是政治，都不能对追求幸福的权利进行指责，这源于生活的本性，多元化的生活特殊性原理本就是生活的事实，这是现代社会的重要特点。法律认同人们对于幸福生活的追求，权利的维度固然是法律的思考向度，但生活多元化同样是恰当法律生活的追求。在对法律生活转向的诠释中，幸福生活本就与法律内在相通。道德当然也鼓励人们过一种恰当的幸福生活，现代道德不要求人们过一种苦行僧的生活，尽管可能有人认为它同样幸福。现代政治的宽容自然是把人们的幸福追求看作重要的向度，人民的幸福生活更是现代政治展开的终极根据。这与古代社会有着明显差异，古代社会关于生活的共识要多一些，个性与差异化或许还没有觉醒，而由于物质的匮乏自然也不会产生对于享乐主义的法律认同和道德肯定，政治谋划更不可能以享乐为导向和普遍法则设计的理由。现代社会充满着个性化特质，普遍性法则所能控御的范围大大缩减了。尽管个性依然趋向于普遍性，但普遍性本身却已经肯定个性的差异性。

这或许就意味着普遍性的限度，恰当的生活是理解普遍性设定的根据。普遍性不能为生活本身颁布法令，最起码不能直接颁布关于幸福的法令，不能用普遍性对人们的生活指手画脚，否则就超越了自身的基本尺度。普遍性虽然具有掌控特殊性的属性，但却不能掌控特殊性的生活本身。然而这绝不意味着生活本身是随意性的，特殊性并不意味着随意性，尽管有很多人过着一种随意性的生活。我们都是在与他者的"共在"中存在，又如何能够"随意"？有没有纯粹私人化的领域呢？没有。就像并不存在一个私人语言，纯粹的私人语言不是语言，纯粹的私人化"生活"并不是生活。纯粹主观化的生活只不过是生活的一种想象而已，主观性如果不获得客观性的支撑，便是没有意义的。如果特殊性不能得到普遍性的牵引，便会丧失自身的存在乐趣。获得客观性的支撑并不意味着功利化取向，客观性让主观性变得丰富，纯粹的自我意识不可能支撑其恰当的生活。这里好像隐含了一个预设，那便是恰当的生活。恰当的生活是一种好的生活，好的生活是主观性与客观性的统一，是特殊性与普遍性的融合。被人用滥了的"统一"已经变味了，然而它绝不是一种抽象的托词，实实在在的恰当生活一定是充满统一性的，而不是分裂。生活的自我分裂会让我们失去生活的意义，也会丢失我们自身的生存论根据。

2

坚持幸福主义的观点，自然是生活任性的表现，任性的放纵却又不受人指责。愚蠢时代的表征是将一切功利化，生活的功利化则尤其悲惨。我们需要重整幸福的概念，确立正确的幸福观。幸福概念应该预示着一种恰当的生活表达，恰当的生活是万事万物之中道，一切问题皆可被恰当无偏差的解决。这当然不是绝对的，其间充满了理想化色彩。为什么幸福会是任性的表现呢？幸福总是被人当作某种借口而表现出一种任意性，运用幸福的多样化夸大幸福的主观性，使得他人无法谴责那功利而卑微的追求。或许不是拿幸福当借口，而是对幸福的个人化的真实理解，然而这更为可怕。这是否意味着心灵的沉沦呢？这意味着美好的抽象化概念在语言运用中已经发生了变化，而从具体语境中对幸福概念的使用来看，则无疑已经显现了心灵的沦落。把生活中的某种需求的满足放大为幸福的全部，这便是当下人们对幸福的理解。生活中这种对待幸福的人很多，但我们好像也很难指责，不能站在恰当生活的角度进行责备吗？人家会质问：你有什么权利对我的生活指手画脚？然而，我们真的没有质疑的权利吗？难道只有家长才有权力教导孩子？上级才有权力规训下属？还是要珍视普遍性的形态，否则生活就乱了章法，个性化并不意味着随意性，幸福更不是纯粹的私人感受。当任何人都不再允许他人规训和谴责的时候，则并不意味着自由的胜利，而恰恰是责任缺乏的表征。或许，这正是人性的沉沦。

离婚的人很多，离婚率可怕，绝对数量则令人触目惊心。而从恋爱迈向婚姻的概率并不高，至于爱情的一次成功率则更为鲜见。有人认为"多谈恋爱"是幸福的表现，甚至觉得"谈少了恋爱"便是吃亏。人们关于幸福的想法太多，总是把幸福的丧失与重拾当作"婚姻共同体"解体的理由。"爱情共同体"的幸福解体倒是可以谅解，但是"婚姻共同体"的幸福解体真的就是一种具有可接受性的理由吗？有夫妻两个人，男人对女人说：咱们离婚吧！女人问：为什么？男人说：我和你在一起不幸福。女人听罢泪流满面。回想起当初在一起的点点滴滴，小桥流水，海誓山盟，伤心至极。这便是离婚现象中的幸福主义观点，一种很流行的观点，甚至是一种还能够得到普遍性之确认的观点。为什么说得到了普遍性的确认呢？把爱情或感情的有无作为离婚的理由本身就是一种幸福主义观点的表现。这自然是得到了普遍性的认同的，甚至还成为了理念的普遍性。看一看婚姻法中的设定，再看看人们的观念，好像这种普遍性不仅被制度化，而且已经被观念化。把爱情作为婚姻前提的观点，正是这种普遍性的理念的表达。遵循着这样的逻辑前提，自然可以导出感情的破裂与爱情的丧失是某种离婚的理由的结论。

　　婚姻并不是以爱情为前提的，有爱情的婚姻未必是幸福的。把特殊性无限放大，而忽略了对普遍性的践行，则必然意味着幸福的沦落。幸福是特殊性与普遍性的融合，而不是任由特殊性的自我发展，无论在任何情景下对他者的漠视都是对幸福的蔑视。不要总是想当然地作出判定，只要我们看到足够多的现实生活，就能感受到婚姻幸福与爱情的有无并没有什么必然性关系。这个"逻辑"看上去是有问题的，但却是实实在在的现实。爱情与婚姻的前后逻辑只不过是一种心理想象而已，想得多了就变成了心理事实。惊天动地的爱情与婚姻只是存在于小说戏剧当中罢了，其中却未必有幸福，然而人们顽固地认为只有那样的爱情与婚姻才是幸福的，把想象当现实是我们思维的习性。我们在一定程度上生活在虚假知识所构造的世界当中。那些力图在爱情中追求幸福的人们一方面是对于爱情婚姻的向往，一方面却是向着利益的沉沦。然而，理想终究无法战胜功利，幸福主义的泛滥在离婚领域中也得到了显示。在想象当中为事物确立一种逻辑关系，是极其可怕的表征，这是主观性和随意性的表现。当然，这也可以被看作是一种教条主义，只有深入现实当中才能理解事物的合理性，而我们往往遗忘了现实性。我们都会把某种理念当作思考的前提，然而那并不是契合事物的本性，现实性才是我们的存在根基。从抽象理念出发对生活的干预，正是"外部反思"的表现，教条主义具有这种属性。

　　感情破裂可以成为一个普遍性标准吗？又或者可以被分解为一些具体的可操作性标准？凡是不能被分解为可操作性标准的理由，都可能会成为某种借口，它只能造就"恶"，而不能推进"善"

的增加。除非出现由哲学王或圣人操作的情境，否则就不能保证无标准操作的合理性。倒是古人给我们提供某种标准，当然其中也包含了感情，但却不能被归结为感情。比如杀害了配偶的亲人。这算是感情破裂吗？这不是幸福主义的理由，也不是纯粹主观化的理由，而是一种可操作性标准。纯粹感情是不能作为标准根据的，否则就是把主观性作为标准，尽管我们无法离开主观性而使得人类的操作系统完全呈现出客观化的局面，但绝不能把某种任意性以法律的形态加以明确。夫妻之间并没有那么多的"感情破裂"，真正的"感情破裂"是"水火不容"，正如杀害了对方的至亲那样。大量的事实证明，夫妻之间的感情往往是可以修复的。若是"根据"或"理由"不能转化为一些可操作性的法则就容易被不良之人所利用，从而给人类的生活造成损伤。感情当然是好的生活的要素，但普遍性的设定决不能姑息那些居心叵测的人。无论是在法律世界，还是伦理世界，抑或是政治生活当中，都是这样的道理。但在法与伦理的世界中，这个问题表现得最为突出。有时候需要区分一些现象，分别开再作理解或许才是恰当的。

把幸福与否作为离婚的标准，是对于法律生活和伦理生活的极端不负责任的表现，而在政治生活的意义上也未呈现出所谓的合理性。有些人把幸福拆解为若干标准，比如钱的多少，性能力的强弱，家庭背景的大小，这些好像是可以操作的，然而从哪个立场可以支持将这些元素作为离婚的标准呢？所以它们只能被转化为"幸福"这个冠冕堂皇的"托词"和理由，然而这个看上去无人可以指责的理由却遮蔽了事物的真相。美好的概念被人玩弄于股掌之间，给善良的人们造成了严重的伤害。虚伪和欺骗占据了主导的优势，难道法律的普遍性设定要支撑起一个虚造的世界？难道伦理的普遍法则要让欺骗当道？难道政治的普遍性对此不作任何合理性审定与合法性审查？普遍性一定要拿出普遍性的威势，不是去震慑特殊性，而是要导引特殊性。当然，必要的震慑或许是有意义的，良好效果的产生是充满复杂性的，震慑具有修辞学的力量。

二、恰当的尺度

—— 3 ——

在伦理生活中，古人的普遍性追求是要高于现代人的，礼仪规范的设定大体上都具有伦理的属性。古人的伦理生活受着更多的普遍性规制，这好像抑制了特殊性的发展空间，正如同现代科技的发达限制了人们的特殊性存在状态。每个历史阶段都有着普遍性的限制，只不过限制方式发生了重大变化。在家庭生活中，现代社会表现的自由随意性更为突出，而在传统家庭生活中伦理法度则往往是无处不在的。即便是身体的动作也具有伦理的属性，伦理对身体的规约正是普遍性显示出的强大力量。身体的动作不是随意性的，谦和的身体姿态正是伦理教化的结果。在长辈面前所表现的"身体姿态"与在晚辈面前所表现的"身体姿态"是有差异性的。在长辈面前身体是弯曲的，那是恭敬的身体样态。在晚辈面前则要表现出一种威严，权威要通过身体表现自身。服从与被服从的伦理关系可以通过身体的姿态得以展现，身体随着精神一起被驯化，而"自由的身体"则被称之为野蛮，超过了边界的身体在惩罚之列。身体的特殊性并不意味着随意性，普遍性依然需要在场，恰当的平衡是我们坚持的法则，实践智慧需要登场，却会出现因人而异的现象。伦理的普遍性并不能阻挡人们身体的欲望，人性在诸多情境下会突破普遍性的限制而让身体表现出多样化属性，当然不仅是身体，生活本身也呈现了多样化的特殊性样态。

伦理普遍性的设定并不意味着古人的法律生活会受到更多的普遍性掌控。"天高皇帝远"，是个"地域自由"的表达，国家普遍性的"鞭长莫及"意味着"地方特殊性"的自由发展，而"地方特殊性"中同时也有着与自身契合的"普遍性关怀"。但即便在并不遥远的地方"普遍性"的控制也并不那么强烈。传统社会的农村恐怕是最大的"自由职业"聚集地，普遍性的设定固然是存在的，但却并不那么突出。伦理之外的法律普遍性控制应该是比较少见的，至于行政法律系统的普遍性设定对于农民而言则是少之又少。当然，法律不入之地并不意味着随意性的泛滥，村落文明的固有法则在习俗的流动中同样在规训着人们的行动。身体也不可能偏离太远，身体的存在一旦丢失了普遍性的限制，就会被村落文明弃之不顾。现代社会的法律远比古代社会复杂得多。现代人总以为自己比古人自由，认为自身的特殊性得到了前所未有的释放和展现，然而事实上并非如此。普遍性随着科技的发达已经无孔不入，没有谁能够让特殊性恣意妄为。现代人的身体其实是最不自由的，科技在法律普遍性的宽容下为所欲为，已经全面地控制了人的身体，即便在一个私人的空间中也有可能被技术所把控。技术的发达延伸了普遍性的掌控空间，无处不在的技术普遍性彻底掌控了人的身体，而法律无可奈何。人的异化状态不可能被法律普遍性设定所改变，异化的克服只有通过马克思主义所设定的解决路径才是可能的。尽管法律也会以普遍性的形态限制技术的恣意妄为，然而法律的应对智慧却无法与技术的高度发达相提并论。技术的确遮蔽了许多事物的本相，但同时也使得某些事物的本相得以澄明，技术的发展使我们看清了很多现象。在技术面前，人类很难保全自身，技术的异化正是人的生存境况的普遍呈现。法律也会利用技术的普遍性，然而这总是滞后的，因为法律不可能提前进行干预。这是法律的本性，我们不可能做任何违背法律本性的事情，那样便是法律的自我否定。

尽管古人都很向往政治生活，但却很少有人进入政治领域当中，而政治生活的普遍性对人们的作用力并不凸显。古代社会中的大多数人可以在不与政治打交道的情况下完成自身的生活使命，政治的普遍性并不刻意去"掌控"人的生活。然而传统社会中的生活本身依然是被政治化的，政治的普遍性牵引了众多人的心灵与行动，使其特殊性的生活向着普遍的政治生活靠拢。"学而优则仕"，这已经被普遍化了。人们要接受政治普遍化的标准考试，自然就要按照考试要求和标准去准备。这是一个教化的过程，也是一个政治规训的过程，当然是人们接受普遍性规训的体现。科举考试把普通人和政治生活关联到了一起，让人们心中充满"理想"，并在行动中追求理想。科举制度扮演了政治普遍化的功能，也扮演了伦理普遍化的角色，同时也发挥了充分的教化意义。而法律则是间接地受到了科举考试的普遍构造，无论立法还是司法抑或是普通法律生活的状态，都与科举考试密切相关。原本与政治无涉的生活变得充满了政治化色彩，这种现象即便是到了现代社会也有充分的体现。我们好像天然地都是政治动物，我们时刻准备接受政治普遍性的规训，在政治前途面前舍弃我们自身的特殊性在所不惜。我们都愿意为政治而现身，我们的身体早就做好了准备，我们的心灵已经处于政治的彼岸世界。我们欣喜若狂，我们载歌载舞，我们彻底癫狂，进入了政治状态的我们并不在意政治普遍性的训导，心甘情愿正是我们的本分。然而现代世界的政治生活毕竟只是人们选择方略的一种，他完全可以选择经济生活，也可以选择文艺生活，这便是个体自由的体现，这样的自由自然要高于古代社会。文明的发达扩展了我们的选择范围，自由获得了充分的展现，文明同时又以普遍性的方式限制了人们的选择，专业化本身就是一种普遍性的限制，然而我们已经无可逃离，这或许就是复杂社会的特色。我们依然期待自由，但普遍性随时都在掌控着我们。

4

幸福被转化为一个个具体的目标，这些目标都是可以标准化的，而能否达到这些目标成为他人评价一个人是否幸福的尺度。这些被设定的标准成为了人们的普遍性追求，同时社会用这样的普遍性标准引诱着人们的身体和心灵，人们也乐得其中，快乐地瓦解着内心的崇高。这些标准具有了普遍性，每个人都向它靠拢。如果有人远离了这种普遍标准，就会被认为"各色"，从而会成为社会的反面教材。如果是人生关怀和自身存在论意义上的普遍性设定，或许是具有合理性的，但有的普遍性设定无非是社会的功利化表征，把一种功利化的元素设定为普遍标准，总是让人感觉缺乏了某种深层次的生存论关怀。生活中好像有很多关于"荣誉"的普遍性设定，一旦将"荣誉"普遍化，"荣誉"便被"外部化"和"功利化"，它失去了内心的精神力量。也许，我们不应该追求"荣誉"，它已经异化。由于个人的品性和奋斗而获得荣誉，当然是值得赞美的，但如果社会用"利益"牵引"荣誉"，则"荣誉"就被普遍性所算计，而失去了存在的意义。而如果一个人沉湎于荣誉，则必然意味着他的沉沦，也会丧失生活的真正意义。

上大学是社会公认的普遍标准，是现代社会发展出的普遍性欲求，正如传统社会中的科举入仕。当然，传统中国还有这样的说法：万般皆下品，惟有读书高。然而由于那个时候的读书人总是少数，因此这条普遍性法则并不能成为评价世人的基本法则，因为不读书的太多了。传统社会中作为一个文盲并不丢人，但现代社会没考上大学就很丢人，这就是社会能够将上大学作为普遍评价标准的缘由。然而上大学就一定幸福吗？为了某个既定的目标，整夜里在长身体的年华殚精竭虑未必是一种恰当而幸福的生活。也许技术的发展会终结大学的存在，现代社会有着日益增多的学习道路。人原本就具有自学能力，又何必上大学？因此上大学是功利化的目标，上大学的幸福感潜藏着利益的机制。人们并不能从存在论理解大学的意义，而只是从功利化标准加以把握，这便是现代社会的困惑。上大学的普遍化背后是利益的旋涡，把迈向利益的泥潭看作是一种幸福，这是无可救药的表现。社会在演进过程中，还会滋长出更多的普遍性设定，我们必须考虑新增长的普遍性到底会给人们带来怎样的幸福？我们需要珍视那些具有超越精神的个体，他们在特殊性中同样追求普遍性，而那种普遍性被称之为"崇高"。

假定某个人并不想上大学，他只想做一个园丁，以裁剪花草为生活的幸福，那么这是一种幸福吗？整理花草就比一个大学教授缺少了幸福吗？生活在花草之间，看着自己打理的花草快乐的生长，这难道不是一种幸福？为了某种被设定的普遍利益而炮制毫无意义的知识，相比整理花草对社会也许是一种副作用，把副作用当作是幸福便意味着人的沉沦。花草匠在别人熬夜的时候读读诗歌，看看小说，翻翻园艺方面的著作，生活倒是恰当自在。若是他能在阅读与工作中进入"思"的状态，那便是至高无上的幸福，自我的普遍性恰恰预示了社会的普遍性追求。那该是一种怎样的幸福呢？他早就看透了世界，他遵循了真正属于世界本身的法则，而这种法则属于生活世界，它是特殊性与普遍性的统一。他没有考上大学或者放弃了大学，他做了个园丁。他一边做园丁，一边读书，每每仰望灿烂星空，心中诗意绵绵，于是提笔赋诗一首。难道他不是一个幸福的人吗？那些上了大学的人，整天痛苦地挣扎着，各种考试的压迫，就业的恐惧，工作后枯燥的格式化生活，难道这是幸福的吗？也许是幸福的。不管他们有着怎样的感受，其实已经沉沦，深陷牢笼而不知才是最大的悲哀。也许他们知道自己在沉沦中的焦虑，但却已经无可救药，不能把责任推给社会。不能掌控自己的命运，那便是自己的悲凉。

那么幸福是否存在真正的普遍性标准呢？或许没有标准，但却有原则。幸福是人生向着未来的敞开，是个体对生活设计的可能性展现，它追求一种有意义的生活。因此，幸福和恰当的生活是关联在一起的。但这并非意味着存在标准化的普遍性。有意义的生活是一种普遍性，但它不是具体的标准，理解这样的幸福需要有实践智慧。因此并不是每个人都可能过一种幸福生活，只有那些善于驾驭自身的人才可能过一种有意义的生活，这种生活与法、伦理和政治都有关系，但却不能运用法、伦理和政治进行普遍性的规定。法、伦理及政治的普遍性设定，要给幸福的多样化追求留有空间。法律是可以扩张的吗？事实上法律发挥了扩张性的功能。连同伦理与政治一起，法律并没有善待人们的生活。法律必须有一种崇高的追求，但它并不需要被标准化。善待人们生活的普遍性设定，其本身就蕴含了一种卓越的价值精神。恰当的生活不是要远离普遍性，而是要让普遍性节制自身，在一条适度的道路上使得普遍性与特殊性实现真正的融合。不洞悉现代世界的生存境况，就不可能谋划恰当的生活。这既需要理论智慧，也需要实践智慧。

5

　　恰当的生活如何安置身体？在普遍性与特殊性的话语结构中，身体既包含了特殊性，也蕴含了普遍性。身体的幸福感在于把握好特殊性与普遍性的关系。身体自身的特定属性是欲望，身体的欲望彰显着自身的特殊性，然而身体的特殊性并不能被无限地放大，身体欲望的无节制扩张意味着对身体本身的戕害。身体的欲望需要节制，需要有内在于身体本身而又对身体无害的普遍性的导引，否则就不可能有身体的"幸福感"。而一旦身体没有"幸福感"，人本身的"幸福感"就会大打折扣。身体的特殊性与普遍性预示着人类的美德建构，节制应该首先具有身体美德的意蕴，而节制并非是对身体的压制，正是对特殊性和普遍性的双重肯认，然而节制所表现出的则是一种普遍性的美德，不过是包含了特殊性的普遍性美德。普遍性自始至终都不是一种单纯抽象的存在，而是吸纳了具体性的普遍性，因而才能呈现出合理性价值。法律、伦理和政治都会将身体作为规训的对象。监狱中的场景是法律、伦理及政治的共谋，而不是单纯的法律设定。法律只不过是表达了伦理的期待和政治的需求，合法性背后的根基在于价值和权力，然而法律同样需要表现出自身内部的合法性，这便是程序性设定的意义。法律、伦理及政治都是人类生存状态中不可或缺的存在维度，它们是人类的生存方式，它们必须返向人本身。它们控制人的身体，自然也是一种权力游戏，但如果身体的行动不能有利于人们的恰当生活，便表明了普遍性设定的失败。

身体有放纵的倾向，但放纵不是普遍性，而是特殊性欲求。然而，若是放纵并未侵犯他者的存在，便只能对放纵作伦理的批判，不过伦理批判中蕴含了政治的狡黠。有人饮酒的时候表现出放纵的膨胀，饮酒的数量完全超出了身体的承受能力，那反而是对身体的伤害，身体的"幸福感"受到了压制，但这好像是很难禁绝的，禁酒令早就已经失去了存在的合理性。即令是懂得了普遍性法则对身体的意义，好像也无法彻底地用普遍性掌控身体。孔子并不反对饮酒，量大的可以多喝一些，量小的就少喝一点，但一切事物都要掌握尺度，也就是说要做到"不及乱"，这当然是要强调节制的美德，是普遍性对特殊性的掌控。这是恰当生活的理念，孔子的宽容与大度卓然可见。伦理的法则在这个地方具有了从身体引发的普遍性追求，这正是伦理的合理性价值的呈现，它在对身体的节制中包含了对身体的关切。法的普遍性在这个领域好像是无可奈何的，但法律也有某种普遍性掌控的追求，因此有的法律规定了饮酒的年龄限制，这种普遍性不仅具有对身体的把控，而且同样具有某种政治功能，民族繁衍本身就具有重要的政治意义。如果一个民族沉湎于饮酒当中，那一定对整个民族都是一种危害，政治的发展以民族繁衍为前提。节制是文明社会的法则，它不仅具有伦理学的意义，还具有法哲学和政治哲学的深刻意蕴。

节制是幸福的美德，是人对自身掌控能力有效性的卓越表现。大抵每个人都喜欢吃好东西，但对好东西的欲望同样需要节制，整天吃"鸡鸭鱼肉"的结果恰恰是对普遍性的背离，当然也是对特殊性的损害，任由特殊性无限地延展自身的结果就是对人自身的伤害。当然，我们也能够看到某些普遍性法则的设定未必是为了身体"幸福感"的获得，而是有另外的某种功利化的目的。比如，历史上禁酒令的出台或许并不是从个人身体的特殊性节制层面上加以考虑，而更为可能的考虑则是为了军事抑或政治的需要。但是，饮酒是鼓舞士气的一种方式。偶尔的饮酒会激发军队的战斗力，但长期醉酒则摧毁整个部队的战斗能力。从身体的外部视角为身体自身立法，这并非是限制了自由，而恰恰是共同体发展的需要。从身体自身引发的普遍性有益于身体幸福感的实现，从身体外部颁布的命令并非直接为身体"幸福感"的满足，但从长远而言却是身体发展自身的外部环境需要。严酷的身体惩罚在传统社会具有良好的法律意义和伦理功能及政治关切，其合理性自不待言，然而在当代社会却受到了谴责。是人们的认识发生变化了吗？法律观念的变化、伦理态度的变迁和政治姿态的调整，已经是实际的存在。

节制作为一种美德自然是无可疑问的，在这个意义上节制已经具有了真理的性质，它是在人类行动展现自我的发展道路上的美德呈现。节制并不是对特殊性的否定，而是一种基于合理性的肯认，特殊性在节制行动中获得一种有限的满足，然而它所追求的却是持久的存在状态。节制当然内含了一种普遍性价值，但节制所蕴含的普遍性并不是抽象的，而是具有特殊性内涵的合理性表达。节制将欲望放置到了一个合理性的维度，普遍性发挥了重要的作用，但节制中具有引导作用的普遍性并不是抽象的普遍教条，而是以特殊性为根基所建构的普遍性。禁欲主义是一种普遍性，但却是抽象的普遍性，抽象的普遍性完全掌控了特殊性，从而使得特殊性丧失了伸缩的余地。特殊性一旦被湮没，湮没了特殊性的普遍性就失去了自身的存在合理性。禁欲主义作为一种单纯的普遍性，不可能成为一种普遍的律令，它不可能成为某个共同体的普遍性法则。短暂的有效性支撑必然带来长期的反弹，以强烈的"副作用"击溃人类的愚昧。我们不否认个体可以采取禁欲主义的行动方式，但那只能局限在个人选择当中，而不能成为共同体对内部成员的普遍要求。因此，无论是伦理实践，还是法律实践，抑或是政治实践，都不能把禁欲主义作为普遍律令去引导和规范人的行动世界。这便意味着不能有禁欲主义的法律规范，也不能有禁欲主义的伦理规则，更不能有禁欲主义的政治法则。当然，禁欲主义是具有伦理属性的，但它不能成为普遍的法则。也许个别的群体可以采取禁欲主义的策略，但这个群体内部的法则只具有群体内部的合理性，一旦它要挣脱群体内部的限制而进入更为广泛的领域，那便会受到各方面以及各种类型的抵制。由于禁欲主义遮蔽了特殊性，自然就失去了迈向真理的可能性，否定了特殊性的普遍性不具有真理的典范意义。真理只能是特殊性与普遍性的视域融合，它克服了特殊性的杂多与普遍性中的抽象性，而使自身获得了双重维度的合理性支撑，而在人自身的生存实践中不断地生成自身。禁欲主义作为一种单纯而抽象的普遍性，在现代世界已经很难获得自身的理性支撑。返回生活本身考察我们的经验世界是获得节制的美德真理的重要依托，节制是立足于特殊性的普遍性。

三、审美与简约

6

从直观上看，法律存在的目的是为了解决各种各样的纠纷，法律普遍性的设定并不是为了普遍性本身，而是为了特殊性世界的丰富与完善。当然，纠纷的解决并非法律的终极目的，恰当的生活才是法律设定的崇高追求。遵循着这样的思路，法律普遍性是为了生活本身，而非为了任何知识论的目的，更不是为了普遍性自身的建构，知识设定的意义并不在知识本身。知识对于生活而言，只能是手段，而不可能是目的。然而当知识一旦成为一个系统，知识就成了人的异化的重要领域，而人们恰恰遗忘了生活本身。自以为知识构成了生活的组成部分，就不是所谓的异化，这就如同金钱，人们总以为钱是生活的元素，而它恰恰让人呈现出了各种异化现象。手段只能是手段，无需太高估其生活价值。知识、金钱、权力，都是特殊性中滋生的普遍性力量，但人们却乐得其中而不能自拔。这并不有助于构建一种良好的生活，我们并没有站在一种恰当的生活立场上理解我们所面对的各种现象，意义的探寻是我们生活的目的。当然，当人们一旦开始了普遍性追求，也就难以彻底地摆脱普遍性的束缚，这就更需要架构一种对待普遍性的恰当态度，恰当的态度才能产生恰当的生活。无论是法律，还是伦理，抑或是政治，都是为了谋求一种恰当的生活，也只有站在恰当生活的立场上，人们才能更好地理解和把握生活本身，也才能更好地安置自身的存在。

恰当的法律生活，是法律世界自我存在的总体性根据。无论是普遍性设定，还是特殊性的展开，都要以此为总的原则。这好像也成为了一种普遍性，然而这个普遍性本身是指向特殊性的，没有特殊性的依托就不可能建构恰当的法律生活。无论是普遍性还是特殊性，都要以恰当的法律生活为行动的导向，尊重恰当的法律生活的规律性、目的性及情感合理性，让法律实践呈现出生活化的基本特质，这是法律行动的原理。人的确具有超越性，但超越性同样要从生活的立场上加以理解，否则超越性就远离了生活的根基，而成为一种异己的力量。法律生活的恰当性内在地趋向于对生活本身规律性的把握，我们不能创制违背生活规律的法律普遍性，法律普遍性的创设要遵循"有所为有所不为"的道理，这本身就是生活规律性的恰当体现，而在法律普遍性可以掌控的特殊性领域也要适可而止，而不能肆意扩张自身的普遍力量。我们固然不能指出每个特殊性领域中的规律性，进而创制为特殊性生活所内在需求的普遍性，让恰合的普遍性引导我们过一种恰当的法律生活。但我们却要始终牢记恰当的法律生活的理论立场，而这个理论立场本身又是一种实践的立场，法律实践中需要认真贯彻这个基本的生活化立场。

恰当的法律生活本身自然是充满目的性的，而这个目的便是人本身。任何一种形态的法律生活和实践都是人的在场，人可以被理解为一种目的性的在场，而目的论的在场是以存在论为前提的。

人首先是存在，然后展开自身的生活。对于恰当的法律生活的理解永远都不能遗忘了人本身，但人不能被看作抽象的存在，而必须把人看作是一个个具体的人，具体的人才是生活中的人，是具体的人的生活的展开构成我们理解恰当的法律生活的根基。恰当的法律生活由此建基。既然恰当的法律生活是以人本身为目的的，那就意味着不能把人作为手段而谋求法律的所谓发展。法律发展的目的是恰当的法律生活，是生活在法律世界当中的具体的个人，远离了人本身就意味着法律恰当性的消失。法律固然是为人而存在的，但却不能引导和激发人的各种欲望，普遍性的设定必须合理地节制人们的欲望。我们能够看到某些普遍性设定却是激发了人的各种追求名利的欲望，这样的设定若在某种节制的意义上是有道理的，但其一旦过度化就会给人们的生活造成诸多损伤，甚至还会在某种程度上损害人类的道德。以名利引导人们行动的普遍性设定或许在某个阶段内会发挥一定程度的作用，但从长远而言则必定是人的精神的沉沦，而法律不能在此道路上让人陷入泥潭。只有那些深刻地洞悉了生活要义的人，才有创设普遍性的资格。沉入生活世界当中，认真地领会我们生活的细节，洞悉生活内部的规律性，明确人们的内在需求，用一种良好的普遍性牵引人的行动世界，从而构造出一种恰当的法律生活。

恰当的法律生活是充满了美的韵味的生活，生活的美是法律生活的美的前提。简约平和节制是生活之美的要素，自然也是法律生活之美的要素。我们要过一种简约平和节制的法律生活，这是千百年来哲人们的总结和提炼，它构成了我们生活的要义。法律生活不能是整天充斥着"鸡鸭鱼肉"、"山珍海味"的生活，以"萝卜白菜"为主导的生活中穿插了各类"肉味"的生活，才是我们的追求。那是一种得其所是的恰当法律生活，当然这并不是容易做到的法律生活。很多人沉迷于与人争利的游戏当中，各种手段无所不用其极，利欲熏心的结果是遗忘了人本身。那么，利欲熏心的人能过一种恰当的法律生活吗？尽管我们不能作出一个绝对的回答，但总体而言这样的人是不可能过一种恰当的法律生活的。他们不可能赞同简约化的处理问题的方式，他们把一切复杂化，原本简单的生活被他们搞得一塌糊涂。他们自然也难有平和的心态，面对物质利益的诱惑不能无动于衷，唯利是图便在所难免。真正的美的生活一定是简单的，复杂的生活不可能让心灵恬静，自然难以产生创造美的心理前提。每天早上"喝碗粥"、"吃个鸡蛋"便开始一天的生活，晚上遥望着星空心灵深处不曾有过波澜，这难道不是一种审美的极致吗？法律绝不能让生活变得复杂而忙碌，如果法律世界的普遍性设定推动了忙碌生活的形成，那就是法律的错误。质朴的生活本身就是审美的真理，错误的只能是法律，而不可能是我们质朴的生活本身。

7

生活中总有很多问题要处理，对待问题的方式往往能够映现出一个人心灵世界的状态，这也是判断一个人是否能过一种恰当的法律生活的前提。当自身面对纠纷的时候，我们到底该如何对待呢？恰当的法律生活不会鼓励人们去打官司，而是要把纠纷在法庭程序之外加以解决，这同样是法律生活之美的表征。拥有质朴之美的生活，本身或许就不会产生什么所谓的法律纠纷。很多人总是愿意打官司，动不动就把纠纷诉讼到法院。如果是些疑难案件的话，这样的做法倒是无可厚非的，毕竟法庭之外解决疑难纠纷的能力是比较薄弱的，在现代世界尤其如此。但我们能够看到的现象却是大量的简单案件被诉讼到法院当中，这自然能够说明很多问题。简单案件诉讼到法院，表明人们的心态不是平和质朴的，因此它不具有审美的属性。为什么呢？所谓的简单案件，是指那些事实清楚、法律明确的案件。这样的纠纷对于当事人而言，不需要求助于法庭而是依靠自身就完全可以解决，最多在法庭之外求助于某个专业人士就可以将问题解决，但当事人却将问题诉诸法院。是牟利之心，抑或是投机之心，总之都不是平和之心。以这样的心灵状态投入法律生活当中，怎么可能产生恰当的法律生活呢？我们不必把审美的生活看得那么复杂，审美的生活一定是简约的，它以简单的心灵状态作为前提。恰当的法律生活并不是每个人都能够拥有的，高洁之士固然可以拥有这种美好的生活，而生活在某种惯习中的人们也可以自然地过上一种恰当的法律生活。但法律的掌控者要明白的道理是，绝不能给生活在这个世界的人们增添哪怕一点点的麻烦。法律的设计必须以恰当的生活为前提，这是法律运思的展开基础。不要过度依赖法律的作用，不要过度夸张法治的意义，观察原本的生活才是设计生活的前提。不要让任何普遍性设计侵吞了生活本身的合理性，而总有人还处在茫然不知当中，于是我们只有沉沦。也许我们早已沉沦，也许我们还将继续沉沦。不要把恰当的法律生活的实现单纯地寄托在法律本身，生活中太多的元素都是推进法律生活恰当化的重要力量。

人们总是习惯于讲权利意识，甚至认为打官司便是权利意识的体现，原本并没有什么内在逻辑关系的关系被人们强行赋予了某种必然性关系。权利是和一个人的人格尊严内在关联到一起的概念，我们能够从权利本身观照到自身的内在价值。就如同我们能够从所有权当中看到我们自身，那并不是一个个具体的"物"，而是凝结了我们自身人格的存在，是与我们人作为人的存在统一到一起的。这样的权利和打官司有什么关系呢？如果我的权利受到了侵犯，在与对方的协商中他也意识到了自己的错误，那我们又何必要诉诸法院呢？当然这并不否认在对方拒不认错情况下打官司的选择，打官司是最后一道防线，但并非必然的选择。特殊性问题的解决依赖于普遍性法则以及遵照普遍性法则所创制的普遍性机构，即便人们没有最终选择普遍性机构，普遍性机构仍然发挥了重要的作用。能够利用它的威吓功能而不是实际地选择了它，或许是更好的现象。想象一种生活对现实性的生活具有重要意义。许多并非内在关系的两个或多个事物及现象，由于某种习惯性作用，久而久之被人们赋予了某种关系。由于观察不够，在人们的生活世界中到底是否存在必然性关系，我们无法做肯定或否定性判断，但有一点则毫无疑问，那便是生活中的许多关系都不是必然性的，这也就意味着很多现象未必是一定会发生的。当人们在权利意识和打官司之间确立了某种内在关系之后，我们的认知自然也就发生了变化，同时人们的行为选择乃至相关决策便也符合了这种关系。当然应该说是符合了这种知识，这种关系造就了某种知识，而这样的知识原本是虚妄的。现实的生活固然会让我们沉沦，然而知识同样也会让我们沉沦，知识所导致的沉沦反而会让我们自己认为自己很高大。

儒家思想推崇"无讼"，这是一种极其高妙的境界。到底该怎么理解"无讼"呢？一种诉讼意识？当然可以这么理解。然而如果我们从法、伦理及政治的哲学话语架构上加以理解的话，则它乃是一种恰当的生活。而从法哲学上加以理解，则可以看作是恰当的法律生活。我们拥有法律的目的并不是直接地运用法律，而是让法律潜在地发挥某种作用。当人们践行一种"无讼"的观念的时候，法律并非不发挥作用，因此儒家并不是否定法律的作用，而是对法律采取了一种"悬置"的态度，仿佛法律的存在乃是一种"无为而无不为"的状态。我们好像可以说，道家与儒家是相通的，儒家思想的根基在道家，没有道家的宁静，便不会有儒家的美德。"无讼"本身既是儒家的思想呈现，也是道家的内在表达。道家说最好是没有法律，正所谓"法令滋彰，盗贼多有"，这自然是极其深刻的，但权力的运行往往不会按照这种模式操作，不过我们却应该认真对待道家的思想，这对于人类的行动是至关重要的。而儒家相对平和，不否认法律的创设，但却主张不加以运用。毫无节制地对生活世界颁布法律的结果是损害了生活世界的自组织结构，清醒地意识到法律膨胀的危害性才是法哲学的要义，我们在创设普遍性法则的时候必须明确普遍性本身的"谦抑"乃是真正法律精神的体现。在法治的喧嚣中，我们遗忘了"根本"。从生活方式的角度去理解"无讼"，或许会比从法律理解"无讼"对我们具有更为重要的意义，也易于获得人们的认同。对于古人而言，"无讼"原本就不是一种法律知识，也不是一种法律思想，只是现代人在把握和理解"无讼"的时候将其看作一种法律思想，这是现代学术的操作方式。古人的"无讼"原本就是一种生活方式，是一种恰当的法律生活，从法律知识的角度理解"无讼"永远都不可能把握"无讼"的真谛，也难以真正将其贯彻到自身的行动当中。恰当的理解是需要视角转化的，固有的事物并没有发生变化，但随着视角的转换知识却已经发生了重组。我们进入了一种真正的生活的状态，在此状态中才能够真正理解历史上的诸多现象。要把历史看作古人的生活方式的实践呈现。

这是极重要的洞见。如何才能做到"无讼"呢？对于古人而言，"无讼"的实践有着环境的压迫，文化环境不能说不对人们的行动选择产生强大的形塑力。人们生活在一个普遍不愿意打官司的环境中，自然也会受到强烈的影响。然而古人并非都不愿意打官司，愿意打官司的人也是很多的。胜诉后不会受到人们的谴责，而败诉往往有人在背后说三道四。败诉的风险对每个人都是有的，为了规避风险，干脆采取一种不打官司的态度，也不失为一种恰当的选择。"无讼"的群体往往也有性格决定的元素，天生的敦厚自然会让"无讼"成为一种恰当的生活，哪怕自己吃点亏也不愿意去打官司。这里并没有什么反思，选择的背后是个人性格心理作用的结果。经由反思而达于心灵完美的人，他们的选择行为充满了主体性，良知的实践培育了"无讼"的至高境界。在他们那里，"无讼"不仅是一种生活方式，更是内在精神的体现。像孔子这样的人，大抵是有一种内在境界的，或者说拥有"主体自我意识"，即一种道德的主体自我意识，他在积极营造"无讼"的生活方式。他不仅自己过着此种简单的生活，而且也在谋制一种恰当的生活，其中自然也包含了一种恰当的法律生活。人性是复杂的，我们不能指望所有人都表现出同样的生活追求。

其实现代中国也意识到了"无讼"的生活意义，"无讼"的生活立场转化也已成为一种趋势。在我们当下的法律文化建构中，我们所推崇的是和解、调解等各种庭外解纷模式，这自然是现代思想中"无讼"的表现方式。只不过原本的社会结构多有损伤，过去那些有效的防止诉讼和解决纠纷的方式难以发挥有效的作用，从而使得"无讼"难以获得某种普遍性价值。然而我们所贯彻的理念是没有问题的，尤其是自治的理念更是深得"无讼"之要义，其实自治才是"无讼"的根基。可以说，只有自治的多种方式能够为人们所践行，"无讼"才可能真正地获得对象化的效果，用一种自然而然的方式呈现为一种生活的样态。"无讼"的最后落实，法律固然发挥着"无为而治"的功能，但法律之外的诸多要素同样是保障"无讼"得以实现的重要方式。观念的和谐，政治的清明，经济的协调，文化的谦抑，都会以自身独有的方式促进"无讼"的实现，这是一种整体论的观察视角，生活本身就是整体性的。站在生活的角度理解"无讼"，不要从法律的立场进行研究，或许才能够让我们逐步把握其真实的面相。其实任何事物都是如此，一旦陷入专业化立场，事物的真相就会被遮蔽，真理会距离我们日益遥远。

8

恰当的法律生活不会是一种绝对的法律生活，而是一种多样化的法律生活，这意味着法律生活的样态不是唯一的。恰当的法律生活呈现了选择的意义，人们既可以选择这种法律生活，也可以选择那种法律生活，还可以创造一种新的法律生活。选择的自由是恰当的法律生活的重要内容，当然选择本身不会是任意的，选择的自由从来都是排除任意性的。选择的自由固然是对人性的挥发，却并不是人性的滥用，人性同样会受到有节制原则的训导。人性固然有唯美的追求，却也有堕落的可能，恰当的法律生活杜绝人性的堕落，因此必须有节制的美德导引。每个人都生活在"瞬间"当中，刹那间的选择是自由意志的表达，每个人都有这种权利，却必须为这种选择的自由承担责任。责任是人性成熟的锤炼，学会了责任的承担可以让人性获得审美的升华。人们无可逃离普遍性法则，而普遍性法则中都包含了责任，有责任才会有更充分的自由，特殊性的生活也才会更有保障。恰当的法律生活既是特殊性的，也是普遍性的；既是自由的，也是充满责任的。有的人天然地懂得责任的承担，他可以过一种自洽的法律生活；有的人需要经过训练才能学会责任的担当，其行动的主体精神同样塑造了一种恰当的法律生活。我们正是在普遍性与特殊性的视域融合中迈向成熟，获得自我规定性，在与他者的共在中过着一种恰当的法律生活。

　　人是政治动物。一个人可以选择过一种政治生活，这是他的自由，法律并不强迫一个人进入某种政治状态。一个人选择了政治生活，就要遵循政治生活的游戏规则，在政治生活中他同样拥有自由，也承担着各种责任。政治生活让他感受到快乐幸福，也让他感受到压力痛苦。但无论那是怎样的状态，他都必须承受，因为那是他的选择。而一个人同样也可以选择一种与政治无涉的生活，尽管其无涉并非绝对的无涉。他当然可以到山中隐居，在深山中盖一个草房，整天与风雨声为伴。他可以写诗歌，也可以练书法，还可以沉思哲学，法律并不会去干涉这种生活。他选择了这种生活就有过这种生活的自由，法律的沉默恰恰是他的自由。他选择了"避世"的生活，同样也要为这种选择承受这种选择的一切后果。他不能怨天尤人，享受了某种乐趣就要承担相应的痛苦。也许他可以承受冬日的严寒，却无法忍受凄苦的寂寞，然而他还有选择的权利。他可以选择放弃，不要认为只要选择就不能丢弃，若是不能忍受一种生活的苦涩，他完全可以开始新的选择。选择和放弃都是一个人的自由，选择了要有担当，放弃了也会有相应的承受。无论选择还是放弃，其实都是一种选择，法律不会干预人们的选择。真正干预人们选择的往往是社会的各种惯习，以及各种关系网络，这是一个人不得不承受的一切。我们可以选择很多事物，但却不能选择惯习和关系，那是我们从出生所进入的状态。我们必须承受，这才是真正阻碍选择的要素，然而法律却不能摧毁它们，但可以不顾及它们，保护我们作出背离惯习的选择。即便是法律鼓动了"背叛"，法律也不会代替我们承担相应的责任，责任永远只有我们自己承担。

人类迄今已经积累了丰富的知识，但我们可以选择放弃知识吗？恰当的法律生活与知识有关系吗？恰当的法律生活固然与知识之间并无必然联系，但法律使得现代人不可能放弃知识。想象一下，如果我们让自己成为"文盲"，那将是一种怎样的状态呢？前现代社会中的法律并不干预人们的知识学习和训练，把握知识的问题完全属于个人和家庭的事业，然而现代法律却要强迫人们通过接受必须性教育而进行知识的规训。因此，在现代法律之下的"人群"中是不可能有文盲的，但是文盲就不能过一种恰当的法律生活吗？恰当的法律生活是每个类型的人都可能期待的一种生活，文盲自然也会有恰当的法律生活。如果一个人并没有什么知识储备，他整天干一些体力活，在工地上消费自己的劳动力。那么，他不能过一种恰当的法律生活吗？他的生活是简单的，他消耗体力而有收入。他住在简陋的房子里，吃着简单的食品，与各类人保持着简单的关系，他每天微笑着对待生活，从不与人发生激烈的冲突。这难道不是一种恰当的生活，或者说恰当的法律生活？他没有压力，他不需要与他人去争夺荣誉利益，也不需要与人攀比。难道这不是恰当的法律生活？他当然有选择的自由，选择一种简单的体力生活的自由正是他最大的人权。

恰当的法律生活并不反对人们在缺乏知识情况下生活方式的选择，但当下的社会惯习却让人们不可能选择没有知识的生活。在现代人的观念中，"知识就是力量"具有激动人心的影响力，"知识可以改变命运"也被众多人群津津乐道。义务教育的普遍性设定更是让人无法逃离知识的构造，可如果一个人不愿意接受教育呢？未成年人的意志是不能算数的？强制义务教育的前提是知识的优越性假定。在这样的文化意识形态的导引下，我们又如何能够选择一种没有知识的生活方式，尽管在我们的心灵深处可能认为"知识是一种牵累"。社会惯习压迫着家长和孩子，使得他们不可能放弃对于知识的学习训练，法律并不能推进人们真正自由选择的实现。那么，法律能改变这种现状吗？具有"半法律"性质的普遍性法则的设定在根本上加剧了这种现状，让人们选择的自由受到了严重的限制，我们又如何能够期待法律再与习惯进行搏斗？但无论如何，对知识的过度依赖状况的形成，普遍性法则的设定是不能摆脱责任的。然而，我们却不能让普遍性法则承担责任，至于法则的设计者同样也不可能去承担任何责任。普遍性法则的设定不能过度干预人们的选择，不能让人们陷入焦虑的状态。如果哪个普遍法则的设定使得人们日益焦虑，那么我们可以断言这个普遍性法则就一定是有问题的。法律必须有它的生活导向，任何背离了恰当生活的普遍性设定在归根到底的意义上一定是错误的。恰当的生活是我们评判衡量普遍性规则优劣的一个重要标尺。谁破坏了人们的恰当生活，谁就一定出现了问题。

在法律的普遍性面前，人们享受着选择的自由，而在各种惯习面前，人们却只能做出无奈的选择。现代法律是一定要讲求平等的，否则便会受到人们的指责。每一种生活选择都具有同样的价值，做一个除草人和一个官员并没有根本的差异，两类主体之间在法律上是平等的。他们的生活也理应具备平等的价值，法律绝不能说官员的生活高于除草人的生活，否则就是法律的"政治不正确"。然而惯习却未必能够维护平等，甚至惯习往往会助长不平等。如果我们选择了除草人的职业，在惯习的议论中不会有任何赞美，或许只有嘲弄。当一个除草人经过的时候，人们会在背后指指点点，语气中夹杂着不屑和嘲弄。一个年轻人可以待在家里游手好闲，但却不能去做除草人。大学毕业了可以没有工作，却不能去选择为惯习所反对的工作。这是什么逻辑？这种惯习中并没有什么崇高，而是充满了各种功利化的计量。生活自然发展出的法则，丑陋中包含了无奈。而如果我们开始了体面的生活，则惯习会给与高度的赞美，各种附加利益会纷至沓来。当一个年轻人考上了公务员的时候，人们同样会"指指点点"，语气中充满了赞美和羡慕。这又是怎样的逻辑？惯习的逻辑不需要解释的理由。于是我们只能感慨，法律的作用是极为有限的。尽管法律在恰当生活的维护上存在着诸多局限，但法律却要在任何时候都将恰当的生活作为自身的导引，这样才能够使得法律变得日臻完善。

　　法律实践的立场和法律生活的立场是一种怎样的关系呢？法律实践的立场更多地强调的是法律的内部立场，它要把握的是法律的内在规定性与实践的内在规定性的融通，但法律实践的目的却并不是法律本身，而是一种良好的法律生活。在这个意义上，法律实践本身也包含了一种目的论立场，由此可见，我们并不需要过度区分法律实践和法律生活的概念性差异，在实际的人类行动中两者也往往是统一的。法律生活的立场是目的性的，当然也是存在论的立场，在这个层面上对问题的理解意味着法律生活的立场是真正属人的立场，与人本身的存在和发展及生活的完善息息相关。我们要深入法律实践当中把握法律生活的要义，要按照生活的原理实现对于法律的发展。只有放弃法律的手段论，才可能进入法律的目的论。但我们却不能将目的拆解为各种目标，否则法律便不能摆脱手段论，也就无法真正进入一种生活的立场。我们还是要有一个存在论立场，在远离本质主义的疏离时代，我们在建构一种存在论的法哲学。

9

　　围绕法的所有"勘察"要以恰当的法律生活为目的论关怀，这表面上看是目的论，但实际上我们却将其根基看作是存在论。那么，在这种恰当的法律生活中道德伦理的位置如何呢？法和伦理一样共同构造着人们的恰当生活，恰当的法律生活只不过是从法哲学角度所做的一个表述而已，而在根本上自然就是恰当的生活，而恰当的生活中又怎么可能少得了伦理的存在依托。对于一个社会而言，如果在伦理道德上缺失了支撑，那便不可能有好的法律生活。

法律生活建构的功夫固然需要在法律上用力，但更为根本的着力点却不能放置到法律建设当中，而必须在伦理世界的根基上下功夫。如果人们的良心出了问题，又怎么可能有良好的法律生活？在道德登场的情境下，原本可能出现的法律纠纷或许根本就不会出现，即令是出现了各种问题，由于道德的在场也会获得顺畅的解决。道德的出席意味着法律的自觉践行，良好的生活由于自觉性的登场得到了维护和保持。道德是存在论的，它是心灵的习性，是一个人生存本性的展现，这对于恰当的法律生活奠定了良好的生存论依托，是法律生活呈现出美学意蕴的内在支撑。在道德秩序良好的社会中，即令人们并不在法律建构上多做努力，也会有利于生成良好法律生活的景象。

恰当的法律生活所展现的是一种内在的自觉精神。过去人们一直认为法律的本性是他律，他律固然是法律的属性，但真正良好的法律生活绝不是他律的结果，而是人们自觉践行的构造，没有任何美好的生活是在被迫的情况下出现的。尽管被迫性也是人们的一种生存状态，在法律及伦理和政治生活中都会存在被迫性，但被迫性必须是一种有限的存在状态，否则人们就不可能过一种恰当的生活。想一想，如果我们的每一种法律选择都是被迫的，我们作为人的主体自觉在任何情境下都将无所适从，那我们就不会感受到快乐，而没有快乐的法律生活便不可能是恰当的生活。法律生活中有众多选择，理想的状况是每一种选择皆为主体精神的自我呈现，然而事实上并非如此，大量的选择其实都是被迫的，被迫的状态下没有自由，于是便不可能有主体力量的呈现，当然也不会有快乐和美感。而道德的主体性在生存论上为人类奠基了一种自觉性根基，当然也为恰当的法律生活建构了重要的存在论依托。道德的自觉是人的存在论精神的高度呈现，基于道德自觉的生活是一种快乐幸福的生活，恰当的法律生活会在道德自觉的基础上呈现审美的色彩。这样的话语会不会给人一种武断的感觉呢？心中的美好追求或许包含了独断论元素，但我们无意用"美好生活"的标准宰割人们的现实选择，道德的自觉同样会维护一种自由的精神。

当然在法律生活中也并非所有的一切都需要建基在道德自觉性的基础之上，其实很多法律行动往往是惯习作用的结果，这样的行动和生活完全处在一种自然而然的状态之下，在那里谈不上什么自觉，也说不上什么主体性，但也不会被理解为被动性，一切都发生在人们的习性当中。然而，如果我们从外部观察，原本看上去的自愿性其实却具有被动性的色彩。那么这是不是一种恰当的生活呢？而如果这算是一种恰当的法律生活的话，那么这种情况下是否存在道德伦理的介入呢？这是一种基于惯习的恰当法律生活，它当然存在道德伦理的介入，只不过这种状况下的道德伦理具有惯习的属性，甚至可以说惯习本身就是道德，或者说伦理。主体的高度自觉可以表现强大的道德精神，习性的自然行为同样可以表达道德的力量。我们不需要对道德作任何偏狭的理解，那样只会让我们成为知识的奴隶，狭隘的思维方式会窒息我们活跃的思想。

道德不仅在自觉性和惯习的意义上促进了恰当的法律生活，而且法律本身的内在道德性更是有利于推动一种良好的法律生活的构建。那么，法律本身的内在道德性都有哪些呢？稳定性、持续性、可操作性等均属于法律的内在美德。法律必须是稳定的，法律不能朝令夕改，频繁的制定法律和修改法律的结果是对人的生活确定性的破坏。人们生活在法律世界当中，要对自身的选择和行动有一个良好的预期，而法律的稳定性美德恰恰促进了这种良好预期的实现。我们将法律的内在属性归属到道德的范畴，乃是法律存在论和发展论的需要，这自然意味着是人的生活本身的需要。在现代思想对本体论进行解构的情况下，我们依然倡导一种本体论的承诺，在纷繁复杂的世界中寻求一种安宁是思想的使命，更是人们生活本身的需要。不要被各种知识的夸张遮蔽了勘察世界的明眸，彻底地体验着我们自身生活的感受，内在地呼唤一种本体论的诠释。对于法律生活，不能缺失了生存论体验，否则便难以把握法律生活的要义。用知识看待法律与用生命体验法律，其所得到的感受自然有着根本性差异。并不是所有人都能够进入生存论立场理解法律和感受法律生活，人的差异性会使法律世界呈现出不同的色彩，世界上并不存在一个不被质疑的法律世界。

在人的存在论需求中，内在地蕴含了人的特殊性存在意义，但这同时也意味着人的普遍性需求。法律的稳定性既是人的生活的特殊需求，也是人的存在的普遍性需求。法律的操作要将自身的稳定性美德作为崇高的价值加以对待，这是法律普遍性的美德意蕴，它应该引导着各种具体领域中的法律普遍性法则的制定和操作。不要轻易地改变人们既有的有规则的生活，不要用普遍性法则随意地改造人们的生活，尽管我们的生活经常被普遍性改造，但那并不意味着改造的合理性。没有人对一种变动不拘的生活充满情怀。一个人刚刚习惯了 A 类型的生活，却发现又被抛入 B 类型的生活当中，这既是对身体的折磨，也是对心灵的戕害。法律生活内在地需要专属于法律本身且契合法律之内在规定性的美德的介入，用这样的美德引导法律操作的整体过程既是对法律的尊重，也是对生活本身的尊重。无论是普遍性法则的创制，还是司法实践的展开，都要注意稳定性对于恰当法律生活的维护。法律不能让人们在生活中日益烦躁，烦躁的生活会激发人们犯罪的冲动，否则便会产生向着自我的破坏。只有稳定的法律生活才能够减少社会的各种不轨行为。世界上存在很多我们不能"归责"的原因，正是这些原因造成了许多破坏性的后果。我们并不祈求千年不变的普遍性法则，尽管那是一种极美的存在状态，它能够生成美学的生存论思想。生活在传统社会的人们充分地享受了某种普遍性法则所呈现的审美意蕴，人们快乐地感受着稳定生活下自身的存在意义，儒家伦理的不变性恰当地维护了法律本身的稳定性。现代社会的变动性远较传统社会更为突出，但这并不意味着法律的内在本性的沉沦，稳定性作为存在论需求为普遍性法则的内在美德提供了存在论支撑。恰当的法律生活作为我们勘察世界的视角，必须从本体论上为自身建基，它是我们理解一切法律问题的基本视域。

—— 10 ——

道德当然可以作存在论理解，我们每个人都过着一种道德生活，只不过道德生活的样式和内容存在着重要的区别，不同的道德生活对于恰当的法律生活会具有不同的意义。一个高尚的人固然过着一种崇高的道德生活，而一个卑劣的人也并非就没有道德生活。卑劣的人可能并不关怀社会建构，却极力维护与朋友的忠信。然而，这种忠信并不意味着真正的道德，不同内容中的道德内涵是存在差异的，对于坏人的忠信可能会破坏世界的稳定性。高尚的人的道德生活在道德的广度和深度上具有鲜有人企及的高度，自然会具有普遍的接受性，并具有良好的引导价值。高尚的道德生活是一种高度自律的道德生活，它自然有利于生成恰当的法律生活，并对法律生活产生良好的范导作用。然而恰当的法律生活并不必然地要求人们过一种高尚的道德生活，它完全属于人们自觉自愿的选择，任何强迫性的介入都会损伤法律生活的恰当性与合理性。当然，恰当的法律生活同样不拒绝高尚，高尚的道德生活深刻地包含浓厚的利他主义精神，并且高尚的道德所包含的利他性是有原则高度的，它绝不会背离人们的道德精神。恰当的法律生活同样会有利于促进人们高尚品德的培养，但法律绝不能用强制力的任何方式去迫使人们变得高尚，法律没有那样的能力，强制的推进道德只会走向道德的反面。然而法律的运行是极为复杂的，尽管任何形态的立法都不会把高尚作为样板，但在司法的运行中法官却可能做出有利于高尚者的判决。这是法律解释的奥妙，它并不违背任何的法律精神，但却推动了人类良善的增进。法律是主体的实践，美德的导引本就是法律的使命，尽管它不能以立法的方式去加以强迫。法律也并不仅仅是立法，立法之外有着丰富的法律世界，立法所不能完成的使命要交给法官去推进。我们不会犹豫，面对良善我们抱有坚定的信念，我们用行动维护高贵的人类品质。

在道德中包含了人类行动必须坚守的尺度，有人将其称之为底线道德，它是人类行动的道德义务。人们对该种道德的自觉践行是形成良好的法律生活的前提，如果一个社会的底线道德被颠覆的话，那么这个社会便不可能有良好的法律生活。恰当的法律生活是行有节制的法律生活，这必然依赖底线道德的介入，它为法律生活所提供的是彼此之间的自我克制。拥有底线道德的人深深地懂得自我与他者的共在性，尊重对方的合理欲求便是尊重自身的合理欲求。无论是在道德生活中，还是在法律生活中，人们都期待过一种自由的生活。但任何洞悉了自由属性的人，都能够做到自身自由与他者自由的共融，相互依存性正是自由的本性。自由便是在他者当中守护自己，离开了对他者的尊重便不可能有任何自由可言。这在法律生活和道德生活中具有同样的属性，缺失了他者的维度便不会有道德的生成，忽略了共同体的价值人们也不会有恰当的法律生活。人本身就是生活在关系共同体中的个体，尊重他者是道德的基本要求，自然也是在法律中守护自我的保障。尊重作为一种美德需要心灵的在场，因此在道德生活中的尊重永远都不会把别人当手段。如果人们将他人当手段，而使得尊重仅仅表现为一种话语却缺乏心灵的支撑，那便不具有真正的道德品质。恰当的法律生活当然需要尊重的在场，但法律中却无法禁止将他者当作手段，表面上对于他人自由的维护却不能同时意味着心灵的在场。然而，只有心灵的在场才是持久的，它会让法律生活变得可敬可爱，恰当的法律生活内在地呼唤着尊重的在场。法律并不能强制执行这样的"呼唤"，这恰恰说明道德对于法律生活的意义。这意味着恰当的法律生活的维护绝不能仅仅依靠法律，现代法治的发展也不能单纯地凭借着法律本身的力量，在法律世界之外我们要做更多的工作，但这却又是法律所不能完成的使命。单纯地专注于法律世界的进步，我们并不能达到自己的预期。法律世界的进步标准是什么？恰当的法律生活是进步的终极标准。

　　尽管法律以正义为其核心价值，它预示了法律之"当为"与

"不当为"以及"能为"与"不能为",这是一个法律的边界问题。但恰当的法律生活毕竟与法律本身还有些不同,恰当的法律生活需要心灵的登场。恰当的法律生活需要平和的心态面对我们的法律世界,焦躁不安不可能营造恰当的法律生活。当我们面对纠纷的时候,不能过度地看重自身的特殊性欲求,我们要考虑普遍性法则所具有的调节功能。如果我们沉湎于自身的特殊性欲求当中,就会被自己的利益遮蔽良好的判断力,在自己的利益中看不到他者同样对自身利益的损害。平和的心灵世界承载了他者的欲求,因此会内在地表现出对普遍性法则的尊重。我们不会偏执于特殊性和普遍性的任何极端思考当中,看不到特殊性的普遍性会让我们陷入盲目崇拜当中,甚至会滋长各种教条主义的泛滥,而看不到普遍性的特殊性会让我们陷入自我利益的泥潭,我们便很难发自内心地尊重他者。我们需要为自身构建一个良好的共同体,你中有我,我中有你,大家彼此共在,这是普遍性与特殊性共融的逻辑。但法律并不能教导我们进入这样的存在状态,我们只能在道德的磨练中不断提升自我,用平和的心灵面对我们的法律世界。只有这种心灵的在场,我们才会过一种恰当的法律生活。

在道德生活中过度崇拜普遍性会是一种怎样的后果呢?道德世界的普遍性法则对人类的行为具有良好的导引功能,然而普遍法则并不是抽象的存在,而是与特殊性纠缠在一起的。尤其是对于行动者而言,他不是在一个抽象的时空中践行普遍性法则,而是在一个具体的特殊世界中遵守普遍性法则。那么在具体生活中践行普遍法则又意味着什么呢?许多"杂多"与"偶然"都会影响到对于普遍性的践行,普遍性是否能够完全被理想化地践行呢?这实际上是做不到的。然而，对道德普遍性的盲目崇拜总是要发挥作用的，一旦具体生活中的践行遇到了莫大阻碍，则对于普遍性的遵守就有导向伪善的可能。在这样的具体时空中，往往会发生这样的情境。也许个别人可能避免道德的伪善，但对于大多数人而言是无法避免的。我们并不特别了解康德的具体生活，他在很多方面的表现是令人赞叹的，但若说其中确无伪善，好像也不能作完全化判断。无论任何场景都要全面贯彻某种普遍法则的结果，会生成不利于道德生活的心理障碍。这样的伪善自然对于法律生活而言也不是什么好的现象，它破坏了法律生活的心灵依赖，而当虚情假意占据了人们的关系系统，那便会给人类的存在蒙上阴影。恰当的法律生活需要真诚的在场，真诚乃是宰制伪善的利器，真诚达于极致者更是伪善的最大"敌人"。在并无普遍性强制的情况下，人们才可能敞开心扉，与他人"抵足而眠"，彻夜长谈而不知疲倦。通过观察才能看透许多道理。在一个没有伪善与欺骗的环境中，我们才可能过上一种恰当的法律生活。

道德生活中的任何普遍性法则都不宜作为大肆宣讲和奖励的对象，否则只能使得道德世界变得日益虚伪化。人们为了获利或者博得好的名声，就会蓄意造假，这便远离了真诚的道德生活。真正美好的道德生活是不能用利益加以引导的，否则就会激发人们的伪善之心，破坏道德世界的内在纯美。而良好的法律生活同样拒绝伪善，它当以真诚开启人们的心灵世界，在行动中做到平等对待，任何虚情假意都可能损害生活的恰当性。尽管法律本身并不要求心灵的在场，但它同样期待心灵与行为相伴，恰当的法律生活同样不应该是伪善的生活。

四、恰当性种种

—— 11 ——

恰当的法律生活并不是一种处处依靠法律的生活，我们拥有法律的目的不是尽量地发挥法律的作用，而是要让法律处在一种"存而不用"的状态。当然，这里所谓的"用"是指主动性地使用法律，当我们并不主动地运用法律的时候，法律依然是有用的。"此处无声胜有声"，这才是真正卓越的境界。在我们的生活世界中，有各种各样的元素都会促进良好的生活，而法律却是无奈中的选择。当然在我们不选择运用法律的情况下，法律也并非毫无用途。法律发挥自身作用的方式是多样化的，法律单纯的存在本身也是发挥意义的一种方式，否则就没有必要创设一个法的普遍性世界。生活中的很多人并没有表现出对于法律的迫切需要，但法律对他们的作用依然是显著的，"静默的法律"是一种"无声的力量"。如果一个人处处都依赖法律，动辄用法律说话，那恰恰是法律异化的表现。法律异化并不是法律本身所导致的结果，而是人的能动性作用于法律的结果。

法律异化与人的异化是密切相关的。很多人存在于世界之中，却不能用心灵掌控自己的世界，而陷入外物的操纵当中。任何普遍性的设定都不能鼓励人们对于外物的追求，否则普遍性就会成为"异化现象"的帮凶。这类外物所指乃是人之外的所有事物，不管是人本身所创造的事物，还是世界原本就存在的事物，都可以成为役使人本身的"主体"。许多人不能掌控自身的命运，而是由外物控制了自身的选择，这样的人便彻底地进入一种异化的状态当中。而生活在异化状态中的个体，很难做出恰当的生活选择。不同人的法律生活境界存在差异性，他们法律生活的状态自然也不会相同。很多人陷入利益的旋涡当中而难以自拔，为了获取各种正当的及非正当的利益而绞尽脑汁，整天沉迷在对于法律的研究当中，企图通过法律的手段获取自身的利益。在这种异化状态之下，法律变成了牟利的工具，从而使得法律失去了自身对人及生活本身的关怀，这便意味着法律的异化。

在其存在论的意义上，法律普遍性的创设是为了人本身及良好生活的实现。这看上去是一种目的论的判断，但在更为根本的意义上却是一种存在论的把握。法律的确具有调节利益机制的功能，但这种功能也仅限于调节，而绝非牟利。把法律作为牟利的手段，是权力的傲慢，是人性的堕落。调节只是为了利益获得均衡，恢复正义的规定性，使生活在具体世界中的人们免受任何暴力和欺骗的伤害。我们需要在存在论上为法律正名，然后就能清晰地看到法律的异化。这好像是我们预先"悬设"了一种存在论的立场，然后再用存在论立场去看待法律问题，从而得出了一种法律异化的结论。然而，我们的认识又如何能够没有预设呢？有人会把法律的存在看作是为了解决纠纷，这也是一种预设。我们有着不同的预设，预设的差异直接导致我们所认识到的现象的差异。我们不大可能真正地还原到法律最初产生之时的存在论根据或目的论依托，那是一个永远都认识不清楚的问题，明确了当下的目的便已是显著的收获。于是我们才有了现代理论的预设，这是一种不可避免的现象。现代理论以当下世界为根据，要把现实世界看得清楚明白，否则理论便不具有思想的价值。正是在关于人的存在论预设前提下，我们看到了法律的异化。异化是现代理论的视角，也是现代世界的问题，不看清楚这些问题，我们就不能使思想得以绽放。

再换一个视角看法律异化问题。法律的普遍性法则对于特殊性而言是否会存在异化现象呢？法律的普遍性应该深深地植根于特殊性当中，尽管它超越了特殊性，却不能逃离特殊性，否则就缺失了自身的存在根据。然而，法律的普遍性一旦形成，往往就会反过来役使特殊性，从而使得特殊性按照普遍性结构发生各种样式的转化。这自然可以被理解为普遍性法则的异化，尤其是在各种行政性质的普遍性法则中异化是一个必须认真对待的问题，这些领域的普遍性法则的异化好像已经失去了控制。它们涉及诸多领域，又牵扯了众多问题，并且还频繁地变更，所有这些都是法律普遍性异化的表现方式。无休止的修改法律当然也是法律异化的表现，它侵犯了特殊性所要求的稳定性，过度干扰了人们的生活世界，让人疲于应对从而失去自我。站在法律异化的角度看世界，我们自然可以看到原本所看不到的诸多现象和问题，作为人焦虑不安的挣扎正是我们的存在症状，法律的异化在某种程度上加剧了这种状态的生成。

恰当的法律生活固然不能彻底地消灭法律异化，但却应该尽量地减少异化的存在。人的异化当然会导致法律的异化，于是我们尽力要减少人的异化。但人的异化问题是个综合性问题，不能单纯地被归属于道德问题，即便是个单纯的道德问题，道德本身也不可能真正解决人的异化现象。道德能够让人免于外物的左右吗？免于外物的役使是一个人天性或长期磨练的结果，心境的澄明需要艰苦的训练，天性的超越有利于让人卓然超越于物外。但这并不是每个人都能够做到的，那些洞悉了伦理学命题的人也未必能够达到如此超然的境界。这样的境界和是否拥有道德知识并没有必然关系，当然这也不是说道德就毫无作用，真正能够做到"知行合一"的道德主体便能够在某种程度上摆脱异化的驱使。人的异化是不可避免的现象，我们时刻沉沦于其中而难以自拔，个别超然独居的雅士并不能改变异化的事实。或许某些人天然地就能够过一种恰当的法律生活，或许某些人永远都不可能过一种恰当的法律生活，人天生的存在境况本就是有区别，又何必强求每个人都达到某种超越性的状态。心性的修炼并不是一个单纯的内在论问题，它同样还会受到各种外物的干扰。然而我们毕竟生活于一个整体性的世界当中，我们难以对世界漠然视之，难免会在各方面受到外部世界的干扰、影响，甚至左右。但是，我们正是在与外物的搏斗中，才逐步迈向成熟，从而获得安身立命的根本。心灵的纯美拒绝了外物的诱惑，任何外在元素都无法腐蚀我们的灵魂，我们真正占有了自身，在我们的心灵与行动中我们永远都只是自己，但这个自己却是经历了与他者融通的自己，因此能够恰当地与他者并在，却又不受外物的左右。异化离我们远去，我们过着一种恰当的法律生活。

当然我们自身对于人的异化的克服并没有完全消除法律异化，我们消灭的只是由于人的异化而使得法律生活中出现的各种异化现象。要想消灭法律异化，必须让普遍性重新回到人的怀抱，在特殊性的基点上建基普遍性法则的合理性。当普遍性法则的设定远离了人的生活，疏离了特殊性的内在根基，便会在权力及利益的诱导下呈现出各种各样的异化现象。我们所生活于其中的世界，不仅有隐含在特殊性中的个体利益，还有各式各样的集团利益，个体利益往往在融合的过程中会呈现出合理性的欲求，而集团利益往往会凝结为权力而去掌控普遍性的创设，于是普遍性便可能抛弃特殊性中的个体，而与集团利益共谋，普遍性法则的异化便难以避免。程序理性的制度化完善可以在某种程度上减少普遍性异化，但普遍性异化仍然可能采取隐晦的方式发挥其潜在的作用。用一种形式理性的公开化遮蔽内部机制的阴暗共谋，这自然不会消灭普遍性的异化。作为异化的法律存在状态，在根本上仍然需要社会革命。我们再次回到马克思，无产阶级革命是彻底消灭异化的唯一道路，只有在共产主义社会才能真正实现人对人自身的占有。我们今天正处在向着那个美好的社会形态迈进的过程当中，我们不断地逼近共产主义，也在不断拓展占有自身的历史时空。

12

　　恰当的生活与政治相关，清明的政治生态可以有效地推动恰当生活的实现。我们既可以关注政治，也可以疏离政治，政治给了我们选择的自由。生活当然会受到政治的影响，然而恰当的生活则意味着政治的变动不会过于影响人们的生活本身。政治的变动会影响"经济人"的利益，也会影响"明星"的收入，还会影响"炒股人"的生活，但是一般的政治变动则不会影响"平常人"的生活，这样的政治就是好的政治。好的政治是特殊性与普遍性的融合。人们在特殊性中已经生成了稳定的生活方式，而稳定性本身就意味着恰当性，突然的政治变动也不会干扰人们的生活。人们会谈论政治，但却不受政治的影响，也不试图去构造政治，这样的"平常人"是恰当的个体，是现代社会中成熟的个体，他们的生活会在常规运行中延续固有的模式。为什么一定要打破人们固有的生活方式呢？任何激烈的生活构造只不过是满足了一部分人的偏好和利益而已，平常人所希望的是常态化的生活，良好的预期都能够获得实现，人们从来都是希望过一种恰当而稳定的生活。当然恰当性本身就意味着稳定，稳定同时也包含了恰当性。但当我们这样表达自我意向的时候，我们并不否认某些人所渴望的"变动不拘"，但我们去把握生活的态度不应该是"变动不拘"的，否则便没有理解生活的要义。焦虑与生活变动的节奏有关，恰当的生活追求的是"稳定性"的"变动"。

并不改变人们生活的政治行动是一种合理的政治实践，它与法律的稳定性精神有机地共同谋制，为人们提供了一种恰当的生活。政治变动中不变的因素是法律，法律不会随着政治的变动而有大的改变，这是保障稳定性生活的基本前提。清明的政治深刻地洞悉了变化中的稳定性，从而在其实践行动中恰当地处理了变与不变的辩证关系，这在最初生成的时候自然需要实践智慧的操作。但随着类似历史实践的积累，变与不变的智慧已经转化为人们的习性，人们懂得什么东西是可以改变的，什么东西是不可以改变的，什么元素是应该改变的，什么元素是不应该改变的，所有这些需要考量的要素都能够被身处特定历史场域中的人们加以把握，并在实际操作中转化为实践的方略。法律的普遍性在政治变动中保持了自身的稳定性，于是才有了恰当生活的连续性。政治的智慧与法律的智慧是统一到一起的，一个卓越的政治家未必需要掌握专业化的法律，但他一定能够洞悉法律的本性，这是良好的政治选择的保障，是恰当的法律生活的前提。因此，卓越的政治家往往是岁数偏大的人，年轻人由于缺乏经历，从而便不会有经验，当然也不能养就实践智慧，单纯的知识并不足以保障其作出恰当的政治考虑，深思熟虑是实践智慧的美德。

政治的变动不影响法律的稳定性，从而保障了生活的恰当性。但这并不意味法律在政治变动中就不会发生任何变化，法律要在人民能够容忍的范围内有所变化，但法律的变化不能彻底改变人民的生活，否则生活本身就失去了恰当性根基。掌控着普遍性谋制的公共权力不能随意扩张自身欲望，权力的恣意扩张会在根本上破坏人民群众的生活方式。我们当然可以将权力看作是一种普遍性，而将人们的生活本身看作是一种特殊性，尽管在更为广泛的意义上权力是属于生活世界本身的，我们只是采取了相对分离的分析策略。权力要有谦抑的美德，要将人民群众的生活看作自身的运行基础，在这个前提下权力的普遍性策略就会呈现出更多的合理性。我们都追求一种恰当的生活，而恰当的生活本身意味着权力的宽容获得了人民的普遍拥戴，站在存在论的立场上思考问题与站在人民的立场上理解和把握问题是一致的。从特殊性出发去思考普遍性的合理性，这是我们在分析恰当的生活问题中所要贯彻的基本原理，这也是存在论的思想基点。但它并不是存在论的思想全貌，在存在论的视域下特殊性与普遍性是一种共在的关系。而在恰当生活的立场上，普遍性内在地包含在特殊性当中，同时又引导着特殊性的合理化发展。

———— 13 ————

　　一个宽容的人会给人怎样的感觉呢？恢宏大度，气度不凡，这样的人是令人赞美的，每个人都愿意靠近宽容大度的人，即便不能与之成为近邻，也乐得感受其所呈现的大气风范。宽容是一种美德，一种在与他者的相处中所表现出的卓越气度。当向善的人靠近他的时候，会被他带动着趋向于完美；当常人靠近他的时候，会感受到他强大的感召力；当坏人靠近他的时候，会被他感动到忏悔。宽容的美德在拟人化的意义上已经作出了宽泛化理解，一个组织的宽容，一个单位的宽容，一种制度的宽容，一种体制的宽容，一种文化的宽容，诸如此类的范畴都可以运用宽容的概念。而在政治领域中的宽容尤其显得重要，政治的宽容是对人性的尊重，是对人本身的终极关怀。人性难免会激昂，会表现出张扬的属性，然而政治是要有所宽容的。恰当的行动并不是为了所谓的个人名利，也不是为了某个集团利益，而是真正地站在了人民的立场。他们宁可牺牲自我利益，也要充分表现自己的力量，他们通过展现自身的力量表达人民的声音。即便这里我们不使用人民的概念，而将其换作大众，也表达了同样的思想意向。当然我们必须深刻地意识到，政治只宽容那些真正站在人民立场的人的张扬，而对那些居心叵测的人则会严惩不贷。

　　当苏格拉底被雅典民主制判处死刑的时候，我们看到了政治的不宽容。一个穿着粗陋的哲学家，在雅典大街上与人论辩，表达着他对各种事物的深刻见底。他被迈雷托士指控，而他在雅典人民的公审大会上却并不示弱，而是表现了对各种问题的深刻洞见。他的激昂与辩才令人钦佩，然而最后还是被判处了死刑。这是雅典民主制最大的败笔，构成了千百年来人们对民主政治反思的范例。政治的宽容需要政治家的卓越智慧，他要分得清真伪善恶，要能够明确把握事物的原本真相。什么是好的，什么是坏的，这不是抽象的概念把握，而是在具体情境中的恰当判断。政治的宽容可以促进良好生活的实现，能够让那些真正为了国家和人民而行动的人过一种自主的生活。我们不希望伽利略被火烧死，也不希望看到马克思被驱逐，也不愿意斯宾诺莎过着贫困潦倒的生活。这些伟大的人物由于卓越的天性，他们可以忍受悲苦的命运，他们的悲苦恰恰成为了新科学、新思想诞生的土壤。但是卓越的人物能够做到的事情，如果被平常人遭遇，那可能会变得十分悲惨。常人们无法忍受凄苦的遭遇，或许会就此沉沦。当无数的犹太人被驱赶和屠杀的时候，宽容的呐喊已经变得绝望。人们不知所从，无所遁逃，整天在恐慌中度日。政治的不宽容或许会成就卓越，但却无法拯救普遍。在不宽容的环境中，沉沦无可挽回，人们只能越陷越深。仰望苍天，俯视大地，绝望布满心扉。然而时代在不断进步，我们已经迎来了宽容的今天，明天会更加美好，我们在政治宽容的大道上享受着阳光雨露。当普遍性摈弃了嚣张，而将自身建基在特殊性之上，政治宽容便是恰当生活的自然表现。

宽容的政治学会了放手，但这绝非无原则的放手，宽容的政治实践始终贯穿着人民的向度。如果任何行动背离了人民的利益，则政治便不能放手，此时的宽容便是纵容了自己的敌人。有原则高度的政治宽容是一种良好的政治实践，但它需要仰赖法律的力量。政治的放手并不是撒手不管，而是要将行动的规训交给法律，遵照法律的原理规范人们的行动世界，绝不采用任何非法的手段进行规训。正是由于法律的政治介入，使得人们对自身所从事的各种行动有了良好的政治预期。政治可以被放置到法治概念中加以理解，法治也可以被放置到政治的历史时空加以把握，不可能期望一种政治与法治绝缘的历史实践。我们生活在政治当中，同样生活在法治当中，我们生活在政治法治当中。政治法治为人们提供了安全的保障，创造了自由的氛围，彰显了人民至上的价值观。那些对政治采取外部批判和反思的人，并不真正地洞悉了现实性的本质，而是站在一种非语境化的立场上进行政治谴责。我们站在自己的大地上，呼吸着属于自己的天地之间的空气，沐浴着属于自己的灿烂阳光，经受着切近自身的风吹雨打。只有这样，我们才能洞悉自己所生活于其中的状态，我们才会变得日益成熟。我们将不被任何"外部反思"所左右，我们所谋划的一切就建基在我们自己的生活当中，而我们的存在目的也恰恰是为了我们的生活本身。

政治的宽容是对将普遍性所可能滋生的教条主义的反对，它对普遍性采取了温和抑制的态度，避免了普遍性滑向专断的深渊。政治的宽容是植根于特殊性当中，现实世界中的特殊欲求是政治宽容的生命力所在。政治固然是建基在特殊性世界，但政治并不会放弃自身对特殊性世界的牵引。即便政治采取的是一种宽容的态度，而宽容本身仍然是一种掌控方式，这应该是一种恰当的符合法治原理的掌控方式。因此，政治的宽容是特殊性与普遍性之间的中道，在特殊性中建基自身意味着对特殊性的尊重，意味着政治普遍性宽容美德的生成存在要具备自然合理性的根基。政治的宽容是一种温和的立场，是一种政治美德。温和是一种中道的智慧，宽容也是中道的美德。在特殊性与普遍性之间，我们从容中道，无所畏惧，所欲所求只是事物本身的合理性。政治的宽容是一种合理性的生活，它需要法治的登场，这当然同时是一种恰当的法律生活，在这种恰当性的生活中我们身心愉悦。政治的宽容固然需要法律的配合和支持，但它有着高于法治的精神追求，它内在地诠释了一种恢宏大气的政治风度。这代表了一种卓越的政治风范，崇高的思想追求及对人民利益的无上关怀。仅仅依靠和凭借法律方式维护政治的宽容，未必能够真正地实现和推进政治宽容的增进与发展，只有养就一种高贵的宽容气度和习性以及人民至上的精神认知，才是保障政治宽容的根本底气。

14

恰当的法律生活需要政治美德的导引，在政治美德的导引下才可能创制好的法律，而好的法律是恰当的法律生活的基本前提。不仅好的法律构成了恰当的法律生活的前提和保障，而且政治美德本身同样是恰当的法律生活的整体性环境依赖。对于现代世界而言，个体往往是思考诸多问题的基本切入点，良好的政治美德可以保障个体的自由选择，为个体的存在与发展提供一种精神上的支撑。但个体并不是一个孤立的存在，而是与他人构成了共同体的存在方式，而政治美德同样为人们的共同体生存提供了精神保障。政治美德环境下的共同体不是抽象的共同体，而是将个体与共同体有机结合到一起的共同体。在某种极权主义状态下，政治缺乏德性的构造，个体处在被吞噬的悲惨境地，共同体变成了抽象的存在，而虚幻的共同体存在方式中的个体彻底地失去了自身的自由。处在挣扎状态下的个体时常发出无奈的哀嚎，但却无人顾及。虚幻的共同体并不能以个人为使命，个人在此状态下只能是手段。良好的政治美德拯救了处在水深火热当中的个体命运，从此个体进入与他者共在的自由选择状态当中，个体不再生活于孤苦无依的存在状态，幸福的感觉向着个体而至。而在未来的共产主义社会当中个体将不断实现自我超越，从而在终极存在的意义上彻底地占有自身，个体与集体的分界将彻底消灭，个体即集体，集体即个体，人们真正进入一种自由的境地，真正自由的人类社会彼时将全面开启。

政治美德内在地包含了对实体价值的追求，也蕴含了对程序价值的设定，这是好的生活的政治保障，也是实现恰当的法律生活的政治前提。我们在历史实践的发展过程中孕育了社会主义核心价值观，其中既有对于实体价值的追求，也有对于程序价值的把握。实体价值的追求体现了人民的自由、社会正义、人人平等的架构，而程序价值则对于保证实体价值的实现设定了制度保障。正义既是一种实体价值，也是一种程序价值，民主既是一种实体价值，也是一种程序价值，正义和民主的实体性价值需要正义和民主的程序性价值加以维护和保障。而无论是实体价值的追求，还是程序价值的创设，都体现了人民至上的崇高理念。这里所讲的人民并不是一个抽象的概念，而是实实在在地包含了具体个体的人民，人民绝不是一个抽象的共同体，个体的特殊性在人民至上原则中可以得到良好的维护。我们既对特殊性深思熟虑，又对普遍性充满情怀，在特殊性与普遍性的融合中政治美德获得了良好的建构，我们的政治美德处在不断的完善和发展当中，这同样是一种实践论的立场。

良好的政治美德塑造恰当的生活，而在恰当的生活当中同样包含了幸福的元素。幸福是一个内在的元素，也包含了某种外在的指标。幸福当中有政治生态环境的维度，政治美德为人们塑造良好的政治生态环境，体现了人民至上的政治理念和制度的运行为政治生态环境提供了保障。幸福当中包含价值感的满足，政治美德所支撑的理念与制度给人们提供了多样化的自由选择，在各种自由选择中人们获得了心灵期待的满足。幸福当中蕴含有生活充裕的指标，充满政治美德的制度倾尽全力解决人们的贫困问题。政治美德之所以可以被称之为政治美德，在于它内在地对于人民至上的充分关怀，对于个体生活的全方位关切。政治清明不是空洞的话语，而是切实的行动，让每个人都充分感受到政治美德的贯彻。这便是一种好的政治，好的政治为人民提供了好的政治生活，好的政治生活推进了人民的幸福生活，而在好的幸福生活中孕育并生成了恰当的法律生活。

15

最后我们还是要落实到恰当的法律生活。恰当的法律生活是特殊性与普遍性的共同谋制，过分地强调特殊性和过度地突出普遍性都是对恰当的法律生活的损伤。但马克思辩证法的立足点无疑是特殊性，而不是普遍性，普遍性终究要回归特殊性，我们彻底地贯彻了马克思的思想立场。从普遍性与特殊性视域融合的角度看，我们的生活世界本身既包含了特殊性，也包含了普遍性，普遍性并不是外在于生活世界的抽象悬设，而是在与特殊性的共融当中实现自身，脱离了特殊性根基制约的普遍性会丧失自身的合理性。恰当的法律生活要在普遍性与特殊性之间寻求恰当的结合点，既不能由于过度夸张特殊性而让生活进入游离散漫的境况，那将会让特殊性不断沉沦，也不能由于过分地强调普遍性而让生活呈现出各种各样的异化，那将使普遍性彻底悬空。普遍性与特殊性之间恰当关系的良好把握是人类在漫长的历史实践中逐步生成的智慧，在早期人类那里特殊性往往占据主导性地位，然而当特殊性的恣意扩张危险到人类存在的时候，普遍性的掌控必然要扩展自身的存在范围。在历史发展过程中普遍性曾经长期处于主导状态，而在现代社会中人们则发展出了特殊性与普遍性共同谋进的智慧。普遍性与特殊性的协调关系并不意味着对特殊性作为立足点的否定，两者之间之所以能够生成协调性关系正是由于立足点的合理性，缺乏了建基的立足点便不可能恰当地把握两者之间的融通性关系。特殊性与普遍性的视域融合正是两者之间辩证关系的恰当体现，而两者之间具体尺寸的把握则需要实践智慧的登场，从历史实践的发展中理解和把握实践智慧是一种存在论的立场。

恰当的法律生活不能是个人的恣意盛行，而必然是在与他者的共在中一同所创造。在不同的历史时段当中对于个体的重视程度是存在差异的，传统法律并不将个体作为至高无上的存在主体，因此传统法律中没有个体本位，关系伦理才是传统法律要凸显的核心理念。而在现代社会当中个体的觉醒成为了普遍的现实，无论任何一个国家民族再也不可能忽略个体的尊严和价值，人们所倡导的权利本位正是个体觉醒的法律印证。然而，个体并不是孤立的存在，而是与他者的共在。在恰当的法律生活当中，一个人不可能处处考虑自己，在为自身筹划的同时他必须遵守共同体的法则。对他者的肯定与认同正是个体自由的保障，在一个没有他者的状态中，根本不可能存在自由的原理。恰当的法律生活是生活在一种良好关系中的生活，自我与他者和谐共处，彼此认同。在一定意义上说，自我代表了某种特殊性，而自我与他者的关系则预示了普遍性，而自我与他者的共在表达了特殊性与普遍性的辩证关系。这同样是人类在历史实践中把握到的智慧形态，对此依然可以采取一种存在论的立场，"共在"本身就是存在论的立场体现。

恰当的法律生活是一个人与他者共在的法律生活，这便自然地导出了一种自由与责任相统一的辩证立场。有人总以为单纯地享受自由和权利才是美好生活的象征，然而事实上并不是如此。站在真正幸福的立场上，如果一个人片面地强调自由，从不承担任何责任，那他的幸福一定是打折扣的，或者说他根本不会过一种恰当的生活，他将会在他者对他的"阵阵声讨"中被吞噬湮没，单纯的自由不会推进任何美好生活的实现。自由与责任原本就不是两个东西，一个人拥有的自由越多，他所承担的责任就越重。自由就是责任，责任就是自由。没有自由，无需承担责任，不承担责任，也不可能拥有真正的自由。自由与责任之间是一而二、二而一的关系，懂得并实践两者之间的此种关系，才可能拥有恰当的生活以及恰当的法律生活。一个人不承担责任就不可能成熟，而成熟的人所享受到的自由与一个仅仅把自由当作口号的人所体验的程度是有重大差异的，成熟的人所拥有的自由天然地具有一种说服力和威吓力，它将产生强大的行动力量。在一种宏观意义上说，自由代表了一种特殊性，而责任代表了普遍性，自由与责任的恰当关系正是特殊性与普遍性之间辩证关系的具体表现。自由与责任的辩证关系，需要从人的存在论角度加以理解和把握，这是为自由与责任的关系实践建基了一种本体论的立场。

后 记

——————

　　我最初对于普遍性与特殊性的考虑主要是在法哲学问题上，只要我们将法哲学对象理解为法律实践而不是法律规范，便会很容易地抛开权利和义务关系问题的思考视角，从而在实践理性视域下深度把握普遍性与特殊性的"关系场域"。当然这并不意味着抛弃了权利义务关系论的合理性，只不过是转换了法哲学的勘察视角，于是法哲学也呈现出了不同的表现样态。在我阅读马克思和黑格尔的过程中，发现完全可以站在更为广泛的视域中理解和把握普遍性与特殊性的关系问题。在黑格尔与马克思之间我更倾向于接受马克思的立场，他站在了特殊性的立场展开对问题的透视，这是他的辩证法思想的基点，也是他整个思想大厦的基石。这并不表明对黑格尔哲学的轻视，黑格尔思想内在地趋向于现实性，其间所包含的"实践观"和"辩证法"对于解读"普遍性与特殊性"的"关系场域"具有重要意义。我把普遍性与特殊性的分析架构从法哲学领域扩展到伦理学和政治哲学领域，这意味着在对法律生活、伦理生活和政治生活的勘察中贯彻了普遍性与特殊性的思想框架。当然，普遍性与特殊性的关系并非仅仅存在于法律、伦理及政治实践当中，它几乎贯穿在了人类实践的所有领域，在科学生活和日常生活中也呈现出普遍性与特殊性的关系问题。那么，我们是否要在所有的生活领域中都贯彻对普遍性与特殊性关系的同质化理解呢？事实上并非如此。认识论上的理解方式自然不同于实践论上的理解方式，但它们在思维结构上则是相通的。我们所强调的是实践论意义上的分析框架和思想布局，它关涉的是生活世界的问题。

人们对于法律问题的勘察往往会用法律本身的思考方式，这固然是有道理的。我们可以将从法律内部思考问题的方式看作是一种"专业化考虑"，这是一种为现代人习惯化的问题把握方式。人们在夸奖他人的时候，也经常使用这样的表达方式，即赞美他人很"专业"。然而法律问题并非都是很专业的问题，问题本身也并非依靠专业知识就可以解决，专业化的思考恰恰可能让人误入歧途。人类生活中的每个问题都不是一种孤立存在的现象，更不是直接地同某一个知识系统相关，若是用一种固定化的专业知识对待问题的解决，那并不是一种真正的专业精神，反而是一种彻头彻尾的主观主义。自从人类产生知识以来，就已经陷入知识的主观化束缚当中，于是错误也就在所难免。当然，即便没有知识，人类也会犯各类错误，这是人类的存在状况而已。普遍性与特殊性关系的思想架构并不是一种所谓专业化的精神建构，而是一种生活化的实践论建构。如果非要将其与某种学科专业相连，那自然便是哲学。然而真正的哲学并不是专业化的，哲学是一种智慧，哲学家的工作便是洞悉问题的实质。把哲学搞成专业，已经偏离了哲学的方向。

我对普遍性与特殊性问题的写作所要避免的是枯燥的学术化

方式，而力图呈现一种思想性的话语方式。尽管其中还是夹杂了学术化的痕迹，但我的初衷只是要表达某种思想上的探索与勘察。文本的写作看上去好像是随性而作的，然而它有着自身的中心思想架构，同时也具有某种逻辑上的贯通性，而在哲学上则无疑贯彻了实践哲学的基本理路。"关系场域"的揭示自然是基础性的，它是人类自身的存在论场景，我们就生活在普遍性与特殊性之间。"问题面向"表达了实践哲学的基本精神，无论是法律实践，还是道德实践，抑或是政治实践，其所面对的问题本身都内含了一种普遍性和特殊性的关系原理，寻求问题的恰当解决是法哲学、伦理学和政治哲学必须完成的哲学工作。"实践智慧"是一种哲学境界，也是一种哲学工作方式，普遍性与特殊性之间问题的解决仰赖实践智慧的登场。"理论观察"则呈现了在理论领域中的普遍性与特殊性，两者关系的理论把握是切入思想本身的重要路径。经由各种反思之后，我们应当进入一种"恰当的生活"，无论是法律实践，还是伦理实践，抑或是政治实践，都需要存在一种"恰当生活"的立场，它可以克服知识的有限性，用一种内在于生活本身的立场观察生活。这五个层次自然是内在相连的，是从不同角度对普遍性与特殊性关系的"解蔽"，也许会具有一种还原"真理"的意义。阅读文本自然不必定要采取从头至尾的阅读方式，翻开任何一个段落都可以切入问题本身，使问题得以澄明是我写作本书的重要目的。

我的法哲学工作开启于对司法问题的观察，这对我以后的思考具有极为重要的意义，成为了我从事实践法学或实践法哲学研究的重要开端。在实践法哲学中，我把普遍性与特殊性看作是法哲学的基本问题，并做了一定程度的论证。而在这里我则力图将实践法哲学中的基本问题拓展为一种话语形态，使其不仅成为法哲学，也成为伦理学和政治哲学的理论分析框架。我无意于用法哲学去辐射伦理学和政治哲学，那是伟大的黑格尔所从事的工作。但毕竟法哲学与伦理学和政治哲学有着相通的属性，同时又都可以被归之于实践哲学的范畴，这样我才有了以普遍性与特殊性的关系场域统摄法哲学、伦理学和政治哲学的想法。当然，这仅仅是一个尝试。我的主要工作目的依然是建构一种实践法哲学的理论系统，该书可以看作是对于实践法哲学的深化与拓展。我以为在当下中国已经萌生了"实践法学派"的端倪，我辈当需竭尽全力，为构建真正属于中国自己的法学理论作出自己的贡献，而不是沉湎于功利化的学术操作中虚构无用的知识。学术一旦利益化便会形成特有的规律，要想改变其存在结构实属困难，但这并不妨碍我们按照自己的方式享受观察与思考的快乐。我们依赖着传统而建基，我们向着世界而确立合理性，我们沉入生活世界而谋求现实性。由此打造的法哲学理论将不仅具有中国的个性，也与世界法哲学具有可融通的共性，这同样是特殊性与普遍性的辩证法意蕴。

感谢我的老师武树臣先生的鞭策！感谢段秋关先生的鼓励！感谢王思锋院长、代水平副院长及诸多同仁的支持！我与人民出版社的关系缘于我与李春林先生和张立老师的关系，简单而又执着，平淡而又绵长。十多年前我将《审判的艺术》发给李春林先生，从此开始与他的交往。由于我在研习法学之前，接受的是哲学训练，所写文字自然是多了些哲学味道，这并不是所有的法律编辑所能喜欢，但李老师却给予了高度评价，这使我倍感亲切，也颇受鼓舞！李老师在学术上有着独特的判断力，对现实问题的分析把握具有深刻的洞察力，我每每从他那里受教良多。李老师将《审判的艺术》交给张立老师审阅编辑，张老师认真负责，对选题和内容都有深刻的把握力，同时又非常尊重作者的意愿，在多次合作中给我诸多教益。后来我受建奇校长之命主编《河北法律评论》学术年刊，李老师宏观把握，张老师具体操作，使其得以顺利出版。我原本想把《河北法律评论》打造为倡导"实践法学"的重要平台（当时还没有使用"实践法哲学"的概念），后来由于某种原因不得不停止出版。这次将《普遍性与特殊性》交给张立老师负责编辑，我心中十分喜悦，她的商讨而非"命令"常使我心情舒畅。在此向李春林先生和张立老师十多年来的支持与帮助表示衷心的感谢！

书稿付梓之际，愿与学界同仁共勉！阅读此书并不需要遵循严格的前后顺序，翻开任何一个部分大致都可以产生相近的理论感受，一以贯之本就是思想的操作原则，以普遍性和特殊性的思想分析架构理解不同的内容所获得的精神主旨并没有大的差异。在信息爆炸的时代，我无意为大家增添知识的负担，本书并没有增加所谓新知识，只不过是提供了一种看待各种现象和问题的思想视角。我当然有一种让法哲学回归哲学的冲动，若是本书能够增进法哲学与哲学诸领域的"沟通"便是我最大的收获！

武建敏

2022 年 1 月 16 日

责任编辑：张　立
装帧设计：姚　菲
责任校对：陈艳华

图书在版编目（CIP）数据

普遍性与特殊性：法、伦理及政治的哲学观察／武建敏 著 . —北京：
人民出版社，2022.5
ISBN 978－7－01－024559－1

I. ①普… II. ①武… III. ①法哲学－研究 IV. ① D903

中国版本图书馆 CIP 数据核字（2022）第 030866 号

普遍性与特殊性
PUBIANXING YU TESHUXING
——法、伦理及政治的哲学观察

武建敏　著

人民出版社 出版发行
（100706　北京市东城区隆福寺街 99 号）

北京中科印刷有限公司印刷　新华书店经销

2022 年 5 月第 1 版　2022 年 5 月北京第 1 次印刷
开本：710 毫米 ×1000 毫米 1/16　印张：22.5
字数：265 千字

ISBN 978－7－01－024559－1　定价：128.00 元

邮购地址 100706　北京市东城区隆福寺街 99 号
人民东方图书销售中心　电话（010）65250042　65289539